Hiroaki Ozaw + Yoshio Miyake

小沢弘明・三宅芳夫◎編

ディアスポラたちの「世界史」

移動と革命

論創社

移動と革命

——ディアスポラたちの「世界史」

移動と革命——ディアスポラたちの「世界史」　目次

移動と革命——ディアスポラたちの「世界史」

II

「移動と革命」への序

三宅芳夫・栗田禎子・小沢弘明

三宅　最初に僕の方から、簡単に大枠での趣旨説明というか、コンセプトを話させていただくことにしたいと思います。

まず、「歴史」の「描き方」のような大きな話から入らせていただきますと、ある時期から、かつてのような「近代国民国家」を前提としたような「ナショナル・ヒストリー」を相対化する、あるいは「一国史」を「グローバル・ヒストリー」の視点から描き直す、というような議論がよくなされるようになってきた。そのこと自体は勿論、必要なことではあると思うのですが、むしろ重要なのは、「グローバル」な「歴史」の描き直しが、現在それこそ「グローバル」に展開している新自由主義への批判的視点と連動することではないでしょうか。

「歴史」が常に「現在」の視点から描き直されるということを考えると、単に「ナショナル・ヒストリー」を「グローバル・ヒストリー」に置き換えるだけではすまされない。現在、新自由主義グローバリズムからの「国民国家」（とくに福祉・文教部門）への「選択的解体」が強力に推進されており、「歴史」を描き直す試みも、この文脈と決して無縁ではあり得ない。むしろ、グローバル・ヒストリー」が「新自由主義グローバリズム」の無自覚な正統化に加担する危険に常に敏感である必要があると思います。

そのことを大前提にしたうえで、ここでは「インターナショナル」な人の移動、そして「近代世界システム」への「抵抗」としての「インターナショナル」の「世界史」の視座というのものを提起してみたい。つまり、「トランスナショナル」なネットワークとしての「インターナショナル」、少し挑発的な表現を使わせていただくなら、「グローバル・ヒストリー」としての「インターナショナル」ということになるでしょうか。ここで「インターナショナル」と呼ぶものは、「トランスナショナル」な人の移動が生み出した空間とその空間のなかから生み出された、「抵抗」のネットワーク、というやや広い意味でつかっています。ただ、歴史的に組織として存在した「インターナショナル」を一つの目安として、その抵抗のネットワークの波というか、海を浮かび上がらせる、ということも可能ではないか、と思います。例えば、後で取り上げるフランツ・ファノンやエドワード・サイードなどは狭義の「インターナショナル」には所属したことはなかったのですが、近現代における「移動」と「抵抗」あるいは「革命」という文脈には深く関わった存在として考えることができるわけです。

「ディアスポラ」たちの「インターナショナル」

　このコンテクストでは、まず一八四八年がまず最初のメルク・マールになるかな、と。一八四八年「革命」というのは、いわばまさにマルクスが言うような意味での「世界革命」だった。もちろん、この場合、「世界」というのはあくまで「ヨーロッパ」に限定されているわけですが。大陸諸国の政府が軒並みドミノ式に崩壊しただけではなく、ホブズボームなどによればイギリスでさえも一九世紀唯一の政府倒壊の危機に瀕した。この「一八四八年革命」は「近代世界システム」の最初の（ウォーラーステインによれば最大の）グローバルな危機と見なすことができるかも知れません。そしてこの時期は「国家」は存在しても「国民」というものはまだ存在していないか、あるいは極めて脆弱な構築物でしかない、ということもあって、非常に激しい人の移動が観察できる。この「国民国家」システムの未完成が「世界同時革命」に近い出来事を引き起こした必要条件の一つだったと言える。

　この「危機」がとりあえず収束していく過程で「亡命者」たちが中心になって作り上げたネットワークが「第一インターナショナル」だったと言うことも可能です。マルクス／エンゲルスは当然ラインラントからの亡命者だし、バクーニン他のロシアの亡命者たち、それにポーランドからの亡命者たちがそれに合流する。

「第一インター」は、当然「近代世界システム」としての「世界資本主義」のグローバルな「革命」を目指すわけですが、同時に、「大英帝国」の要としての「アイルランド」と「大陸反動体制」、とりわけその治安部門たる「ロシア帝国」下の「ポーランド」の独立を公式の目標とする。いわば、「社会主義」と「被抑圧民族の解放」という二つの主題が提示されるわけです。

もちろん、この時期にはチェコをはじめとする「スラヴ」系のグループ、地域を——有名なエンゲルスの「歴史なき民族」という言葉がありますが——選択的に排除する、ということはあります。またこれも有名なマルクスのイギリスのインド支配に対する評論に見られるような「ヨーロッパ」中心主義、という問題もある。そもそもこの時点では社会主義者にとっての「世界革命」とは基本的には「ヨーロッパ革命」(プラス米国)、であるわけです。

にも関わらず、ここで「近代世界システム」に対するグローバルな抵抗としての「社会主義」が「被抑圧民族」の解放というテーマと結びつくかたちで提示された、そしてその抵抗の空間としての「インターナショナル」が移動する亡命者たちによって活性化されていた、という点は重要なことだと思います。

さて、一九世紀後半の相対的安定期のあと、一八八九年に「第二インター」が結成されますが、これが次のメルクマールになるかと思います。この時期は、まだマルクス主義者が同時に「社会民主主義」者でもあるわけで、両者の「分裂」というのは基本的には存在しない。また、ある程度フランスなどで顕著なように、「アナーキズム」と「第二インター」の運動的な連携も見られる。二〇世紀、とりわけロシア革命以降の「マルクス主義」、「社会民主主義」、「アナーキズム」の分裂はこの時点では別の様相を呈している。もちろん、後の対立の萌芽もすでに観察できることもまた事実ですが、それぞれが「運動」的にも、「思想」的にも、影響を及ぼしあっている面もある。「社会主義」の思想史を構想する場合は、二〇世紀に出来上がった「カテゴリー」的な分類を一度括弧に括ることも必要だと思います。

オーストリア・マルクス主義の「民族」理論

この点を前提として、この時期の「社会主義」と「民族」の問題を考えると、オーストリア・ハンガリー帝国の社会主義者たち、とりわけオットー・バウアーの議論が注目に値する。兄弟党のドイツ社会民主党の「民族」理論は、カウツキーが「言語」という審級を軸にして展開していくわけですが、カウツキーもまた、当時オーストリア帝国の都市であったプラハ出身です。カウツキー自身も半ば「ドイツ人」、半ば「チェコ人」で、若い時には「チェコ」民族運動に関わっていたりする。カウツキー本人はドイツへと移動していくわけですが、ハプスブルク帝国は、周知のように非常に複雑な「民族」問題を抱えている。従ってオーストリア社会民主党は「社会主義」という主題と「民族問題」という主題をどのように組み合わせていくか、という非常にデリケートな課題に対応を迫られる。

オットー・バウアーはそのものずばり『民族問題と社会民主主義』という本のなかで、「民族」という「集団」を自明視することを避け、「民族」という集合経験の「可能性」の条件を問う、いわばカント的な議論を展開する。ここに「民族」というのは「基本的」には「近代資本主義システム」の構築物である、というマルクス主義のベーシックな論旨がかぶさってくる。

その意味ではバウアーの議論は「本質主義」的な問題設定を回避し、あくまで「民族」という「集合経験」を「文脈」によって「構築」されたものとして解明しようとする姿勢に貫かれている。ただ、バウアーの議論は、観察者の視点から、いくら「民族」が「構築」されている、と分析してみせても、当事者たちが、その「状況」、「文脈」に応じた「民族」という「集合経験」にリアリティをもっていれば、そのこと自体をア・プリオリに否定することは困難、という線にもつながり得る。ここが、バウアー理論の両義的というか、複雑なところで、この「複雑」さはむしろ当時の歴史的・社会的状況の「複雑」さの反映とも言える。実際、バウアー自身は、「ユダヤ人」という「民族」をはじめとする「少数民族」の、少なくとも「国家」としての独立に基本的には反対だったわけです。というより、バウアー本人は「ユダヤ」系だったのですが、「ユダヤ人」に対しては、「民族」としての位置、そしてそれに伴う「文化自治」さえ認めていない。

「ユダヤ・ブント」の位置

これに対して、当時主にロシア帝国領内に在住した「アシュケナージ」を基盤にした社会主義グループ、一般的には「ユダヤ・ブント」と呼ばれていますが、彼らはバウアーの議論を援用しながら、「同化」を拒否すると同時に、「国家」創設という選択肢も選ばず、「属人的」な

「文化自治」を要求していく。典型的には、教育やあるいは裁判で「母語」である「イデッシュ」を使用する権利、ですね。

「ユダヤ・ブント」は「民族」が歴史的な文脈によって「構築」されている、というバウアーの「本質主義」批判的なテーゼは受け入れています。また「国家」創設を目指さない、という点も明確で、ここで、シオニズムとははっきり対立します。当事者の意識としても「ディアスポラ」としての「ユダヤ性」をシオニズムの国家創設のプロジェクトに明瞭に対置させている。実際、この時期の「ブント」とシオニズムの対立は非常に深刻です。「ブント」のシオニズム批判のもう一つのポイントは、今、現に、在住している場所で差別と戦うべきで、パレスティナへの移住、「国家」建設の選択肢を退ける、ということです。当時、すでにロシア帝国内での「アシュケナージ」の生活の歴史は数百年規模になっており、場所としての「パレスティナ」と「ユダヤ性」との必然的繋がりはなく、且つパレスティナへの移住は原住者との軋轢を招くだけ、というのが主要な争点と言えます。「パレスティナ」と「ユダヤ性」との切断が「ブント」において起こるのは当然「宗教」批判としてのマルクス主義の影響もあります。ある意味で、「ブント」とは「ユダヤ・ディアスポラ」とマルクス主義の出会いが引き起こした事件、と表現できるかもしれません。

三宅芳夫

とは言え、当時のまさに具体的な歴史的・社会的なコンテクストにおいて「アシュケナージ」ということで法的・政治的・社会的な差別が現に引き起こされるとしたら、そのリアリティは引き受けなければならない。この「差別」は決して「同化」という選択によっては克服できない、というのが「ブント」の立場です。バウアーとの差異には、バウアーがウィーンの「同化」ユダヤ人であるに対し、「ユダヤ・ブント」が主に、「立憲体制」というにはほど遠い、ロシア帝国内部において活動した「アシュケナージ」のグループである、ということにも部分的には由来しているでしょう。

「ブント」がロシア帝国領内のマルクス主義の運動体である、ということは「ロシア社会民主労働党」との関わりにも繋がってきます。ロシア社会民主労働党の創設自体にも深く関与し、初期の中央委員のかなりの部分は「ブント」メンバーでもあり、また一九〇五年革命において果たした「ブント」の役割も相当大きなものだったと言われています。ペテルブルクなどの大都市の工場労働者、とりわけその中でも活動家に占める割合が非常に高かった。これは「アシュケーナジ」が当時のロシア帝国内部で受けた差別と関係がある。つまり「アシュケナージ」の「知識層」は勿論「地主」ではあり得ないし、また大学システムを通じて体制エリート、あるいはサブ・エリートへと進む道からも排除されていた。こうした周縁化が一部は、マルトフ、アクセルロート、トロツキー、カーメネフ、ジノヴィエフ、ラデックなどなどの「メンシェヴィキ」、「ボルシェヴィキ」双方の主流派とともに、「ブント」にも人材を供給する一因となっていたわけです。

こうしたバウアーと「ロシア社会民主労働党」の双方との関わり、は「ブント」の「中欧マルクス主義」と「ロシア共産主義」との接点、という位置を浮かび上がらせるものだと思います。実際、「ブント」は第一次世界大戦の際には、「帝国主義戦争」への反対、という道を選択しますが、一九一七年十月革命の時には、「プロレタリア独裁」ではなく、「民主主義」擁護というスタンスになり、ソ連体制確立後、特にスターリン体制下では完全に粛清・消滅の道を辿ります。第一次大戦後独立したポーランド、リトアニアの「ブント」はナチス・ドイツによる物理的抹殺までは、それなりに——とりわけワルシャワやクラクフ、あるいはヴィルニュスなどの都市部では——大きな役割を果たしますが。

ジョイスを「読む」サイード

ここまでの、ヨーロッパ世界の話では、主に「アイリッシュ」、「ポーリッシュ」、「ユダヤ」という三つのディアスポラ・グループと「社会主義インターナショナル」との関わりに焦点を当ててみたのですが、「文化」、ここでは英語「文学」の例を取ってみますと、自身「パレスティナ」ディアスポラであるエドワード・サイードがジェイムズ・ジョイスの「ユリシーズ」における「ユダヤ人」ブルームと「アイリッシュ」ディーダラスの遭遇の意味を単に形式的な「前衛」ではない、「政治」、「社会」に批判的な介入を試みるジョイス、いわば政治的にも「前衛」であるジョイス像への手がかり、として論じています。サイードというと、彼の最初の研究対象でもあったジョセフ・コンラッドは英語で作品を書いた「ポーリッシュ」ディアスポラです。

しかし、サイードがコンラッドを評価しながらも、そのヨーロッパ中心主義、帝国主義的ディスクールを精密に分析し続けたように、この時期までの「社会主義インターナショナル」の視野は基本的には「ヨーロッパ」に限定されたものであり、勿論「帝国主義国家」の「非人道的」で「野蛮」な諸行為を批判はするものの、「文明」としての「ヨーロッパ」の植民地主義支配の暴力性を構造として捉え、被支配地域の独立を支持する、といったものではありません。

分析的枠組みとしてはローザ・ルクセンブルクの『資本蓄積論』は、レーニンの『帝国主義論』と並んで、植民地支配を構造的に捉えよう、とする例外的な試みかも知れませんが、全体として見れば、「社会主義インターナショナル」が実践として、ヨーロッパの世界支配への抵抗に「連帯」したとは言えないでしょう。この点ではベネディクト・アンダーソンが『三つの旗の下で』において示唆的に描き出したように、当時すでに「社会主義」のなかでは周辺的なグループであった「アナーキズム」の方が、——部分的なものであるにせよ——接点があったと言えるかもしれません。

この時期のヨーロッパの「社会民主主義」を「社会帝国主義」という視角から論じる場合もありますが、そのあたりは当たっているところもあると思います。二〇世紀の「社会主義」の歴史を考える場合に、「共産主義」に対して「民主主義」を擁護した点は、基本的には「社会民主主義」側の功績と言えるかも知れませんが、「帝国主義」への批判、脱植民地化への関わり、という面では、なかなか厳しい。ここは、現在でも、新自由主義グローバリズムに対抗して、「社会民主主義」と「福祉国家」のグローバル化、という戦略を展開する際に、注意しなければいけないところでしょう。

ロシア革命と「コミンテルン」

それに対して、ロシア革命後に設立された「第三インターナショナル」、つまりいわゆる「国際共産主義」は反帝国主義の思想を公式に正面から掲げ、植民地独立に向けて、しかもその思想が「トランスナショナル」なネットワークに支えられて、非常に大規模なもので展開した、という点で注目に値する、と思われます。もちろん、本来植民地独立と「世界革命」へのプロジェクトであったはずの「コミンテルン」が次第に、とりわけスターリン体制確立後、「ソ連」という一国家に従属する傾向を強めたことも事実ですし、またコミンテルンの「中心」部が基本的に「ヨーロッパ」系に占められ、「ハード」面の政策選択の水準での「ヨーロッパ」中心主義だけではなく、いわば「ソフト」面での発想・感性の水準でも非「ヨーロッパ」が周縁化されたこともまた否定できない。

しかし、にもかかわらず、公式の「反帝国主義」の思想を提示し、植民地独立のための組織・財政・軍事を含む具体的な援助がある程度提供された、大規模なものとしては、はじめての「ヨーロッパ」側からの試みとして「コミンテルン」を位置づけ得ることは否定できない。ここでは、「第三インターナショナル」を単に、組織の頂点のパワー・ポリティクスの次元だけではなく、「トランスナショナル」な複数の「反帝国主義」の試みの創出の空間として、つまりさまざまなアクターがそれぞれの意図と戦略をもって参入し、移動しながら、複数の力の線がせめぎ合う場、そのようなネットワークとして提示してみたい、と思います。

「コミンテルン」が「世界共産党」でありながらも、「ソ連邦」を中心に構成されていたことは当然ですが、ただ「ソ連」のなかの「アジア」の要素をまずおさえておく必要があります。つまりヴォルガ流域から、ザカフカース、中央アジア、シベリア、モンゴル、沿海州、と膨大な「アジア」地域と「アジア」諸「民族」を含んでそれこそ「連邦」として「ソ連」は構成されているわけです。このなかには当然宗教的にもムスリムが多く含まれます。この、国家のなかの「アジア」という要素にどう対応していくか、ということをソ連は迫られることになる。ある意味「革命」がマルクス主義が予想していた「西欧」、「中欧」ではなく、「ロシア」で起こったために、「インターナショナル」は、望むと望まざるに関わらず、「アジア」を自らのなかに抱え込むことになった。つまり、広く定義された「ヨーロッパ」系の「諸民族」だけではなく、「アジア」の「諸民族」とも同一国家の内部、という至近距離で直面することになる。いわゆる「民族共産主義」という語彙で語られることの多い、スルタンガリエフの思想と軌跡などは、典型的に「アジアとしてのソ連」を浮かび上がらせるものではないか、と思います。

つまり、ヨーロッパ革命の挫折によってソ連は「東方」へと視点を移行させた、と言われることが多い。それはそれとして、勿論そういう面があるのは事実ですが、「ソ連」はそもそも「アジア」を内に抱えて成立した、という点を強調しておく必要があると思います。ここでは、当然「ロシア帝国」時代の「ロシア中心主義」からの「アジア諸民族」の――その様相は複雑であるにせよ――、「独立」・「自立」ということが、少なくとも革命初期には、俎上に挙げられざるを得ない。「ソ連」体制が安定してくる過程と「ロシア中心主義」が再編成される過程とが、連動しながら結局せり上がってくるにしても、問題設定としてはここは確認しておくべきではないか。そもそも「ソ連」という「国名」に「民族」が書き込まれていないし、この体制が継続する限りは「ロシア」という「国名」は不可能なわけでしょう。「それはもちろん、所詮建前で」と、言ってしまえばそれまでですが、やはり「建前」、つまり体制の「正統性」の水準で何が要求されていたか、ということをおさえておくことは――現在の「ロシア」の現状をみても――まずは必要でしょう。

ここで「コミンテルン」と「東方」＝「アジア」というオーソドックスな視点を、まずは提示したわけですが、実は「コミンテルン」は同時に「大西洋」世界、南北両アメリカ、カリブ、そしてブラック・アフリカを繋ぐ世界とも関わっていたことを見ておくことも重要です。つまり、アフリカ諸国の独立、そしてアメリカ大陸、カリブ世界の人種差別との闘争、そして場合によっては当該地域の独立、という当時としては、相当ラディカルな方針を打ち出していくことで、「第三インターナショナル」は、いわゆる「パン・アフリカ主義」と折り重なるようにして、トランスナショナルなネットワークを構築していく。ポール・ギルロイは「ブラック・アトランティック」という視点を提示しましたが、いわば「ブラック・アトランティック」と「レッド・アトランティック」の交差、という出来事が「第三インター」――あるいは『ブラック・ジャコバン』のC・L・R・ジェームズの軌跡などを考えると、「第四インター」も含め――というネットワークによって生起してくる、とも言えるでしょう。この環「大西洋」的空間に現出したネットワークを移動した固有名としては、ジェームズの他に、英語圏では、マーカス・ガーヴェイ、W・E・B・デュボイス、エリック・ウィリアムズ、エンクルマ（デュボイスがエンクルマ政権下のガーナ国籍を取得し、そこで死去したことは象徴的です）、リチャード・ライト、フランス語圏ではエメ・セゼール、フランツ・ファノンの名がたちどころに挙げられます。ジャマイカ出身のスチュアート・ホールなどもこの文脈に所属する、と見なすことができるでしょう。

コリアン・ディアスポラと「東アジア革命」

「大西洋」と「第三インター」という地図を携えて、もう一度「東方」に目を転ずると、今まで――ある意味当然ではあるのですが――まず中国、次にインド、そしてホー・チ・ミンのベトナムという軸になっていたと思いますが、ここではまず「コリアン・ディアスポラ」と「東アジア革命」との関連を見ておきたい。日本帝国主義の支配下で朝鮮人の多くは、日本、中国、ソ連という「国家」をまたいで、「離散」を強いられていく。そしてキム・サンのように、朝鮮、日本、中国を越境して移動していく過程で、「国際共産主義」の空間へと参入していくグループと金九のように上海に亡命して、「民族主義」の立場から「独立」を追求していくグループが立ち現われてくる。いずれにしても、当時の文脈では、朝鮮独立のプロジェクトは日本帝国主義の解体、少なくとも中国からの撤退を含め、日本の東アジア侵略の構造の解体と同義です。そして、もし実現されれば、欧米帝国主義と日本帝国主義の東アジア支配の妥協の体制である「ワシントン体制」の解体へと繋がります。その意味で、「コリアン・ディアスポラ」の抵抗の軌跡は、「東アジア」の「脱植民地化」へ向けたもっともラディカルな線を描いていた、とも言えると思います。

ただ、当時の「コミンテルン」の方針では、中国在住の朝鮮人は「中国共産党」、日本在住の朝鮮人は「日本共産党」、ということになるわけですが、これはそれぞれの共産党内部での朝鮮人党員グループの周縁化をどうしても招かざるを得ない。特に日本の場合は、宗主国側のグループと植民地側のグループが直に同居するわけですから、近年指摘があるように、「制度」的な周縁化だけではなく、ソフトな「差別」意識も含め、さまざまな問題を引き起こす、という面が存在していたことは否定できない。この点は残念ながら、戦後の日本人「左派」にも引き継がれた側面も多い、ということは認めざるを得ないでしょう。

「東アジア」における「脱植民地化」のネットワークを考える際に、今一つ注目したいと考えているのは、アグネス・スメドレーとその周辺ですね。「ネイティヴ・アメリカン」の血と「アメリカン・ラディカル」の政治文化の中で育ったスメドレーは、米国でインド独立運動と関わりともち、当時のヨーロッパにおけるインド独立運動の中心であったベルリンに渡って、ベルリン・インド革命委員会の指導者ヴィレンドラナト・チャトパダーヤとともに暮らすようになり、一九二一年のコミンテルン第三回大会に出席するためにモスクワへと向かいます。

その後、一九二九年には上海に渡り、周知のように、ゾルゲや尾崎秀実とも関わりをもちながら、中国紅軍に従軍取材し、「偉大なる道」、「中国は抵抗する」、「中国の歌声」などの作品を発表していきます。こうしたスメドレーの軌跡は、エドガー・スノー、ニム・ウェールズのような「ニュー・ディール」左派、ルーズベルトの顧問を務めたオーエン・ラティモアのような「リベラル」、といった太平洋調査会（ＩＰＲ）のネットワーク、とも交差するものです。そしてこのＩＰＲには日本占領政策にも関わったハーバート・ノーマンも参加していました。

ここに挙げた、スメドレー、スノー、ウェールズ、ラティモア、ノーマン、といったネットワークは冷戦下の「レッド・パージ」によって、誰一人「共産主義者」ではなかったにも関わらず、暴力的に排除されていきます。スメドレー、スノー、ラティモアは事実上の国外追放、ノーマンは自殺へと追い込まれます。しかし、まさに疾走するディスポラであったスメドレーがイギリスにて客死し、遺体は中国に葬られる、というのは、その人生にふさわしいことでもあった、と言えるかもしれません。

「民族独立闘争」と「旧型帝国主義」の撤退

第二次世界大戦の結果、「敗者」側の植民地帝国はとりあえず「解体」されることになりますが、「勝者」の側は、戦争直後の時点では、植民地帝国を解体する予定は基本的にはありません。そのため、被植民地側の激しい要求・闘争によって、ようやくまず、オランダのインドネシア、フランスのインドシナ、イギリスのマレー、という「アジア」、フランスのアルジェリアなどで、場合によっては非常に苛酷な軍事衝突をへて、「旧型帝国主義」がさしあたり撤退へと追い込まれていく。

この場合、確かにイギリスはフランスと比較すると、劇的な軍事衝突をできるだけ回避して、おおむね穏やかな「撤退」を遂行したと言えるかもしれない。しかし、それは「被植民地」側の要求と闘争があればこそ、「イギリス的妥協」も引き出された、とみるべきで、自動的・自主的にイギリスが植民地支配を終結させたのではない、ということはおさえておくべきだと思います。

確かに「世界資本主義」の長期のタイム・スパンで見れば、「領土」と「住民」を直接「法的」にも支配する「旧型帝国主義」は適合的ではなくなっていたと議論することも可能でしょう。しかし、だからと言って、宗主国政治権力が、そのような蓋然的な「経済的」利害によって、自主的に「植民地帝国」を解体させることはまずあり得ない。被植民地地域の要求と闘争が存在するからこそ、「旧型」の帝国主義は「経済的」にも資本主義的蓄積に対して適合的でなくなり、そして勿論、最終的に「経済的」利害に還元できない「道徳」的「政治」的正統性が崩壊するために、撤退を「余儀なくされる」と見るべきでしょう。

　アントニオ・ネグリは、「旧型帝国主義」とは異なるネットワーク型の新自由主義的「帝国」編成の重要な契機はベトナム戦争に象徴的に見られる「第三世界」の「民族独立闘争」である、としています。ネグリにとって、「一九七五年」がベトナム戦争終結の年であると同時に、直前のオイル・ショックと並んで、「新自由主義グローバリズム」の展開にとってメルク・マールとなるのはそのためです（ネグリは、「帝国」の編成にとってはオイル・ショックよりもベトナム戦争に象徴される「民族独立闘争」への対応という側面の方をより重視しています）。

　さて、「コミンテルン」という組織自体は第二次世界大戦中にスターリンが英米「帝国主義」の「警戒」を解く、というもくろみもあり、解散を決定しますが、一九二〇年代、三〇年代に積み上げられた「反植民地闘争」と「国際共産主義」の関係は、継続していきます。

　ベトナムが典型的ですが、マルクス主義グループと非マルクス主義「民族主義」グループの「反植民地主義」という現地の基盤に、「国際共産主義」の側面からの援助が加わって、「脱植民地化」の過程が促進された、と見ることもできる。もちろん、ベトナムの場合でも、あくまで「ベトナム人民」の長期にわたる抵抗が大前提ですが、フランス軍はともかくとして、圧倒的な米軍の戦力に抵抗するには、ソ連と中国の援助は無視できるものではないでしょう。北ベトナムを空爆した米軍のB52はソ連製の地対空ミサイルによってそれなりに撃墜されています。この当時、すでにソ連と中国は、相当に険悪な関係になっていましたが、むしろ「反植民地主義」・「民族独立」という「第三世界」の「大義」という正統性に直面してこのベトナム支援という局面では妥協を強いられた、と言える。実際、中ソ対立期には、ベトナム以外では、――アンゴラがその典型ですが――ソ連と中国が共同して支援したグループの方が圧倒的に少ない。ベトナムについては、北ベトナム支持、米国の侵略非難、という「大義」を社会主義大国相互のパワー・ポリティックスに従属させることは不可能だったと見るべきでしょう。ポスト・ベトナム戦争期には、インドシナ半島でも、カンボジアのポル・ポト政権をめぐって中ソ対立が前景化し、米中が足並みを揃えてポル・ポトを支持し、ベトナムを包囲する、という構図がせり上がってくる。

長期の「脱植民地化」

ラテン・アメリカのように、イギリスの「非公式」の「植民地」から米国のそれへと、二つの世界戦争を通じて移行した地域では、「非公式」の「植民地」からの独立は、当然米国の政治的・軍事的権力との厳しい対立関係に晒されることになります。「民主的」な手続きで選出された政権が軍事的に打倒された例としては、チリのアジェンデが有名ですが、一九五四年にグァテマラで、多国籍企業による過剰搾取に介入し、「社会的平等」への方向を提示していたアルベンス政権に対して、グァテマラ共産党を合法化したことを決め手として、CIAがクーデターを引き起こします。O・A・ウェスタッドが『グローバル冷戦史』で引用している、一八九四年の国務長官オルニーの「今日では米国はこの大陸における実質的な主権者であり、その命令は、それが干渉を行う対象となる臣民に対する法律である」という方針は、基本的に二〇世紀のラテン・アメリカにおける米国の行動を貫いている、と言えるでしょう。アルベンスは非「共産主義者」でしたが、グァテマラのクーデターは「社会的平等」を志向する政権への米国の「断固たる」姿勢をみせつけたものでした。当時二六歳のゲバラはアルベンス政権の試みに医師として参加するために現地に滞在しており、アルゼンチン大使館の保護によって辛うじて殺戮から免れます。そして、一九五九年一月一日に、やはり非「共産主義者」フィデル・カストロとともにゲバラはバティスタ政権を倒し、ハバナを占領することになります。周知のように、カストロ政権をソ連へ接近させたのは、米国のラテン・アメリカ「統治」ドクトリンに基づく、キューバ革命政権に対する軍事打倒政策でした。

実際、第二次世界大戦後から一九七〇年代までは、「旧型」帝国主義の強いられた「撤退」と新自由主義グローバリズムによる「再編成」が交錯しながら、後者へと緩やかに移行する過程、と記述することも可能でしょう。とは言え、「旧型」帝国主義もブラック・アフリカ、とりわけ南部アフリカでは、そうすんなりと「撤退」したわけではありません。モザンビーグ、アンゴラなどのポルトガル植民地の「解体」は現地の長期にわたる過酷な「反植民地」独立闘争と「問題」の処理に失敗したポルトガル軍事政権の一九七四年の崩壊を待たなければなりません。また、南アフリカの「アパルトヘイト政権」の終焉をアフリカにおける最後の大規模の「脱植民地化」と看做すならば、それは一九九四年に至る、非常に「長期」の過程なわけです。そして、この南部アフリカの「脱植民地化」の過程において、ソ連とキューバの支援の果たした役割は、南アフリカのANCに対するそれも合わせて、決して小さなものではありません。

さらに、米国内部の「アパルトヘイト」体制の解体もこのグローバルな規模での「脱植民地化」の過程と連動したものでした。もちろん、米国内部での反「人種主義」運動が決定的要因を果たしたのは言うまでもありませんが、国際的にも、「反植民地主義」・「反人種主義」を掲げる社会主義陣営との「正統性」をめぐる競争という側面において米政府が譲歩を強いられたことは否定できない事実です。外交文書などの公文書からも米政府自身がそのことを強く意識していたことは今日明らかになっています。ハードな「人種主義」から新自由主義体制への包摂への移行、という点でも米国内部とグローバルな水準での秩序再編成は呼応している、と看做すべきです。

日本で「ポスト・コロニアル」スタディーズ、として知られている「思想」的「文学」的議論も、このようなグローバルな「政治」的「社会」的文脈と対応させて、サイードの言葉を使えば「対位法」的に「読む」ことが必要ではないでしょうか。

ファノンとサイード

例えば、先ほども名前を挙げたフランツ・ファノンはカリブから、フランスを経て、アルジェリア、チュニジアと「移動」しつつ、「反植民地主義」・「反人種主義」の実践と関わるなかから、その理論を練り上げていった「思想家」です。ここで「思想家」という言葉を使いましたが、ファノンは制度的な意味での「哲学者」でもなく、単なる職業的な「精神科医」でもありません。いわんや「政治」や「社会」からの離脱を正当化するような意味での「文学者」などではあり得ないということを確認しておくべきでしょう。その意味では、日本語の「思想家」という言葉に含まれる「境界横断」的なニュアンスがファノンのテクストにはふさわしい。実際ファノンはその短い人生の間に、地理的な移動と同時に「哲学」、「文学」、「政治」という「境界」の横断、という意味での「移動」をすさまじいスピードで敢行した。

一九二五年生まれのファノンが大西洋を「西」から「東」へと移動したとするなら、一九三五年にパレスティナに生を受けたエドワード・サイードは「東」から「西」へとアトランティックを越えた、と言うこともできるでしょう。『文化と帝国主義』の第三章「抵抗と対立」を見ても、サイードがE・ウィリアムズ、C・L・Rジェームズ、エメ・セゼール、そしてフランツ・ファノン、といったカリブから大西洋を越えた「ブラック・アトランティック」の潮流を意識していることは明らかです。実際、アルジェリア民族解放戦線に身を投じ、チュニスにてそのスポークスマンとして活動したファノンと、一九六七年の第三次中東戦争を契機として「パレスティナ・ディアスポラ」としての「アンガジュマン」を始動し、PLOの代議員を努めたサイードの間に「対称性」を見出すことは決して困難なことではありません。

ファノンと同じく、サイードのテクストも「哲学」、「文学」、「政治」という境界を横断するものですが、その人生もまた、東地中海に散在する「アラブ系キリスト教徒」の家庭に生まれ育ち、パレスティナ人でありながら、米国市民権を所有する父をもつ、という出発点からはじまり、英仏語教育をイギリス支配下のカイロで受けた後、米国のプリンストン、ハーバードで学び、コロンビアに拠点を置いてパレスティナ問題に関与する、という軌跡を見ても明らかなように、常に移動を反復するものでした。

「移動」と「ディアスポラ」という視点を強調したサイードは、「アイデンティティ・ポリティックス」を批判し、常に「異種混交性」への着眼を強調しました。とは言え、ファノンが「黒人性」に依拠しながら「白人帝国主義」の支配・差別体制を批判したの対し、サイードは支配・被支配、差別・被差別の二項対立を脱構築している、などといった陳腐な二元論はここでまず最初に排除しておくべきでしょう。実際、サイード自身ファノンを「アイデンティティ・ポリティックス」の対極に置き得る思想家と見做しています。

サイードの「異種混交性」とは、例えば「ヨーロッパ」と「オリエント」あるいは、イスラエルとパレティナ間に厳然と横たわる支配・抑圧関係を消去するために考案されたものでも、あるいは理論の効果として、その支配・抑圧関係を曖昧にするものでもありません。むしろ、「ヨーロッパ」が「自己」を「主体」として立ち上げる際に、「常に」・「既に」、

「ヨーロッパ」外の「他者」を排除し、その「排除」の効果によって「自己」を創設する、という物語を批判的に分析・記述する過程においてせり上がり、練り上げられていった思考、と看做すべきです。

「歴史的」・「具体的」な政治社会の権力関係に無自覚な「異種混交性」の称揚は――安易な「国民国家の終焉」論に基づいた「グローバル・ヒストリー」と同様に――むしろ現在の「新自由主義グローバリズム」への加担へと傾斜する、と言えるのではないでしょうか。われわれは、晩年のサイードが新自由主義グローバリズムと連動した「ポスト・モダニズム」を激しく批判し続けたことを確認しておくこともできます。

ここで、「ナショナル・ヒストリー」の相対化と新自由主義グローバリズムの批判の相関、という出発点に戻ってきましたので、一度報告を終わらせていただいて、栗田さん、小沢さんのコメントをいただいた上で、討論に入りたい、と思います。

栗田　基本的な問題意識には大変共感できて、やはり共産主義と呼ばれるものをグローバルな革命運動としてもう一度見直すべきだという点に関しては全く同感です。私の専門は中東、特にエジプトとスーダンの近現代史です。日本や欧米では一般に、一九八九年から一九九一年にかけてのベルリンの壁崩壊・ソ連解体後は、共産主義は過去のものとなったというイメージがあるかもしれませんが、中東の歴史を勉強し、過去二〇数年間それなりに現地の人々とも交流している実感から言うと、これまで一度も共産主義が中東で有効性を失ったと思ったことはありません。

それはやはり先ほどのお話にもありましたように、中東、あるいは中東を含む第三世界全般では、共産主義というのは基本的に反植民地主義のたたかいのための思想であり、運動であるわけですね。中東では、基本的に植民地主義の問題であるパレスチナ問題に象徴されるように、実はまだ脱植民地化が実現していない。むしろ、二〇〇〇年代に入ってからは、いわゆる「対テロ戦争」、アフガン戦争やイラク戦争というかたちで、新しい植民地戦争が展開してきたという状況なので、反帝国主義・脱植民地化は依然としてきわめて重要な課題であり、その中での共産主義の有効性も失われていないということだと思います。

そういう意味で、共産主義をもう一度グローバルな革命運動としてとらえ直すという視点は非常に有効だし、時宜にかなっていると思います。そのうえで、次のような点について、もう少し深く考えてみるべきではないかと思います。

「起点」の問題

第一は、「移動と革命」という問題を考えるにあたって、「起点」をどこに求めるか、という問題です。今日のお話は、基本的に、やはり一八四八年から始まっていたと思います。ただ、革命運動というものが一国内部で完成しない、むしろ矛盾が国をまたがる形で共有されていて、そのために革命運動も互いに連動したり、影響を与え合ったりせざるを得ない、という構造が生じるのは、必ずしも一八四八年以降だけではないわけですね。

栗田禎子

たとえば、まずは一種の思考実験として、すごく話を大きくしてしまうと、世界史の時代区分というのは、ごく大づかみに言えば、古代帝国の時代があり、古代帝国崩壊の時代があり、近代の帝国主義の時代があって、そして今はその近現代帝国主義の崩壊の時代を迎えている、と捉えることもできるわけです。この文脈では、たとえば古代にも、帝国のなかでの解放運動の連動といった現象を見出すことはできて、こうした問題関心から、スパルタクスの乱の研究で有名な日本の歴史家土井正興さんなどは、「古代解放運動史」という研究ネットワークをつくったりしていた。スパルタクスの乱のような、一種の古代のディアスポラ——奴隷ですね——の運動が、いかに周辺諸地域におけるローマ帝国に対する抵抗、民族解放運動と連動しており、実は古代なりの「国際的」広がりの契機があったかを探る、といった研究の試みがありました。

近代以降に時代を限定するとしても、抑圧の一種「国際的」な展開、それゆえにそれの対する抵抗も国際的たらざるを得ない、という現象を考える場合、「起点」をどこに求めるかというと、やはり広い意味での近代が始まった大航海時代あたりまで遡る必要があって、そういうことを考えると、先ほど、お話の後半では出てきましたけれど、やはり「大西洋」というトポスが大事かと思います。『ブラック・ジャコバン』への言及がありましたが、やはりアメリカ独立革命、フランス革命、そしてハイチ革命を含めた、いわゆる「環大西洋革命」あたりまで戻るべきなのかなと思います。以上、「起点」をどこに求めるかという問題、あるいは大きくいえば世界史のなかの時代区分論の問題が、第一点目です。

「反帝国主義」という場

第二点目は、われわれがめざしているのは、「国際共産主義」の「伝播」の物語なのか、それともむしろ、「共産主義」「反帝国主義」等の思想・運動が生まれる「場」自体の発見なのか、という問題です。先ほどの問題提起のお話は非常に面白く伺いました。これまでヨーロッパ政治史のなかで語られがちだった第一、第二、第三インターというものを、むしろトランスナショナルな革命の場としてとらえるというのは、非常に魅力的です。ただ、中東やアフリカの歴史を勉強している立場からすると、やはり、まだ、「インターの歴史」になってしまっている、という印象も受けました。「インターの歴史」というか、言い換えれば、いかにヨーロッパでマルクスとレーニンが共産主義というすばらしい思想を作り上げ、それがいかに「伝播」していったか、という、「伝播」の物語になると、それはちょっとつまらないだろう、という気もします。

ではどうすればいいかと言うと、やはり共産主義というものを、もう一度世界史のなかに置き直すことで、その意義をもう一度考え直す、ということができないか、と思っています。具体的には、共産主義とか、あるいは後の時代だったら反帝国主義といった思想や運動が生まれ、発展してきた「場」自体を、改めて、ヨーロッパという枠を取り払い、世界史的に検討してみる、そういうアプローチができないか、と考えています。

たとえば「帝国主義」という概念・理論に関しては、もちろんレーニンの著書『帝国主義』での定式化が決定的な意味を持つわけですが、それが、どう形成されていったかということを考えるときに、私などは一八八二年のイギリスのエジプト占領という事件がもたらした衝撃、およびそれが中東の民衆や知識人自身によってどのように受けとめられたか、という点を重視しています。エジプト占領という事件を前にして、狭い意味のヨーロッパの国際共産主義者だけではなく、むしろエジプト、スーダン、イラン、インド等の知識人が非常に衝撃を受けてさまざまな議論を展開し、それがイギリスのジャーナリスト・知識人等を経てヨーロッパに持ち込まれ、それがひょんな形でホブスンとか、レーニンに影響を与えていく。レーニンの帝国主義論の形成過程自体に、実はアジア・アフリカの人々の生々しい経験というものが流れ込んでいる。そうした一種の国際的な共同作業があって初めて、帝国主義概念というものが生まれたのではないか。

中東出身の国際的な革命家、アクティヴィストとして、先ほどエドワード・サイードの名が出ましたが、一九世紀に一人挙げるとしたら、アフガーニーという人物がいます。ジャマール・アッ・ディーン・アル・アフガーニー、「アフガーニー」（アフガニスタン出身）と名乗っていたが、実はイラン出身だったということが今ではほぼ明らかになっていますが、この人物などは、一九世紀中葉、自らはイラン出身ですが、イギリス支配下のインド、アフガニスタン、オスマン帝国首都のイスタンブール、そしてエジプト等を転々として思想形成をし、改革運動を行なって多くの後継者を育てた革命家です。このアフガーニーは一八八二年のイギリスのエジプト占領という事件に、やはり、非常にショックを受けます。そして、エジプト人の弟子ムハンマド・アブドゥフと共に、亡命先のパリで『固き絆』というアラビア語の雑誌を出版してイギリスのエジプト、中東政策全般を分析・批判する論陣を張り、この雑誌を中東・インド・東南アジアにまで流布していく。

このアフガーニーやアブドゥフのイギリスにおける理解者として、W・S・ブラントという人がいます。これは地主階級出身の退職外交官で、バイロンの孫娘と結婚している、エスタブリッシュメントなんですけれど、ただ個人的興味から一八七〇年代以来中東を広く旅行していてエジプトにも滞在したことがあり、アブドゥフらと知り合っていました。そのため、ブラント自身はイギリスの支配階級出身ですが、中東の知識人との交流を通じて自国の中東政策に対する批判的な視座を獲得し、イギリスのエジプト占領にあたってはエジプト国民との連帯運動、反戦運動を行なうようになります。このブラントの活動というのは実はウィリアム・モリスなどにも影響を与えていて、その結果、ウィリアム・モリスをはじめとする「社会主義連盟」も、エジプト占領や、その後イギリスがエジプトの後背地として掌握することをめざしたスーダンへの介入に反対する運動を行なうことになります。

このように見てくると、アフガーニー等の中東の知識人の思想が、ブラントあたりをチャネルにして、イギリスの社会主義運動に影響を与えているわけですね。あるいは、共産主義者ではないけれども、経済学者のホブスンに影響を与えて、そのホブスンの帝国主義研究が結局レーニンに流れ込んでくる。

イギリスのエジプト占領には日本の東海散士（柴四郎）も非常に衝撃を受けて、『近世埃及史』や『佳人之奇遇』等の著書を著しているわけですが、そういう当時の一種の「国際的経験」としてのエジプト占領があって、それをめぐる議論のなかで、帝国主義をめぐる認識が形成されていった。

そういう意味で、反帝国主義という思想自体が、ヨーロッパという枠を越えた、トランスナショナルな場で形成されてきた、という点に注目することが重要だと思います。

課題としての「イスラム」

第三は、中東における革命運動、あるいは共産主義の展開を考える際に、「イスラーム」、あるいは「アラブ」といった概念をどう捉えるか、という問題です。現在の世界における革命運動の展望に関心を持っている研究者と、中東を専門とする私が意見交換する際、先方から必ず出される疑問に、中東の場合は「宗教との関係が難しいのではないか」とか、あるいは「国際共産主義と、アラブ民族主義の関係が難しいのではないか」というものがあります。こうした疑問は、一種の「中東特殊論」ともつながっている。この問いにどう答えるかという問題です。

この文脈で私が提案したいのは、「宗教」とか「民族」とかいう用語を、あまりア・プリオリに使わない、できれば「宗教」とか「民族」という用語を使わずに議論をする、ということをちょっとやってみるべきではないかと思ったりします。

具体的にはどういうことかというと、たとえば先ほど一九世紀の中東出身の革命家としてアフガーニーという人物を挙げましたが、この人物は非常に複雑で面白い思想家です。一言でいうと反帝国主義活動のアクティヴィストなんですけども、今から見ると彼の思想には一面では、明らかに二〇世紀のナショナリズムに流れ込んでくる部分というのが確認できます。

その一方で、帝国主義と抵抗するためには、まず自らの社会の内部改革を行なうべきだ、という発想も持っていて、反専制を唱える、ラディカルな社会改革論者でもありました。中東における社会主義思想の源流として挙げられることもあります。

ところが、このアフガーニーは同時に「パン・イスラーム主義者」としても知られていて、反帝国主義の抵抗のために、イスラーム世界は団結せよということを言うわけなので、世界史の教科書などではアフガーニーは一般に「パン・イスラーム主義者」、イスラームにもとづく団結を訴えた人として紹介されています。

では、当時の中東出身の革命家としてのアフガーニーにおける「パン・イスラーム主義」とは何だったのか？　我々はパン・イスラーム主義というと、何か自明の広がりとして「イスラーム世界」というものがあって、それを擁護する議論なのではないかとイメージしがちなのですが、アフガーニーというのは必ずしもそうではないのですね。彼は帝国主義に対してさまざまな地域の住民の人々は抵抗すべきだ、その場合、バラバラに抵抗していたのでは駄目だ、とにかく団結せよ、いろいろなレベルで、できるだけ広く連帯・団結せよ、ということを訴えていきます。各地を転々とするわけですが、その中で、この地域では言語にもとづく団結が有効だと思ったら、言語でまとまれというし、地縁的なものが有効だと思ったら、地域でまとまれと言う。そして、最後に、なぜインドが植民地支配されたのにエジプトは黙っているのか、エジプトが侵略されているのにインド亜大陸や東南アジアの人々は黙っているのか、という時に、なぜ団結しないのか、お前たちは皆イスラーム教徒だろう、という言い方をするわけです。

つまり、アフガーニーが「パン・イスラーム主義」を唱えたのは、イスラーム世界というのが、一体としてあったからではなくて、むしろ逆に、帝国主義の時代というのはやはり分断統治の時代で、各地の民衆が互いに共鳴しにくい状態になっている。各地で同じことが起きているのに、それに気づかない。

そのときに、言語でまとまれ、地域でまとまれ、それでも駄目ならイスラームでまとまれ、という訴え方をしたものであって、言わんとすることは結局は、「同じ人間ならまとまれ」ということに近かったわけです。

「パン・イスラーム主義」概念の再検討の必要性については、既に一九六〇年代に加賀谷寛さんや板垣雄三さんが議論を展開していて、板垣さんは、パン＝イスラーム主義というのは、イスラーム世界という自明なまとまりを擁護しようとする議論ではなく、むしろ帝国主義の下での世界の一体化という現象が、「イスラーム世界」の一体性という主張に投影されているのだ、と分析していますが、鋭い見方と思います。いわば「課題としての」イスラーム、反帝国主義という課題に取り組むための場としてのイスラーム世界・イスラームの連帯ということを、アフガーニーは構想している。

同様に、いわゆる「アラブ民族主義」に関しても、課題としての「アラブ」、という捉え方が重要です。欧米や日本の研究やマスコミ報道では、アラブ民族主義、あるいは第三世界におけるナショナリズムというもの全般を、何か非常に情緒的な、非合理なものとして描き出しがちです。

　ところが、二〇世紀の中東政治史におけるアラブ民族主義は、基本的には植民地支配からの解放を求める運動、反帝国主義の運動だと言うことができます。政治的主張の輪郭も非常にくっきりしていて、たとえばいわゆる「アラブの大義」なるものは、具体的には、二つの柱から成っています。一つは、第一次世界大戦後の英仏による中東の分割・植民地化の過程で形成された現在のアラブ諸国のあり方の克服です。既に見たエジプト占領の例のようにアラブ地域は既に一九世紀から英仏による侵略にさらされていましたが、第一次大戦によるオスマン帝国滅亡後はついにアラブ地域全域がヨーロッパの支配下に入り、国際連盟「委任統治領」の名のもとに、英仏の事実上の植民地として分割されます。（覇権は英仏からアメリカの手に移ったとはいえ）二〇世紀後半になっても基本的には維持された、この分割・植民地状況に終止符を打ち、人為的国境線を克服（＝「アラブ統一」）する、というのが第一の柱です。第二の柱は、パレスチナの解放です。第一次大戦後のアラブ地域全体の植民地化の一環として、パレスチナにおいては、英「委任統治」当局のお墨付きのもとに欧米からの移民の入植が進められ、結果として（アパルトヘイト下の南アフリカにも似た）入植者国家（現在のイスラエル）が作られました。アラブ民族主義は、アラブ全体の植民地状況からの脱却、「アラブ統一」と並んで、今なお剥き出しの植民地支配下に置かれているパレスチナの解放を、重要な目標としています。このように見てくると、「アラブ民族主義」というものは基本的に非常に明確な政治プログラム、反帝国主義の運動だと言うことができます。「アラブ」というものは、「パン・イスラーム主義」の場合の「イスラーム」と同じで、やはり、帝国主義とたたかう中で設定されるひとつの「課題」、政治的プログラムなのであって、これを単なる「宗教」や「民族」の問題と考えると、本質を見失う気がします。

　以上、「イスラーム」、「アラブ」など、さまざまな形で提示されるが、中東で過去一世紀ほど展開してきた運動は、基本的にはすべて反帝国主義という問題意識に基いていたということを指摘しましたが、補足的に確認しておけば、二〇世紀の中東における共産主義というものもやはり、まさしく反帝国主義をめざす運動・思想だったわけです。二〇世紀の中東における共産党というのは、要は一九二〇年代〜四〇年代、エジプト、シリア、イラク、スーダン等、各地で反帝国主義闘争が展開され、青年たちがいろいろな政党に入ってみる中で、結局植民地支配というものを最も根源から批判し、根本から克服する思想は何か、と模索していったら、共産党があった、マルクス・レーニン主義に行き着いた、という形で支持を拡大して行ったケースがほとんどなのです。二〇世紀の中東・アラブ地域で共産党に入った人々というのは、要は植民地主義という問題を一番徹底的に考えた人、植民地支配に対する闘いというものに一番真剣に取り組んだ人たちだったと言うことができると思います。それが、現在も中東、あるいは第三世界全般において、共産主義が意外なほど強いエネルギーを保持していることの根底にあります。また、共産主義とアラブ民族主義の関係が（外部の観察者が予想するほど）敵対的なものではない、といった現象、さらにはどの国でも「アラブの大義」に最も忠実なのはある意味では共産主義者である、といった現象にもつながっていくことになります。

冷戦とソ連＝「バンドン諸国」体制

第四は、いわゆる「冷戦」体制というものをどう捉えるか、という問題です。トランスナショナルな革命運動というものが、いつ一番盛り上がったか、ということを考えてみると、一九世紀、特に一九世紀後半の帝国主義に対するたたかいの時代というのは、やはりひとつの頂点だったと考えられます。それから、ある意味では現在はまた、そういう時代になってきている。新自由主義という、帝国主義の新段階とも言える時代になってきているので、逆に世界中でその矛盾が共有されて、革命運動がトランスナショナルな広がりを持ってきている感じを受けます。

それに対して、いわゆる「冷戦」期というのはどうだったのでしょうか。二〇世紀の、第二次大戦後の時期、これは三宅さんの整理だと、「旧型」帝国主義のさしあたりの撤退、の時期ですね。その中ではもちろん、ロシア革命以降の国際共産主義運動も大きな役割を果たし、アジア・アフリカの民衆の抵抗も決定的な要因であり、その協働の結果として、とりあえず第二次大戦後に植民地主義没落の時期に入るわけですよね。「旧型」帝国主義に代わる勢力としてアメリカが出てきますが、そのバランサーとして、いわゆるソ連・東欧社会主義圏というのも一応成立して、「冷戦」体制というものが成立する。この時期の性格をどう捉えるべきなのでしょうか。

トランスナショナルな革命運動の広がりという面から見ると、一九世紀末に帝国主義支配の重層構造の底辺に置かれていたアジア・アフリカの人々が、帝国主義の心臓部であるロンドンとかパリに行って、逆に帝国主義的支配の構造を見抜く目を鍛え、非常にダイナミックな運動を展開するといった面白さ、緊張感は、いわゆる「冷戦」期の国際共産主義運動からは失われていったような気がします。たしかに「社会主義圏」というものは成立し、たとえばアラブの共産主義者たちも一九六〇―七〇年代には盛んにソ連・東欧圏に留学したりするわけで、国際的契機は存在するわけですが、その場合の「国際」交流というのは、一種、非常に制度化されたものになってしまっている。米ソ「冷戦」体制の枠組みのなかでの、社会主義陣営の側のトップとしてのソ連に行って一応勉強してくる、みたいな性格のものになってしまっていて、そこに一種の惰性や停滞の萌芽もあったのではないかという気がします。

これと関連して「冷戦」体制期の世界の共産主義運動の編成のされ方、そのなかで中東なら中東といった地域の共産主義運動が直面した課題をどう捉えるか、という問題を考えてみると、次のような点が指摘できると思います。

まず検討しなければならないのは、「冷戦」体制、また、そのなかでソ連が果たした役割です。巨視的に見た場合、アメリカに代表される帝国主義、あるいは新植民地主義勢力に対し、対抗し、バランスをとる存在として、ソ連・東欧のいわゆる社会主義圏が国際政治において一定の役割を果たしたことは否定できません。アメリカに対抗する勢力が存在し、「東西対立」の構図があったからこそ、第三世界がその狭間で、いろいろな模索をしてみることが可能になったという側面もある。ナセル、スカルノ、エンクルマといった体制のもとで、帝国主義から自立した経済・政治制度を模索することも可能になったわけで、その意味で、「社会主義圏」崩壊後の、全世界が新自由主義の支配下に置かれている時代より良かったのではないかと見ることも可能です。ただ、同時に注意を払っておきたいのは、この時期の、ソ連＝「バンドン諸国」体制ともいうべきものが持っていた一種の息苦しさ、この体制が逆に各国の共産主義運動にとって一種の制約になってしまう、そういう側面もあったということです。

ソ連＝「バンドン諸国」体制というのはちょっと耳慣れない表現かもしれませんが、ここでは私は、アラブの共産主義者、たとえばエジプトのサミール・アミンが、「バンドン段階」なるものをめぐって展開している議論を参考にしています。一九五五年のバンドンのアジア・アフリカ会議に始まるいわゆる非同盟運動というのは、明らかに反帝国主義的な潮流であり、積極的な性格を持っていました。ただサミール・アミンはその一方で、ナセルやスカルノに代表される「バンドン諸国」体制が自国で果たしてして一種の抑圧的な役割にも注目するわけです。要はこれらの政権はプチブル主導の軍事政権であって、それぞれの国内では労働者・農民の主体的運動を抑圧・阻害している存在でもある。サミール・アミンなどは「バンドン段階」というものを、国内では抑圧的なことをやっている各国のブルジョワジーが、ソ連との関係もあって、外交面では非常に革新的なポーズを取らざるをえない。それを、ソ連の側も、これらの政権が国内では抑圧的なことをやってることを知ってはいるが、アメリカやイギリスと対抗するためにはやむをえないということで目をつぶって協力する、という、ある意味で特殊な奇妙な状況として捉えています。もちろん、本来は抑圧的な存在である各国の政権が、にもかかわらず外交面では非同盟等の革新的政策をとらざるを得なかった、という自体が、当時の世界における革新的潮流の強さを物語っている、という意味ではポジティヴな現象とも言えるのですが。

このように、ソ連＝「バンドン諸国」体制というものには、当時の国際政治の中で持った積極性ももちろんあるわけだけれど、ただそれを各国の民主勢力の側から見ると、ネガテウィヴな面もある。独裁政権とソ連とが、いわば各地の民主勢力の頭越しに手を結んでしまうわけですから。

それと関連して、これを国際共産主義運動と呼ぶのか、ソ連の一九六〇－七〇年代の国際的な指導のあり方の問題というべきかは分かりませんが、そういうソ連の指導のあり方の弊害については、既に理論面でもさまざまな指摘があって、たとえば、いわゆる「非資本主義的な発展の道」論の問題があります。あれは、中東などの共産党にはずいぶん打撃を与えることになった議論でした。それまでのマルクス主義の理解では人類社会は、封建制・資本制・社会主義といった段階を経て発展することになっていたわけですが、一九六〇年代にソ連が唱えたこの理論は、ロシア革命が起きて、社会主義圏が現実の力として出現した後は、新しい可能性が出てきたという点を強調します。要は、アジア・アフリカの国々は、必ずしも資本制を経て社会主義に行かなくてもいいんだ、社会主義陣営の力を借りれば、封建制から、「非資本主義的な発展」の道を経て（＝資本主義を経ずに）社会主義に至ることも可能なのだ、という議論がされ、ナセル、スカルノ、ネルー等の政権は、この「非資本主義的発展」を担うべき「革命的民主主義者」、共産主義者ではないけれど見るべき点がある勢力、ソ連の同盟者として位置づけられていくことになる。

つまりソ連はアジア・アフリカ諸国におけるパートナーとして、現地の共産党ではなくて、「非資本主義的な発展」の担い手としての「革命的民主主義者」の政権を選ぶわけですね。エジプトの場合ならナセル政権です。ソ連のこの政策の影響もあって、エジプト共産党は一九六五年に「自主解党」して、ナセル体制下での単一政党「アラブ社会主義連合」に合流することになる。これは非常に大きな誤りで、誤りだったということを後に反省して、一九七五年に再度、エジプト共産党が再結成されることになります。

同じような問題にはインドネシアの共産主義運動も直面したと思われますし、スーダンに「社会主義」を掲げるヌメイリー政権が成立（一九六九年）した後の現地の共産党も微妙な立場に置かれます。（スーダンの場合は共産党の独立性は守られましたが）。

なので、一九六〇－七〇年代の各地の共産主義運動の状況を考える際、中東の場合については国際共産主義とアラブ民族主義のあいだで揺れ動くというようなイメージがあるかもしれませんが、実は、当時、エジプトやスーダンにおいて最大の問題だったのは、ソ連と現地の「革命的民主主義勢力」といわれているものの同盟ができてしまい、プチブル主導のこうした政権が「アラブ社会主義」の名の下に一種の開発独裁体制を築き、現地の民主勢力がそれを批判する道を、むしろソ連が封じようとする、そういう矛盾だったと言うことができます。

以上のような観点から「冷戦」体制というものの意味、その中でソ連が果たした役割をもう一度検討し直す必要があるのではないかと思います。

「新自由主義」時代の「革命」

最後に、「新自由主義」時代の革命の前途をどのように展望するか、という問題です。「冷戦」体制崩壊後の現代、いわゆる「グローバリズム」と新自由主義の時代の世界というのは、ある意味では非常に古典的な帝国主義の時代への逆行とも言うべき様相を呈していると言えます。特に、（アメリカにイラク戦争への反戦の気運を背景とする形でオバマ政権が成立して以降は、若干、世界の雰囲気が変わっていますが)、二〇〇一年のいわゆる「9・11」の数年間、アフガニスタンやイラクに次々と戦争がしかけられていった時期というのは、今思い出しても本当にとんでもない時代だったと思います。露骨に帝国主意義的な時代、ある意味ではマルクスやレーニンの時代以上に、資本の論理が社会・政治を規定しているということが鮮明になり、まさに経済的利益のために先進資本主義国がアジア・アフリカ地域に対し、どんどん戦争をしかけていくという事態が展開しました。しかし、逆に非常に帝国主義的な矛盾のなかに各地の民衆が投げ出される中で、一方ではアジア・アフリカ等の、まさにアメリカ主導の侵略戦争にさらされている地域の民衆の抵抗や批判が始まるし、他方では、「新自由主義」のもと、資本の論理が暴走し始めた先進資本主義諸国、資本主義の心臓部で窮乏化しつつある市民の運動が発展していく。両者が連携・協力する形で、もう一度トランスナショナルな革命運動を展開していく展望が出てきた、そういう時代なのだという気がしています。

ただ、ここ数年、そう言いつづけながらも、なかなか実際の展望は見えてこなかったのですが、今回、チュニジア、そしてエジプトで革命が起きました。これはまさしく、現在の世界の支配構造全体を揺るがす事件だということができます。既に述べたように、「冷戦」体制崩壊後の現在というのは、新自由主義の時代であると同時に、軍事的には中東・アフリカ等に対する「対テロ戦争」の時代(「テロ対策」を口実とする侵略戦争)の時代であったわけですが、まさにその中東で起きた今回の革命は、「新自由主義」・「対テロ戦争」体制に、決定的打撃を与えるものと言えるでしょう。チュニジアとエジプトの政権はいずれも経済的には中東における「新自由主義」路線の優等生的存在であり、また、中東に対するアメリカ主導の「対テロ戦争」を支える存在でもありました。今回の革命は、中東における新自由主義の没落、「対テロ戦争」体制の没落を示しています。新たな帝国主義の時代ともいえる新自由主義の時代にあって、逆に、それを根底から否定するような世界各地の民衆の運動が高揚し始めていると感じます。

小沢 始点、起点をどこから考えるかという問題に関連しますけれども、これは本当は歴史学が引き受けなければならない問題だと思います。例えば産業革命と民衆との関係というテーマが一方であって、それはユートピア的社会主義の形成とか、そういうところにつながっていくような、労働者の状態の改善をめぐる議論が存在します。しかし他方で、その同じ時代というのは、自由貿易帝国主義の時代であって、ヨーロッパ向けの商品作物を栽培するモノカルチャーの経済というものを、色んなところでつくりだすわけです。そのことは当然プランテーションで働く人々の労働と関連します。しかし、この二つを統一的に議論するというかたちになっていないというわけですよね。

　ヨーロッパにおける問題というのは、一つは長時間労働の問題であって、ロバート・オーウェンなどは一八一〇年頃に一〇時間労働を主張するわけです。一〇時間を主張するってことは、現実には一二時間（週七二時間）とか一六時間（週九六時間）くらいの労働が一般的だったのわけです。一〇時間労働の要求というのは、週六〇時間まで短くしようということですが、その問題は実はこういう産業革命とその後の資本主義自体の展開が、自由貿易帝国主義に支えられていくという、そういう問題とは直接的には関わらせずに議論しているわけですね。この問題はのちに社会主義運動と植民地問題という形で鋭く問われることになります。

　第二の問題は、政治的な労働者の状態の改善です。それは参政権の議論なんかにも関わっていくわけですけれども、この問題を議論し始めたときに、最初に主題として出てくるのが、いわば第三身分と第四身分の関係をどう捉えるかということでした。これは先駆的にフランス革命のときの平等派の主張としてあらわれますが、一八四八年革命のときに大規模に問われることになります。いわゆる市民―ブルジョワジーというものと、労働者というものとの関係をどう捉えるのかという問題で、これはその後ヨーロッパでは、かなり重視されていくわけです。そもそも、フランスで男性労働者の普通選挙権が導入されるのは一八四八年のことであって、革命から六〇年のギャップがあることをどう考えるべきでしょうか。同時にこの問題は労働者が国民になっていくことを意味するわけで、政治的包摂をどう評価するかという問題につながっていきます。

　第三の問題は、女性の解放ということです。フランス革命時のオランプ・ド・グージュの議論は有名ですが、ここでは参政権に限定して考えてみましょう。女性参政権が最初に導入されたのは、一八九三年のニュー・ジーランドにおいてですが、一九〇〇年代に北欧へ、第一次世界大戦後には大陸ヨーロッパに波及します。しかし、フランスで女性参政権が導入されて最初に選挙が行われたのは一九四五年であって、日本と同じです。男性の普選からさらに一〇〇年が経過しているのです。女性は国民ではありませんでしたし、革命の主体とも考えられていませんでした。このことは、裏返して考えてみれば、女性はいつ国民となるのか、女性はいつ革命の主体と考えられるようになるのか、という問題が立ち現れるということになります。

　第四の問題は、これも一九世紀中葉に問われるようになるのですが、労働者とプロレタリアートとのちがいということです。この場合のプロレタリアートというのは良知力さんがいう、都市の周縁に来る、のちにルンペン・プロレタリアートと呼ばれるような人たちのことを、当時はプロレタリアートと表現したわけです。労働者、いわゆるギルドから出てきたような、都市内の特権を有する労働者というものとプロレタリアートの関係をどう捉えるかという議論は、ヨーロッパでは移民労働者や外国人労働者問題という形で、後に問われていきます。その原型というのが、ここで形成されていくわけですね。

小沢弘明

　実はもう一つ、第五の問題があって、社会主義という思想は、産業革命で形成されてくる工業労働者をどうするか、ということを考えていたので、農民ということは考えていなかったわけですよね。もちろん、農業労働者ということは考えていましたが、農民の問題をどう捉えるかということが、実はヨーロッパではその後完全に捉えそこなっていくということになるわけです。逆に二〇世紀になれば、むしろ二〇世紀の世界の諸革命はすべて農民戦争だったと論ずるエリック・ウルフのような研究者もいるわけで、世界規模ではそういう問題につながっていくような問題が、おそらく一八四八年前後に同時に出てきたと思うんですね。

　このように一九世紀半ばには、運動の中にじっさいには当初からさまざまな分断・分岐、利害の衝突が存在していたわけです。で、そのときに、たとえば国民国家という枠組み、ナショナルな枠組みを超えた人々の連帯というようなことを考えたときに、現実には大衆的連帯というのはほとんど存在していませんでした。これは後にバウアーが「素朴なコスモポリタニズム」と名付けますが、運動の指導者、個人が行う連帯であったということができます。例えばハンガリー出身のフランケル・レオーがパリ・コミューンで活躍したり、ロンドンで国際労働者協会（第一インターナショナル）の指導部に加わったということは、別にその背景にハンガリーの広汎な運動があったわけではない。むしろフランケルは、個人として参加している。その意味でネイションの枠を超えていくというのが「素朴なコスモポリタニズム」という段階でした。この「知識人」とも言える人々の諸関係をインターナショナリズムと呼べるでしょうか。

ところが、その後にやはり問題が出てくるわけで、一八八〇年代には——先ほど第二インターナショナルの形成ということを言われましたけれども、一八八九年の第二インターナショナルの形成の背景には、それぞれの地域で、社会民主主義を基礎とする労働者政党とか、労働組合、労働者の文化組織や消費共同組合がどんどんできていって、いわば運動の大衆化ということが起こる。それと同時にその大衆化した運動というのが、ナショナルな政治の枠組みのなかで活動しなければならなくなるわけです。つまり、運動の国民化というものを同時に経験せざるをえない状況になるわけです。こうしたナショナリズムを基礎とした動きを、バウアーは「素朴なナショナリズム」と呼んだわけです。「素朴なコスモポリタニズム」と「素朴なナショナリズム」の双方の克服の上に、次第に労働者の「自覚的なインターナショナリズム」が形成されるというわけです。

第二インターナショナル自体は、ヨーロッパの運動であって、ヨーロッパ外だとアルゼンチンや南アフリカ、日本などいくつかの地域から例外的に参加しているだけでした。その場合、日本もその背景に広汎な大衆運動があるわけではなくて、片山潜がアメリカ合衆国から一人で行っていたりするわけです。そのヨーロッパでも、特に西ヨーロッパから中部ヨーロッパにかけての、良かれ悪しかれ大衆化した運動というのを背景にした政党とか社会主義というようなものの考え方と、それから、運動自体がほとんど存在しなかったり、大衆的な運動が存在しない、だいたいハンガリーから東の地域で運動を考えている人たちとのあいだで矛盾が存在したのだと思います。これは西ヨーロッパの植民地を保有する諸国における運動のありかたにも関係しますし、その矛盾は例えば第二インターナショナルと植民地問題というような議論のなかにも反映しているということだと思います。

社会主義運動と民族・国民

　初期の社会主義運動は、国民国家の形成に関わる問題としては、ポーランド問題やアイルランド問題に取り組みました。しかし、基本的には、ポーランドとアイルランドは例外であって、つまり例外的に独立するのが当然だと考えられていたのであって、一般的にいえば、ヨーロッパの国家体系というのは維持されるべきだと社会主義者も考えていて、それが色んな民族問題の議論のなかにも反映しているんだと思うんですね。たとえば、多民族帝国であるオーストリア＝ハンガリー二重君主国（ハプスブルク帝国）の社会主義者で、帝国が解体されるべきという考えは、ロシア十月革命までは出てこないと言ってよいでしょう。

　バウアーの民族理論が再評価されているという話でも、この理論は、新カント派の影響をかなり受けているため、客観主義というよりは、どちらかというと、意識形態とか主観性を重視するわけで、そういう意味では、現代的意味があると思います。スターリンの民族理論に対する解毒剤の役割を果たすと期待されていたり、民族自決（国民自決）とは異なる解決法を提起したと思われているようです。けれども、彼らが取り組んだ主題というのは、ハプスブルク帝国という旧帝国が存在していて、そこからどのように国民社会なり国民国家を形成するかという運動が成立しつつあって、それにどう対処するかという文脈で理論形成がされていたことに留意する必要があります。例えば現代のように、基本的に世界が国民国家で覆われていて、このなかに様々なエスニックな運動というのがあるときに、文化的自治なんていう話をすると、それは当時でいえば帝国の枠組みを正当化し、現在でいえば既存の国民国家を正当化する、そういう機能を果たすために使われていると思います。バウアーの『民族問題と社会民主主義』の英訳とか、スペイン語訳が、近年になって出てくるということの意味は、そういうところにもあるんじゃないかなというふうに、個人的にはちょっと突き放して考えています。

　ですから、社会主義運動という観点からいうならば、この段階では、やはりヨーロッパでどう考えるか、あるいはヨーロッパの国家体系というものをどのように捉えるかという話が中心だったでしょう。先ほどの三宅さんの話だと一九一七年に社会主義運動が分裂したといわれましたが、やはり一九一四年じゃないですかね。しかも、分裂は二つじゃないんですよ。二つに分裂したんじゃなくて、三つに分裂したというふうに思っています。第一は〝戦争に対して戦争を〟というスローガンですよね。つまり、ドイツの多数派社会民主党とか、フランス社会党とか、第二インターの主要な政党はみんなそっちに行っちゃう。第二に、〝戦争に対して平和を〟というのがいて、ドイツだと独立社会民主党とか、いってみれば社会民主党左派のグループは〝戦争に対して平和を〟というスローガンを対置した。第三の〝戦争に対して内乱を〟というのが、当時はきわめて少数であった、コミンテルンにつながるグループだったわけです。おそらく〝戦争に対して戦争を〟も、〝戦争に対して平和を〟というのも、ヨーロッパの国家体系自体を揺るがす話ではないので、その意味で言えば、唯一国家体系自体を再検討するという議論は、〝戦争に対して内乱を〟〝戦争に対して革命を〟というふうに考えるグループということになるでしょうね。

第一次世界大戦後のヨーロッパでは、先ほど出てきたように、いってみればブルジョワ・ヨーロッパという言い方をしたりしますが、ブルジョワ・ヨーロッパの復古ということが起きるわけで、一般的には一九二三年くらいで相対的安定期に移行すると考えられています。なので先ほどいった社会民主主義的な路線で国家を考えるということは、ブルジョワ・ヨーロッパの復古に対応した運動形態という形になるんだと思います。

これに対して、世界史的に見れば、第一次世界大戦前史のなかでは、ヨーロッパ内部の問題というよりも、やはり帝国主義と植民地問題というのが、最も重要な問題となっている。第二インターナショナルが植民地問題に取り組んだのは、一九〇七年のシュトゥットガルト大会ですが、西川正雄さんの分析によれば、「原則的反植民地論」と「社会主義的植民地政策論」の二つの潮流があったことが知られています。大会では前者が勝利を収めますが、社会民主主義者の多数の本音は後者にあったといいます。社会主義者こそがもっとも良く植民地を統治できるというこの家父長的発想は、国民国家の問題と並んで、植民地の問題が弱点となっていたことを示しています。

第二インターナショナルでは、ヨーロッパの民族問題と植民地問題はまったく別個の問題と考えられていたわけですが、これを、民族・植民地問題というかたちで統一した議論を立てるようになるというのが、コミンテルンの運動の特徴のひとつです。それは当然、植民地支配体制の再編・強化をめざしたヴェルサイユ・ワシントン体制と、対抗的にならざるをえないということなんですね。その意味では、コミンテルンが民族・植民地問題というかたちで世界を統一的に捉えようとしたことは、第二インターナショナルや、その後継の社会主義インターナショナルにはほとんど見られない側面だろうと思います。

共産主義運動と民族・国民

ところが、という問題があります。「ところが」というのが何かといえば、その場合のコミュニズムがナショナル・コミュニズムという形式に変わっていく、あるいは変わっていくことが奨励されるという点です。変わっていく契機はいくつかあると思うんですが、第一の契機は、一九二〇年代にソ連邦の安全保障が重視されることです。ソ連邦はヴェルサイユ体制から排除されているばかりか、東欧諸国にはボリシェヴィズムに対する「防疫線」の役割が負わされます。

例えば、ユーゴスラヴィア共産党は、セルビア・クロアチア・スロヴェニア王国という国家がまだユーゴスラヴィアという名称に変わる以前に、つまり国家名称より先にユーゴスラヴ（南スラヴ）の統一ということを、党名に掲げていました。しかし、国家それ自体は、いわばフランスの対独政策や対ソ政策の駒として使われているわけです。コミンテルンはこの国家に民族自決権を適用して、クロアチアを独立させてユーゴスラヴィアを解体してしまえ、と考えるわけで、それがソ連邦の安全保障につながると思ったわけです。これは南スラヴ統一思想（ユーゴスラヴィズム）の系譜にあったユーゴスラヴィア共産党にとっては打撃的な方針でありました。こうした、現地の論理とコミンテルンないしソ連邦の論理との乖離が、各地で起こっていくわけです。チェコとスロヴァキアの共産主義者にとってもコミンテルンの介入は運動にとって打撃でありました。

第二の契機は、反ファシズムの運動が国民的な（ナショナルな）抵抗という形態をとってしまった、とらざるを得なかったということです。ヨーロッパでは抵抗運動が大衆的基盤をもたない「エリートの抵抗」という性格を帯び、逆に大衆的基盤をもったところでは国民的な抵抗という性格を帯びたと考えられます。現実には反ファシズム・反ナチズムの運動というのはほとんど起きず、異民族支配や占領に反対するような反ドイツとか反イタリアという運動は存在した。つまり、レジスタンスやパルチザンといった抵抗運動自体がナショナルな形態を強化する役割を担ったわけです。このことが、第二次世界大戦後にできたヨーロッパ諸国家が、基本的にはヴェルサイユ体制への復古という形で、旧国家の復活に帰結したことにつながっています。ヨーロッパ連邦やヨーロッパ合衆国といった戦中の諸構想は排除されてしまったのです。ヨーロッパのコミュニズムの運動のなかで、愛国主義とインターナショナリズムの原理が矛盾なく同居するという状況は、この後、冷戦体制が形成されていくなかで固定・保存されていきます。

冷戦期のヨーロッパの社会民主主義や共産主義が国民国家の枠組みを前提としていたことは、脱植民地化の過程にどう対処したか、移民や外国人労働者の問題にどう対処したか、国民国家内のエスニック・グループの問題にどう対処したか、を見れば明らかです。冷戦国家が兵営国家であり、兵営国家としての統一性が維持されねばならないとしたら、現実には移動が常態であったとしても、移動は不規則な形態であり、移動者は不規則な存在と見られていたことは間違いありません。

冷戦自体についても、現在では認識枠組みの再検討が必要でしょう。私たちは冷戦というのは東西の問題と基本的には考えていて、冷戦体制のもとでは、その代理戦争的なものが第三世界で起きていくといった議論もありました。しかし、先ほど言及された『グローバル冷戦史』という研究も出はじめて、実は冷戦体制というのは南北の問題であるという認識が必要になっていると思います。つまり少なくともアメリカから見れば、第三世界というものをどのように支配するかというのが冷戦の主要な目的であったわけです。そうであれば、南北の問題を覆い隠す認識枠組みとして東西という枠組みをつくっていったとも言えます。

そのような観点から見れば、一九九一年のソ連邦の解体で冷戦体制が終わった、短い二〇世紀が終わった、という物言いは、南北の問題については、ほとんど何ら解決という話につながらないという現実が問われるべきです。冷戦という概念やポスト冷戦というような考え方が、現在どこまで有効なのかということは、あらためて考えねばならない主題でしょう。

現在、移動という問題を考えるとき、知識人の問題として捉えるのでは、もうすまない状況になっているでしょう。なぜなら、資本のグローバル化の進行は、とりもなおさず労働のグローバル化をもたらしているからです。伝統的な、つまりヨーロッパが考えていた労働者の姿というのは、さしたる移動はせず、かつ常雇である労働者でした。労働者を統制・把握するには工場の内部でそれを行えばよかったのです。こうした、一九二〇年代に始まったフォーディズムの時代というのはおそらくはもう終わっています。今はポスト・フォーディズムの時代になってしまっていて、この時代には労働者は不安定雇用の労働者として、工場の外で労働力として管理される。その意味では労働が工場の中だけでなく、社会にあまねく存在するという意味で偏在しているという状況になっているのです。労働がフレキスブルでモバイルな労働であることが求められている現在では、プレカリアートという存在こそが常態となりつつあるわけで、一八四八年のプロレタリアートの問題が現在ではプレカリアートの問題としてあらわれていると見ることができます。

いま一つの問題として、労働の世界的な構造化が進んでいったために、現在グローバル・サウスでは、一〇億人くらいがスラム居住者となっています。マイク・デーヴィスの著書のタイトルでいえば、地球というのは『スラムの惑星』ということになっているわけですね。こうした構造化は、つねに再生産され続けている。労働のグローバル化は、世界規模で労働の再編成が行われ、各地域の労働が現実につながるようになっています。例えばユニクロなどの低価格の被服産業がやっているような労働力の再編成は、当初の中国からヴェトナムの労働力を使うようになり、それらの地域で労賃が上昇すると、さらに安価な労働力を求めて、バングラデシュやミャンマーに行くわけです。そのような形で、安価なモノが作られて、例えば日本国内の縫製業がつぶれていくから、そこでは高付加価値の製品に特化した産業として再編成せざるを得ない。だから、倉敷の児島地区の女性縫製労働者の高付加価値の労働と、バングラデシュやミャンマーのきわめて安価な労働というのは表裏の問題として相互につながっているわけです。

しかも、新自由主義の時代には、「フリーゾーン（特区）」などというものが形成されて、そのなかで労働力の再編成が行われる。例えば、ジャマイカのフリーゾーンでは、アメリカから無税で原材料が港にやって来て、港に隣接する工場で、ジャマイカの労働力だけが使用される。そこで、名の知れたブランドの衣料品として、縫製されて、無税で港を出ていくわけです。その工場で、労働者が労働条件や賃金に不満を持ってストライキを行おうとすると、アメリカの企業は中国から労働者を持ってくるんですね。つまり、ジャマイカのスト破りとして中国の労働者が使われるという形になっているという点でも労働力の編成はグローバル化しているわけです。このジャマイカの事例は、『ジャマイカ　楽園の真実』という映画に鮮やかに描かれています。こうした構図を、どう捉えていくのかということが問題です。あるいは、そうした問題というのは現代になって初めて出てきたわけではなくて、歴史的な問題だとも言えます。自由貿易帝国主義の時代から、古典的帝国主義の時代を経て、現在の新帝国主義の時代に至るまで、市場の再編成は労働力の再編成をともない、その時代に応じた移動を再生産していきます。こうした移動する人々を主体とするような運動の形態はどのようなものであるのか、「移動と革命」という主題を議論するには、まだまだ検討すべき課題は多いといえるでしょう。それとともに、安易に主体について語ることが困難だとするなら、「移動と革命」という主題が、なぜ歴史的に主題となりえなかったのかを繰り返して問うことも必要ではないかと思います。

三宅 今、栗田さんと小沢さんからいただいたコメントに、僕の方から、大きく三つの点について、リプライ、というか、補足されていただく、という感じで進めさせていただこうと思います。

まず、一つ目は「国際共産主義」、これを広く定義するか、狭く定義するか、という問題はありますが、いずれにしてもその中での、「ソ連」という国家の位置ですね。

「国際共産主義」は一方では「世界資本主義」に対する挑戦であると同時に、「世界資本主義」の本質的な構成要素であるヨーロッパ「国民国家」体系の否定を目指す、——少なくとも「公式」には——運動であるわけです。他方で、ロシア革命が「世界革命」へ展開せずに、ソ連という「国家」へとひとまずは収斂していくことで否応なく、「国民国家」システムのゲームのアクターとなる、という側面がある。象徴的に言うと、国際政治の舞台で、コミンテルンとソ連外務省の二本立てになる、ということですね。

その矛盾は先ほど小沢さんがソ連の「安全保障」上の戦略、と指摘されましたが、「ソ連」という国家のパワー・ポリティックスと「国際共産主義」、とりわけ反帝国主義・反植民地主義の原則のディレンマ、というかたちで絶えず浮上してくる。その劇的な例はやはり「独ソ不可侵条約」ですが、被植民地地域でも、ソ連と英・仏・米などの帝国主義宗主国の摩擦の低減化のため、つまりソ連という国家の「安全保障」上の要請のために、現地の反植民地主義グループにある程度抑制を強いる、ということもしばしば起こります。「コミンテルン」史上における「人民戦線」期、というのは、単に「社会党」グループとの同盟、というだけではなく、国際政治上は、英・米・仏「帝国主義」とある程度「妥協」して、

第二次世界大戦においてナチス・ドイツを破った威信、を背景にソ連が社会主義陣営の盟主、としての地位を確立する。そして、その巨大な資源を背景に、さまざまな移動のチャンネルを制度化する。こうなってくると、二〇年代、三〇年代のホー・チ・ミンに象徴されるような移動とは若干位相が異なってくるとは思います。ただ、ブラック・アフリカや場合によってはカリブ出身の黒人のソ連への留学、はそれなりに続いていて、例えば『ニグロ・抵抗・ダンス』の著者、ガブリエル・アンテオーブなどは、フランス領アンティル出身ですが、モスクワのルムンバ大学に渡っています。独立後のブラック・アフリカの大学では、本人の「部族」のいわゆる母語の他に、英仏語、それに第三外国語として、ロシア語、中国語、スペイン語のいずれかを選択で選ぶ、という場合も多かったようです、こ

第二点は、「冷戦」期をどう捉えるか、ということに関わっていますが、確かに米ソ全面戦争はなかったし、ある時期からは「ない」という前提を両者は共有していた、とは言えると思います。ただ、東アジアにおいては、朝鮮戦争、ベトナム戦争、それにインドネシアの一九六六年のクーデターそれに伴う共産党関係者の大虐殺、スハルト政権の東ティモール侵略、という「冷戦」の枠組みで一連の「熱戦」に転化した、という側面も見逃せない。東アジアにおける「冷戦」期のこの「熱戦」の犠牲者は膨大な数に及びます。

栗田　アジア全体を視野に入れるとすれば、第三次中東戦争（一九六七年）の意味も見逃せません。

三宅　ええ、もちろんそうです。それから、「冷戦」期の人の移動、という点で言うと、栗田さんがご指摘されたように、

「ファシズム」諸国と対抗する戦略を採用するわけですから、植民地地域の運動に対しては、どうしてもあまり「帝国主義宗主国」を突き上げ過ぎて、崩壊させないように、というブレーキがかかることになる。まあ、逆に、ドイツや日本から見ると、英帝国主義を動揺させるために、例えば「インド独立運動」の一部は可能であれば、駒として使おうとする、という話になるわけですが。

実際、中国の状況でも、スターリンは蒋介石が政権をとる、という前提で東アジア戦略を組み立てている。毛沢東が内戦で勝利する、とは思っていないから、あくまでソ連と蒋介石中国政府との交渉において、可能な限り有利な取引をするための材料、という位置づけに中国共産党は、おしこめられる。このことは、後の中ソ対立の一因にもなると思いますが……。

れはつまり、ソ連、中国、キューバ、のいずれかとの接点になるエリートを養成する、ということですね。

ただ、全体としては、ファノンやサイード、あるいは、スチュアート・ホールにしても、この時期は、社会主義圏内の移動、というよりは、旧宗主国帝国群と植民地地域あるいは旧植民地地域間の移動、の方が、目立つ、という感じがあるかもしれない。

最後に三点目に、小沢さんからご指摘があった、新自由主義グローバリズムの時代の人の移動に関してですが、まず前提として、第二次大戦後、とりわけ「高度経済成長期」の「西側」の国際労働力の移動、について確認しておきたいと思います。

この点は日本と西ヨーロッパの間にはっきり違いがあって、つまり日本は基幹産業にほとんど外国人を導入していない。「出稼ぎ」も含めた農村からの労働力移動の導入が主流だった。日本に在住していたいわゆる「在日」の人たちもここから排除しているわけで。

それに対して、フランス・ドイツというのは低賃金の移住外国人労働者を経済成長の時には、かなり大量に導入しました。ドイツだと主にトルコ、部分的に韓国、フランスだと主にチュニジア、モロッコ、アルジェリアなどの旧植民地の「マグレヴ」諸国から、それから部分的にセネガル、マリなどのブラック・アフリカ旧植民地地域から、ですね。ところがオイル・ショック以降の「低成長」時代に、「移民」制限政策を国家が採用しはじめた。だから、新自由主義グローバリズムにおいて、「金融」・「サービス」、「情報」、「モノ」の移動はかなり、——それももちろん「選択的に」ですが——度合が上がった、かも知れませんが、「人」の移動はちょっと同列に論じられないところもあるか、と思います。

僕は新自由主義グローバリズムにおいても「国家」の力は必ずしも低下しない、と考えていますが、「人」の移動に関しては、国家の介入の力は、他の要素と比べても、かなり強い、と言えるのではないでしょうか。EUにしても、EU所属の諸国家の内務省相互が連携して「移民」・「外国人」管理を整備していく、ということもあります。

にしても、日本も含めて、「北」側の諸地域が「選択的」であるにせよ、外国人労働力を導入していかざるを得ない、あるいはそれとセットになることですが、生産拠点をコストの安い国外に続々と移転させる、ということは、新自由主義グローバリズムの時代において、顕著に観察できる、というのは、まさにその通りだと思います。

この影響は、従来資本主義システムと「国民国家」のカップリングへの同意の見返り、として保障されて来た「国民」への一定程度の財の再配分の劇的な縮小、というかたちでまず現われてくる。「ネオ・コーポラティズム」体制のなかで基幹労働者部分をシステムへ包摂する機能を果たして来た巨大組合への攻撃は――社会主義体制の崩壊にも助けられて――激しさを増しています。日本などはヨーロッパ諸国と比べても、労働組合への攻撃は激しい。ほとんど袋叩き、といっても言いくらいです。「守旧派」とか「既得権」擁護、というタームが動員されますが、それはもちろん「資本」側から見れば、労働組合は新しい「資本蓄積」の様式に適応しようとしない「守旧」派、になるわけで。また、労働条件の法的保障や組合や争議をめぐる諸権利、は当然歴史を通じて獲得されてきた「既得権」なので、本来、労働組合は「既得権」の歴史的・政治的正統性を正面切って主張しなければならない筈ですが、日本ではまったく防戦一方という状況です。

で、かつての基幹部門の労働者が典型ですが、新自由主義グローバリズムへの再編の文脈のなかで、労働条件の切り下げははっきりと起こっている。ただ、そうした部門の労働者、あるいは公務労働者は「非正規」労働者、「外国人」労働者、が、同じ「労働者」だから、というので直ちに「連帯」できるか、というと確かに、それは難しい。あまりにも労働条件が違うから。ただ、新自由主義グローバリズムによる再編、という文脈を明示化していくことで、「連帯」への道を開いておく、ということは重要だと思います。でないと、大企業の搾取や国家の大企業支援体制を不問にして、「正規」労働者と非「正規」労働者の対立だけに照準を合わせて、「正規」を非「正規」に引き下げるかたちでの「平等」という議論に足を掬われかねない。実際、「資本」側の戦略はまさにそれです。

あと、現在はっきりあらわれているのは「内向きの排外主義」とも言えるようなもので、「財」やある程度の再配分に基づいた同意の調達を破棄して、安上がりで済む、それ自体としては陳腐極まりない「ナショナリズム」への動員によって、「格差と貧困」の問題をすり替えよう、とする方向ですね。現在の国際環境では、第二次世界大戦期の、主権国家相互の戦争に直結するような「ナショナリズム」は当面不可能なので、攻撃の直接の対象は主に国内の「外国人」や「異分子」へと向けられる、という点で「内向き」ということです。

マルクスはかつて、「万国の労働者、団結せよ」と言いましたが、残念ながら現在、「団結」しているのは「万国のブルジョアジー」の方で（笑い）。労働者の側は、「国際的連帯」は勿論ですが、「国内」でも到底「資本」の側の「連帯」に遠く及んでいないわけで。もちろん、「連帯」のためには、そのための有形無形の「資源」が必要なので、どうしても「資本」側が有利なのはやむを得ないところもあるでしょうが……やはり、労働者側が今すぐ「連帯」というのは難しくとも、まずは「分断」を回避する、という課題を達成することが必要だと思います。

「ナショナリズム」をめぐって

栗田　ひとつ質問ですが、そもそも「移動と革命」というテーマを立てて、「移動」という要因に特に注目しようという問題意識の背後には、おそらく「ナショナリズム」をどう捉えるか、という問いが存在しているのだろうと思います。三宅さんや小沢さんの議論を伺っているうちに、「ナショナル」なものを、結局、どう定義して、どう評価するのか、という点を伺いたくなりました。

たとえば小沢さんの問題提起の中では、ソ連の安全保障としてのコミュニズム、とか、一九二〇年代以降の「ナショナル・コミュニズム化」の問題、またヨーロッパにおける第二次大戦期の反ファシズム闘争がナショナルな抵抗運動のかたちしかとりえなかったといった議論が展開されていましたが、こうした現象を指す場合の「ナショナル」ということばはどのような意味で用いられているのか？

現在、ヨーロッパ史を専門とされる方の場合は、基本的に「ナショナリズム」は完全に否定的なニュアンスで用いられていて、いわゆる「国民国家論」というのでしょうか、近代社会や国家の抑圧性といったものを表現しようとする際には、それをすべて「ナショナリズム」の問題として一括りにしていく傾向があるように思いますが、このような理解で正しいでしょうか？　三宅さんの議論とも関連しますが、ある時点までの「国民国家体制」というものの、抑圧的な側面を持ちながらも、ただそのなかでカッコ付き「国民」は守られていた段階と、現在の新自由主義のもとで、「国民」という存在自体が掘り崩されつつあるような段階とはまた違いますし、国際金融資本による「新たな帝国」の時代とも言える現代では、「ナショナル」なものを批判する、というだけでは問題の構造が捉え切れなくなってきているような気もするのですが。

小沢　私はナショナルという概念を二つの意味で使っています。一つは、他者を設定してそれとの関係で自己を定義する水平的（ホリゾンタル）な統合という意味です。二つ目は、社会階層の差異を超えて一つの国民に垂直的（ヴァーティカル）に統合するという意味です。

だからナショナルな抵抗と私が言うときには、ヴェルサイユ体制の時期の国民国家体系に戻す、復古していくという意味でのナショナルな抵抗と、ファシズムに抵抗する者は王党派であれ自由主義者であれ、はたまたコミュニストであれ、「人民」という抵抗主体としてまとめていくという意味でのナショナルな抵抗という二重の意味で使っているのですが。

栗田　で、その矛盾は、二重に乗り越えられないといけない、ということですか？

小沢　そう理解しているのですが、これはヨーロッパ的な考え方ということになるでしょうか。国民国家体系への復古も、「国民的抵抗」も、双方ともに問題を解決するというより、むしろ問題を引き起したと考えているのですが。

栗田　階級的に乗り越えるということと、水平的に乗り越えるということは、必ず一致するものなのでしょうか？　言い方を変えると、たとえばEUをどう見るか、という問題ともつながってきますが。

小沢　EUはそれ自体が拡大国民国家という（笑）ふうにも言えると思うのですが。

むしろ、こちらからの問いかけという形で問題を立てると、第三世界の解放運動はナショナルな運動という議論ではつかまえることのできない問題領域が色々とあると理解することができるのか、それともナショナルな運動の枠内の問題なのか。

これまでの宗教とか民族とかの議論とは異なる、思想として「イスラーム」とか「アラブ」にかかわる解放の方向性があると言えるのか。第三世界では国民国家というヨーロッパと同型のものを建設することを通じて解放を目指そうとしたわけですが、それと同時に、国民国家体系を超えるような議論を作っていったと考えることができるのでしょうか。

アリギとかウォーラーステインは、一九世紀には反システム運動であった民族（国民）解放運動が、二〇世紀には国民国家体系への参入に帰結する「反システム運動のシステム内化」が起こったと考えています。つまり世界システムの中に取り込まれてしまったと。社会主義（社会主義運動）についても同じことが言えるのでしょう。「国民」という概念はシステム内化に至るのか、そうではなく抵抗の思想として再鋳造されるものなのか、考えるべき論点は多いでしょう。

たとえば、長期的に考えると、国民国

家体系への単なる参入とは異なる道筋はありえたはずです。思想的にはパン＝アフリカ主義であるとか中東諸国体制を超えたアラブ主義の議論などが存在しました。これは、第三世界の解放思想の中では「逸脱」であったのでしょうか。逆に言えば、これらの路線が政治的には放棄されてしまった（放棄されていない、という議論もありえますが）理由はどこにあるのでしょうか。

私は、個人的に言えば、第三世界についても国民国家化という方向を採用したことは間違いであったのではないか、と思うのです。あえて、ウィルソンの提唱した「国民自決」というのは原理・原則ではなく、帝国主義的な政策であり、第一次世界大戦末期という時代の時論にすぎないのだ、と言ってみたりします。そうすると、「民族自決の歴史的意義を忘れてはなるまい」などと批判を受けたりするのですが。アフリカ史や中東史の研究者は、現在どのような議論をしているのでしょうか。

栗田 たとえば今回の中東革命の例から入ると、まず第一に、チュニジアやエジプトの革命において、「国旗」が非常に重要な役割を果たした、ということは象徴的です。体制打倒をめざすデモの中で国旗が使われたのには、もちろん、それによって治安部隊等からの弾圧から身を守るといった現実的動機もあったわけですが、ただ、それだけではない。独裁体制に対して立ち上がった人々によって、今回の革命が実際に、エジプトならエジプトの「国民」の尊厳を取り戻すための革命、と捉えられていたことは重要だと思います。なぜ中東の革命の場合、「国民」の尊厳、ひいては民族の主権といった問題が依然重要な問題として捉えられているかといえば、その根底にはやはり、この地域が長く植民地支配下に置かれた地域であり、またアメリカ主導の戦争や入植者国家イスラエルの存在に象徴されるように、植民地主義が未だ過ぎ去っていない問題だという現実があると言えます。チュニジアのベン・アリ政権にしても、エジプトのムバラク政権にしても、これらの独裁政権に人々が激しく反発し、その打倒を求めて立ち上がったのは、基本的に、これらの体制の強権性というものがまさしくアメリカをはじめとする先進諸国によってこそ支えられていることを民衆が見抜いていたからだと言うことができます。「新自由主義」的経済政策を推し進め、アメリカ主導の「対テロ戦争」に協力しているこれらの政権は、民族の主権を売り渡す存在であり、ある意味では、一九世紀末以来一九五〇年代に至るまでチュニジアやエジプトの民衆が続けてきた民族解放闘争の成果を台無しにする存在であるということ、そのことが民衆に見抜かれていたからこそ、民主化を求める革命が、同時に「国民」の尊厳を取り戻す革命としても強く意識されていたという構図があります。

同時に重要なのは、たとえばエジプトの場合、「エジプト国民」としての団結・一体性を強調するということは、宗教・宗派の違いに基く分断を克服せねばならないという切実な問題意識にも支えられていることです。歴史的に見て、イギリス・フランス等による中東に対する植民地支配の過程では、たえず「宗派紛争」を煽動・操作することで民衆の抵抗を分断するという手法が用いられてきました。しかし、民衆の側もこうした構造に気づいて、反帝国主義闘争の過程では宗派を超えた「国民」の団結がめざされてきました。たとえばエジプトの場合、国民の九割程度はイスラーム教徒ですが、一割程度はコプトと呼ばれるキリスト教徒である。かつてイギリスに対する闘争（一九一九年革命」が有名です）の過程では、エジプト国民の独立を求めるという点ではイスラーム教徒だろうとコプトだろうと関係ない、として宗派を超えて団結することが叫ばれましたが、今回の革命の過程でもある意味で同じことがめざされたと思います。強権的政権を倒し、民主化を実現するためには、宗派的分断を超えて団結していかねばならないことが非常に強く意識され、それが「国民」概念の強調につながってもいるのです。

第二に注意しておかねばならないのは、今回の革命に際し、第一の点と一見矛盾するようですが、最初チュニジア一国で起きた革命が、にもかかわらず、瞬く間にエジプト、イエメン、バハレーン等に広がり、各国の運動が連動し、影響を与え合っていく、という現象が見られたということです。この現象の根底には、やはり近現代の中東の国分けのシステムの特殊性、言ってみれば現在中東に存在する国家体制はいずれも巨視的に見ればこの地域に対する植民地主義的な支配の過程で作り出されたもので、共通した矛盾の構造を抱えている、という現実が存在すると言えます。先ほども述べたように、現在の中東諸国家体制は基本的には第一次大戦後の中東分割・植民地支配の過程で創出・確定され、表面的な政体の違い（共和制か君主制かなど）を問わず抑圧的な性格を持ち、かつ地域全体の心臓部には入植者国家イスラエルが埋め込まれていて、全体としてこの地域に対する先進資本主義国の支配が貫徹される仕組みが続いています。今回の革命は「アラブ同時革命」的な様相を呈していますが、それはとりもなおさず、地域全体が同じ矛盾の構造を共有しているから、チュニジアで起きたことがエジプトの民衆にとってもバハレーンの民衆にとってもまさしく自分の問題として捉えられるような状況が存在しているからだと言えます。それはひとことで言うならばやはり、この地域が抱えるコロニアルな状況、植民地状況の問題と言うことができると思います。このことは同時に、今回アラブ諸国で生じている革命がもし成就すれば、それは決してアラブ諸国内部の狭義の「民主化」の問題に留まるものではなく、最終的にはこの地域の抱える植民地状況の解消（＝パレスチナ問題の解決）につながらざるを得ないだろう、ということも意味しています。ここから、今回の中東革命を、誰よりも恐れ、息を詰めて見守っているのは（もちろんアメリカもそうですが）イスラエルだ、ということにもなるのですが。

第三に、パン＝アフリカ主義と国民国家の関係をどう見るかと言う話も出ましたので、今度は現在のスーダンにおける「国家」や「国民」をめぐるエピソードを紹介しておきたいと思います。昨年（二〇一〇年）春にスーダンに日本外務省派遣の選挙監視団の一員として行くという経験をしました。この選挙自体が今から振り返ると、一九八九年にクーデタで成立したバシール独裁政権に国際社会がお墨付きを与えるといった性格、ひいてはその後の南スーダン分離に道を開くという性格を帯びる結果になってしまったのですが、今、紹介したいのは、小沢さんのコメントを伺っているうちに思い出した、ちょっとしたエピソードです。選挙管理中、現地の日本大使館でアシスタントとしてスーダン人の青年（ハルツーム大の英文科卒ですが、失業中とのことでした）を頼んでいたのですが、この青年が別れ際に私に、ファノンの『地に呪われた者』のアラビア語訳をくれたのですね。「自分の愛読書だ」と言いながら、「記念に」ということでプレゼントしてくれました。

スーダンにおけるファノン

では、現在のスーダンでファノンがなぜ、どのような読まれ方をしているか、と考えてみると、やはりその根底には植民地状況の問題がある。ただしスーダンの場合、問題は複雑で、現在、スーダン人の多くによって強く意識されているのは、独立後のスーダンにおける、いわば内在化された植民地主義の問題です。現在のスーダンは、軍事独裁政権バシール体制のもとで、南北の分裂、ダルフールの危機等の矛盾が噴出していますが、その根底には、イギリス支配下で作り出された植民地型の国家構造（不均等発展と強権的国家構造）が独立後のスーダンの支配層によっても継承・再生産されてしまったという問題が存在します。その意味で、コロニアリズムの問題は現在のスーダンにとって切実な問題であり続けているのですが、興味深いのは、こうした問題の構造が、現在のスーダンの人々によってかなりの程度、（たとえば南部の人だけでなく北部の人によっても）認識されているということです。また、知識人だけでなく普通の人でも、実は同じような認識を共有しています。つまり、バシール政権の今やっていることはかつてイギリス植民地支配がやっていたことと同じだ、スーダン内部に「内国植民地」ともいうべき非常に発展の立ち遅れた地域ができ、深刻な開発格差が生まれているのも、さらにはこうした経済的・政治的矛盾を人種・宗教の問題にすり替え、武力で弾圧しようとするのも、要は植民地支配期に作られた国家の構造が独立後も全く変わっていないからだ、ということに、スーダンの人々自身が既に実感として気づいている、という状況が存在するのです。南部スーダンやダルフールが置かれてきたような深刻な低開発状況、経済的・政治的な「周縁化」（マージナリゼーション）のことをアラビア語では「タフミーシュ」と言うんですが、これは現代スーダン政治を語る際のキーワードになっていて、誰でも口にするんですね。南部とかダルフールの「タフミーシュ」（周縁化）はスーダンの抱える最大の問題だ、ということが、ごくふつうの床屋談義のレベルでも言われているような状況があります。そういう中では、アラビア語に翻訳されたファノンは、実はものすごく大事なテキストなんですね。スーダンでは、コロニアリズムとか、周縁化とか、周縁化された人々のアイデンティティをどのように回復させていくという問題が非常に切実な課題となっており、南部人だけじゃなくて、北部人もファノンをアラビア語で読んで反省していたりしている、という状況が、少なくとも二〇一〇年の段階ではありました。

それからパン＝アフリカ主義の問題に関連して言うと、現在スーダンは、バシール独裁政権下でまさしく「周縁化」された諸地域への弾圧が深刻化した結果、南部スーダンは結局分離することになりましたし、もしかするとダルフールも将来分離するような事態になるかもしれない。そうなるとスーダンは一つの「国民国家」ではなくて、南北「両」国民国家、さらには数個の「国民国家」群になっていく可能性があるわけですが、これを批判的に捉え、困難であっても将来的にはスーダンの統一を回復していくべきだという考えは、実はバシール政権よりむしろ、それに抵抗する民主勢力の中に存在しています。

これは、これまでのスーダンという「国民国家」の枠に固執しているというのではなく、むしろ、これまでのスーダン国家も含め、アフリカの諸国家は植民地支配による分割の過程で作り出されてきたということを自覚した上で、「アフリカは既に充分分割し尽くされてきた、それが新植民地主義の力学のなかさらに細分化されていくことを許していいのか」という問題意識に基いています。その意味で、実は反植民地主義の思想としてのパン＝アフリカ主義の発想とも、通底する部分があるのですね。

南部は分離独立することが決まりましたが、この新国家で政権を握ることになる「スーダン人民解放運動（ＳＰＬＭ）」という政治勢力も、実は元来は「南部」の分離独立を求める運動ではなかったわけです。やはり基本的には「アフリカはこれ以上分割されるべきではない」というパン＝アフリカ主義的な問題意識に立脚した上で、「スーダン」人民解放運動、という名前から分かるように、「南部」ではなく、あくまでスーダン全体の解放を掲げる運動でした。従来のスーダン国家が基本的には植民地支配下で形成された歪んだ経済・政治構造を温存する「古いスーダン」だったことを批判し、開発格差を是正し、抜本的な民主化を行なって「新しいスーダン」を建設することを謳っていました。結局、こうしたヴィジョンは、バシール政権による激しい弾圧と、アメリカをはじめとする国際社会の介入、バシール政権と国際社会の一種の支え合い、という構図の中で葬り去られていって、南部の分離独立、という結末を迎えてしまったわけですが。

スーダンの人々のたたかいを取り巻く環境は、特に国際的諸力の思惑、せめぎあいがあって、大変厳しいのですが、それでも、既存の国家のコロニアルな体質というものを見抜き、それを内側から抜本的に変えていこうとする動きは、今後も北部でも、また独立後の南部でも、長い目で見れば続いていくのではないかと思います。

小沢　私は失望をたくさん味わってきたために、悲観論者であると同時に懐疑論者にもなってしまいました。一九八九年の東ヨーロッパの時も、「民主化」という議論がありました。たしかに、ユーゴスラヴィアはべつとして、東ヨーロッパでは非暴力での体制転換が続いていって、さまざまな「市民組織」の存在とともに「民主化」について語られていました。しかし、体制転換から二〇年以上経過した現在からみれば、結局のところ成立したのは新自由主義に立脚する権威主義国家であったのです。

当初は、東ヨーロッパは歴史的には農民ヨーロッパと呼ばれていて、マージナルな立場に置かれていて、そこからどうやって脱脚するかという議論をしていましたし、ソ連とも西ヨーロッパとも異なる「第三の道」という議論もありましたが。ところが、いつのまにかそれがすりかわって、EU統合への参入が問題を解決するという話しになってしまった。

モンテネグロが独立するときにも、グローバル資本主義から切り離されて存在するよりも、たとえマージナルであっても、グローバル資本主義の世界に入っていた方がいいと在日大使館員がのべていました。

EUの東方拡大は「ヨーロッパへの回帰」という理念的な話しではまったくなく、EU自体が新自由主義の時代に適合的なグローバル資本主義体制をどうやって東方に拡大していくか、という地域の新自由主義的再編成の問題であったのです。

つまり、一九八九年に出現した民主化や自由化という議論は、民主化とは何か、自由化とは何か、といった問題をたしかに提起はしましたが、二〇年以上たっていつのまにか新自由主義国家になっていた。いや、いつのまにかではなく、最初からこれは新自由主義革命だったのだ、とも考えられる。一九八九年の後は、蹉跌と敗北の歴史だったのではないでしょうか。

だから、そういう事例を一遍見てしまっているので、何とかの春とか、民衆の自立という話しには簡単に乗ることができない。

三宅　ちょっとこのあたりで、もう一度再整理すると、今日の論点の一つとして、第二次世界大戦後の「旧型」帝国主義のさしあたりの「撤退」と新自由主義グローバリズムによる再編成への転回、というものがあったとおもいます。僕は、新自由主義グローバリズムは一国内部の国家権力体系としても、「国家」を解体させせない、という立場なのですが、世界システムとしても、世界資本主義は「国家」システムを原理的に廃棄できない、と考えていて、ここはネグリなどとは違う意見です。

例えば、「南」側地域が「主権国家」として法的に「独立」しているからこそ、「環境」コスト、「労働」コスト、さらに「治安」コストも当該国家に担当させることができる。もし、「北」側の環境基準や労働基準を、それこそ「グローバル」に適用すれば、今の資本主義システムはおそらく成り立たないでしょう。その意味で、「主権国家」体系によって地球が分割されていることからくる「差異」によって資本主義システムの「蓄積」が可能になっているわけです。

それから、フランスやイギリスなどの「旧植民地宗主国」は「移民労働者」の問題をはじめとした、さまざな「植民地主義」の負の遺産を抱えている、わけですが、この点に関しても日本は当然、英仏以上に厳しい問題が持続している。現在の「法的」な次元をはじめとした様々な「ハード」な差別システム、「歴史」の記憶をめぐる修正主義、それに新自由主義段階において水位をさらに上げる「排外主義的ナショナリズム」、と圧縮して数え上げても相当なものです。

日本の支配体制の特徴は、単純化して言うと、「統治」エリートの「天皇制国家」との連続性、たとえば「政治家」、「官僚機構」、「司法官」といったグループの連続性、それに、大企業支配体制の組み合わせ、ということでしょう。この部分からは基本的には植民地責任を問う声はまず挙がらない。せいぜいが米英との戦争を招いた「敗戦責任」といったところです。

では、戦後の日本の「左派」は「植民地主義」の負の遺産に敏感であったか、と言われれば、これは先ほども触れましたが、残念ながら、全体としては肯定的な答えは難しい。

まず、「戦後左派」といった場合は大きくは「総評・社会党」ブロックが挙げられますが、総評のベースは、公務労働者です。そうなると、戦後「国籍」を剥奪された「在日朝鮮人」の人たちはそもそも「公共部門」に入れないわけですから、どうしても視野から欠落することになりやすい。もちろん個人レベルではそういう意識をもった人もいたでしょうが、「組織」としては「国民主義」的利害が優先された、ということです。

労働運動に関しては、むしろ、一九二〇年代、三〇年代には朝鮮人活動家が随分活躍しています。これは「一部」というよりは、もっと大きな割合ですね。共産党にしてもそう。これは先ほども触れた、当時、公式に「朝鮮独立」のプログラムをもっていた数少ない政治組織が共産党だったということを考えれば、当然だと言えるかもしれません。

共産党は、第二次大戦後もある時期までは「朝鮮人」の活動家、党員が多かったわけですが、これは一九五五年の「六全協」で「党員」と「国籍」と結合する方針を選択し、やはり「国民主義」的な路線を歩むことになるので、「在日」問題は周縁化されることになったと思います。

勿論、日本の「戦後」左派の改憲を阻止して来たという点や近代日本の「侵略主義」を批判して来たことは評価されるべきだし、そこは受け継がなければならない。ただ、「在日」差別に代表される「戦後」にも継続した「植民地主義」の負の遺産に敏感であったとは言えない、ということは認めざるを得ないでしょう。

ここは「近代日本」の「侵略主義」をどう捉えるか、という歴史認識とも関わりがあって、例えば最近指摘されるようになりましたが、「満州事変」以来の、ということとなると、日露戦争や韓国併合はどうなるか、という問題になる。「中国侵略」と区別された「朝鮮」・「台湾」、「沖縄」への「植民地主義」に対しては、やはり関心が少し曖昧なところがあったと思います。「明治維新」の「健全性」という視点は防衛戦争としての「日露戦争」という論点と結びついて、「戦後左派」のアキレス腱になって、そのあたり現在「修正主義」に押し込まれる要因とまで言わないまでも、遠因にはなっているのではないでしょうか。

「アジア主義」における「民族主義」の再評価が「植民地支配」に向き合う契機になった、という議論もありますが、僕はこれには同意できません。「アジア主義」は基本的に「植民地宗主国」の「民族主義」の正当化、と見るべきです。そもそも「アジア主義」における「民族主義」とは「宗主国」である「日本人民族主義」です。とうてい、反植民地主義闘争で主題化される「民族主義」と同列に並べられるものではありません。

また、「アジア主義」が語られる文脈で、昔からインド独立運動の一部との関わりが言及されますが、これは「インド独立運動」が「英帝国主義」を直接の敵としたために、「敵の敵」として、結果的に同盟が成立しただけのこと。日本がイギリスに代わってインドを支配しようとしたら、当然当該のインド独立運動の「敵」は日本になったでしょう。もし、場合によっては、「英帝国主義」を追放するために、日本の「アジア主義」に「甘い」評価をインドの独立活動家が表明したことがあったとしても、それを額面通りに受け取るのは、「帝国主義」相互間の過酷な力関係に無自覚な、悪い意味で「ナイーヴ」な態度に過ぎません。この種の議論は、要するに「インド独立運動」を引き合いに出しながら日本帝国主義の侵略を免罪しているだけのことです。

栗田　今のお話に関連して、世界全体の構造のなかに日本をどう位置づけていくかという問題、あるいは将来に向けてどういう展望を描けるかという点についてもう少し伺いたい気がします。戦前の日本における「民族主義」が基本的に国家主義であり、また「宗主国」民族主義であって、抑圧的なものだった、という指摘には同感できるのですが、戦後日本の「国民」のあり方についてどう考えておられますか。戦後日本の「国民主義」には、ご指摘のように、もちろん戦前の「宗主国」民族主義との隠された連続性や、「国民」以外を排除してしまう抑圧的側面も存在するだろうと思うのですが、少なくとも論理的には、アメリカ帝国主義への従属からの解放をめざすとか、あるいは憲法九条を結集の軸にするといった形での、新しい「国民主義」の可能性が存在する可能性が存在するという議論もあり得ます。この点をどう考えられますか。もちろん、実際には、必ずしもそうなっていないわけなのですが。

これまで述べてきたように、中東の場合、たとえばエジプトの場合には「エジプト民族主義」が存在すると同時に、「アラブ民族主義」も存在し、それらが必ずしも矛盾・排除し合うものではなくて、地域の革命運動の中で共に役割を果たしていく、という現象が見られます。日本の戦前の「アジア主義」に関しては私も基本的には「アジア主義」というのは形を変えた帝国主義だと、オリエンタリズムだと考えているのですが、それに対して、戦後の民主的な「アジア主義」というのはあり得るとお考えですか？

日本の解放をめざすと同時に、それをむしろ東アジアとかアジアというコンテクストに置き直してみることで、運動の風通しを良くしていって、日本だけでは解決できない問題の解決を容易にするような枠組みを自分でつくっていく、そういう民主的なアジア連帯運動みたいなものの可能性はないのでしょうか。

三宅　基本的には戦後の「左派」はバンドン会議に象徴されるような「アジア・アフリカ」への「連帯」という枠組みは共有していたと思います。この「アジア・アフリカ」への「連帯」がベトナム反戦運動と連動しながら、一九六〇年代の「第三世界主義」への共感、という線につながっていく。敗戦を上海で迎え、日本の中国侵略を問い直す過程から、「アジア・アフリカ作家会議」へと進み、アルジェリア独立闘争とも接点をもった堀田善衛の軌跡などは、その点で興味深いものではないでしょうか。

一般に「戦後民主主義」に属するとされる人たちは、堀田善衛にしても、日高六郎にしても、「天皇制」に対しては「民主主義」を擁護しながらも、(1)「反共」ではない、(2)「冷戦」において米国との軍事同盟を拒否する中立志向である、(3)「第三世界主義」に原則的に好意的、という点が、この時期の「欧米」の「自由―民主主義」派と、はっきり異なる点です。現在でも、例えばナセルやスカルノ、ネルー、などの「イメージ」は欧米に比して、日本で明らかに「プラス」の傾きを示しているのは、この時期の影響、という面もあるでしょう。

ただ、「第三世界主義」に好意的、といっても、勿論、この時期は中国侵略の責任は主題化されますが、朝鮮・台湾・沖縄の植民地支配の「歴史的責任」、「戦後」も継続する負の遺産への問いは、――少数の個人は別にすれば――やはり、全体としては周縁化されていた、と言わざるを得ないのではないでしょうか。

日本の「米帝国主義」への「従属」の象徴として常に挙げられていた「日米安保条約」の位置づけにしても、――これは新川明が書いていたように思うのですが――六〇年安保闘争の際に「日本を沖縄にするな」というスローガンにショックを受けた、というエピソードがありますね。結局、確かに憲法九条の「平和主義」は沖縄の軍事基地化と引き換えに米国が日本に与えた、という「歴史的起源」の問題はあって、これはいまだに克服されてはいない。もちろん、これはだから九条は意味がない、ということではなくて、むしろ「起源」の限界を突破するかたちで、九条を実現していくべきだ、ということですが……。

栗田 今のお話の中で沖縄が出てきたのには、ハッとさせられました。トランスナショナルという話と同時に、「ディアスポラ」の定義、あるいはディアスポラの移動する空間という問題とも関わりますが、離散するという場合に、国境を越えて離散する場合もあるけれど、一国の中で、内国植民地的な位置に置かれてしまい、故郷を破壊されてディアスポラ状態になる、一国内でマージナルな位置に置かれてしまった地域出身の、ある意味では「国内ディアスポラ」の問題も出てきますね。

三宅 ええ、そうですね。

栗田 そうした「内国植民地」状況の中から生み出されたディアスポラ的な存在が、共産主義運動やその他の変革運動の中で果たしてきた役割に光を当ててみると、先ほどおっしゃった「第四身分」とか、あるいは広い意味のプロレタリアート、狭義の労働者だけではない広がりを持つプロレタリアートという問題を掘り下げることができるのかもしれませんが。

三宅 日本近代では、南北アメリカの移民のうち、沖縄出身者が圧倒的に多いですよね。沖縄出身の人は移民先の日本人コミュニティでも周縁化されやすい。その周縁化が「社会」を「変える」行動への誘因になることもあって、米国共産党に参加する人も出てくる。日本共産党の徳田球一も沖縄出身ですが――で、例によって、米国在住の「日本人」は米国共産党に入るわけですから、日本共産党が弾圧によって解体しても、まだ網にかかっていない。この背景が「ゾルゲ事件」の関係者、宮城与徳のライフ・ヒストリーにありますね。

栗田　画家ですよね。

三宅　そうです。宮城与徳は、沖縄出身の人で、当時米国共産党所属だった。だから、日本共産党が一網打尽になっても、当然逮捕されていないし、特高にも補足されていない。ですから、それこそ「コミンテルン」のネットワークによって潜入して、しばらく活動できたわけです。

宮城与徳の場合は、沖縄という日本の「内国植民地」から米国へと移動し、そこから「コミンテルン」のネットワークを媒介にして、こんどは日本に潜入し、そこでバクーに生まれたドイツ系「ソ連人」のゾルゲや、クロアチア人、「日本人」尾崎秀実などに出会うわけです。

栗田　類似したことは中東の共産党の場合にもあって、たとえば今日の話の中で中東は共産主義がまだまだ活力を持っているということを強調してきましたが、特に私が専門としているスーダンの共産党は中東・アフリカの中でも強力な共産党として知られています。そのスーダン共産党の幹部の出自を見てみると、現在は北部のアラブ地域出身者が多いのですが、一九四〇年代の結党直後の時期には、南部をはじめ、スーダン国内で周縁化されてきた地域にルーツを持つ人々が重要な役割を果たしていたりする。

共産党に限らず、労働運動、女性運動等の、さまざまな、いわゆる近代的なタイプの社会運動の中で、スーダンの場合、実は南部、ヌバ山地（レニ・リーフェンシュタールの写真集で有名です）、そしてダルフール等の、スーダン国内の周縁化された地域の出身者が大きな役割を果たしていたという興味深い事実があります。これらの地域は、一九世紀にスーダンがエジプトのムハンマド・アリー政権によって征服・属領化され、そのもとで近代スーダン国家の原型（これがのちにイギリス植民地当局によって継承されます）が形成され始めて以来、「内国植民地」的状況に置かれ、奴隷狩りの対象となったりするのですが、これらの地域から奴隷として北部に連れられてきた人々の子孫から、のちにさまざまな社会運動の中で活躍する人が出てきたりするのです。

これは極端な例かもしれませんが、おそらく他の中東諸国の共産党の場合ももっと詳しく出自や出身地域等を見ていくと、そこに国内でも最もマージナライズされた地域出身の「ディアスポラ」が入り込んでいることが明らかになるかもしれません。帝国主義の重層的な支配構造の下では、その最底辺に置かれた人々の中から、一番ラディカルな政治的・文化的運動が出て来る、という面があるのかもしれません。

三宅　栗田さんのお話を伺っていると、まさに、権力によって重層化されてはりめぐらされた境界を横断しようとする試みとして、東アジアとアラブ・中東のディアスポラに相互に共振する位相があるようにも感じます。

あと、今日の議論で「世界史」の描き方、そしてグローバルな「反システム運動」を織りなす「移動」と「革命」と同時に、もう一つ焦点になったのは、世界を破綻させつつ、現在まさに進行している新自由主義グローバリズムにどのように向き合うか、ということだったように思います。

小沢さんが挙げられた、新自由主義に翻弄されるジャマイカを描いたドキュメンタリーには私も大変強い印象をうけました。今、ギリシアで起こっている「危機」も本質的に同じ事態ではないでしょうか。

また全労働者の「プレカリアート」化、という視点を小沢さんが提示されましたが、日本も含めた全世界で、多国籍化した資本とそのエージェントとしての機能へと特化しつつある国家群、それにIMF、世界銀行などの米国の強い影響下にある「国際機関」のヘゲモニーによって、「労働」と「生きること」への圧力は臨界に接近しつつあるようにも見えます。

日本社会でも、「格差と貧困」への（意図的な）無策、なりふりかまわない原発推進路線、社会保障解体への志向、消費税増税に見られる所得再配分の放棄、といった一連の新自由主義の爆発が沖縄を犠牲にした日米軍事同盟、TPP加盟といった米国への従属という国際的選択とあいまって、騒然とした雰囲気が醸成されつつある感じです。橋本率いる「大阪維新の会」などもこの「社会」の解体に伴う不安をスケート・ゴートに転移しつづけることによって、自らの動力にしている、という面もあるのではないでしょうか。

さきほども述べましたが、新自由主義に対峙するには、まず「分断」と「競争」のサイクルを拒否すること、がまず最低限の前提だと思います。その上で、マイノリティを排除しない「連帯」の作法を思想的・政治的・運動的にどのように練り上げていけるのか、が長期的には鍵になるのでは、と考えています。これは言葉にすると短いし、簡単なようにも見えますが、いざとなるとなかなか困難なことは今日振り返って来た「近代世界システム」に対する「反システム運動」の軌跡からも明らかでしょう。新自由主義に対峙するとは、この困難さに対峙することでもある、と思います。

今日は長時間ありがとうございました。

I

戦間期アフリカ系アメリカ人、共産党と出会う

――アメリカ史におけるブラック・ディアスポラと国際共産主義

兼子　歩

はじめに
――国民国家アメリカ、ディアスポラ、国際共産主義

アメリカ合衆国の歴史叙述において、例外主義は支配的なイデオロギーである。例外主義とは、アメリカを世界史における例外的存在とする認識の枠組みであるが、単純に他国と比して何らかの特殊性を有するという意味ではなく、アメリカが個別の国民国家の特殊性を越えた人類の普遍的理念を体現している点において例外的であるという認識である。だが、アメリカの歴史を自由・平等・民主主義といった普遍的価値の物語として理解すること自体が、実際にはアメリカのナショナリズム・イデオロギーである。

アメリカ黒人の歴史を叙述する際にも、普遍的理念のネイションという前述の仮定が強力に作用しており、それはとりわけ黒人の歴史をアメリカ史に位置づける際に顕著に表れる。「内なる他者」化され続けてきた黒人の歴史は、アメリカの普遍的自由の物語に回収されていく傾向がある。自由を求める黒人たちの闘争は「アメリカ人としての」権利要求とその実現として描かれ、これをアメリカ史全体という枠組みから見た場合にはアメリカ本来の姿である普遍的理念の約束が達成される物

語として理解されることが多い。そして、アメリカにおいて歴史的に周縁化されてきた存在にとって、解放や救済を求める道はアメリカそのものにしかないということが仮定され、国民国家アメリカのナショナルな枠組みの中に封じ込められる。そうした叙述は、普遍主義的と仮定されたアメリカという枠の中で全てが完結する、例外主義的な歴史認識を再生産するのである。

国民国家の枠組みを前提視した歴史叙述を相対化する概念のひとつとして「ディアスポラ」を挙げることができよう。ポール・ギルロイの『ブラック・アトランティック』は、西洋近代世界の奴隷貿易によって環大西洋に離散させられたアフリカ黒人たちが創り出した、近代国民国家を超える世界としての「黒い大西洋」を描いている。ギルロイは国民国家の境界を越えた強制的・自発的な黒人の移動が形成する、近代西洋に対する批判的な黒人公共圏の歴史的な編制の存在を指摘する。

この「黒い大西洋」世界とその文化は、生得的で固定的な黒人の人種的特殊性なるものの存在を超歴史的に前提せずに、アフリカ系の人々が環大西洋を移動する歴史的経験を通じて混淆的に構成されていく側面を重視する。この点においてギルロイの議論は反本質主義的である。彼は「黒い大西洋」というディアスポラ世界を一種の「想像の共同体」として理解していると言える。だが、ディアスポラという経験を通じて形成された、国民国家に対するトランスナショナルな批判的公共圏としての「黒い大西洋」――アフリカ系の人々は国民国家に囲い込まれる意識と、「黒い大西洋」に所属する意識という「二重意識」を形成する――の存在を、架空の構築物として否定・解体することを拒否する点において、彼は反‐反本質主義な立場を擁護しているのである。彼の議論はその後の歴史学・文化研究に大きな影響を与えたが、それはアメリカにおけるアフリカ系の文化と歴史の研究においても重要であった。

だが、ギルロイやその他の多くの研究において十分に検討されてこなかったが、二〇世紀のブラック・ディアスポラ世界にとって重要な意味をもった歴史的存在がある。ギルロイはリチャード・ライトやW・E・B・ディボイスのように、その人生の中でマルクス主義ないしアメリカ共産党との浅からぬ関係があった黒人知識人を扱いながら、彼らにとっての共産主義・共産党との関わりの意味をほとんど探求しておらず、それゆえに彼が描く「黒い大西洋」においては共産主義の思想や運動は重要な役割を認められていない。だが実際には、近代資本主義世界に対抗する革命的国際主義を擁護した共産主義運動は、国民国家への同化主義に対するオルタナティブを構想するひとつの可能性を、アフリカ系の人々に対して提示していた。本稿ではアメリカ黒人史に対象を絞りつつ、戦間期の国際共産主義とアフリカ系アメリカ人の関係史を検討した近年の研究を概観したい。

ディアスポラからハーレムへ
――二〇世紀黒人ラディカル伝統の前提条件

ロシア革命と一九一九年の共産主義インターナショナル（第三インターナショナル、コミンテルン）の創設は、ブラック・ディアスポラにとって重大な画期をなす歴史的事件であった。西洋世界において初めて反人種主義・反植民地主義・反帝国主義を明確に掲げた国際的な革命運動であったコミンテルンは、少なからぬアメリカの黒人たちを惹きつけた。

アメリカ黒人と国際共産主義の関係を考える際には、セドリック・ロビンソンが指摘した《黒人ラディカル伝統》の歴史を踏まえることが不可欠であろう。アメリカス世界でディアスポラ化した黒人のあいだには、アフリカ文化から継承され、時代状況に応じてその姿を変えながら連綿と続くラディカルな抵抗の伝統が存在した。ロビンソンは、そうした《黒人ラディカル伝統》がマルクス主義と出会うことで、マルクス主義に孕まれる西欧中心主義的仮定を克服したラディカリズムとしての「黒人マルクス主義」が登場すると論じている。

アメリカ合衆国に目を向ければ、スティーヴン・ハーンが詳細に論じたように、黒人たちは絶えず民主主義的変革を追求する政治的実践を展開してきた。南部奴隷制社会においては奴隷反乱のような公然たる抵抗は稀であったが、奴隷たちは主人への忠誠の仮面の下で、サボタージュや北部・カナダへの逃亡、反乱の噂を流すなどの非公式的抵抗を繰り返した。あるいは親族のネットワークや、西アフリカ文化とキリスト教を融合した独自の黒人宗教文化を形成することで、共同性の感覚を涵養してきた。

南北戦争が勃発すると、奴隷たちは南部へと進駐する北軍のキャンプに向かって集団で流出し、また、主人への不服従や北軍への協力によって奴隷制の崩壊に積極的に貢献した。再建期には、アフリカ系の労働者や農民たちは奴隷制時代に培った共同性を政治化させていく。彼らは公式の政治活動を通じて、獲得した自由を確保するために闘った。実現はしなかったが「四〇エーカーと一頭の騾馬」すなわち旧プランター所有地の配分を要求し、南部政治に民主主義の実現を求める黒人たちの運動は、ラディカルな社会変革を希求する黒人たちの伝統の表れであった。

黒人が参加した再建政府は白人保守派の暴力的反撃によって崩壊した。そして二〇世紀転換期には参政権の実質的剥奪とジム・クロー体制が南部に広がり、人種暴力としてのリンチが激増した。南部黒人が公に抗議の声を上げる余地は著しく制限された。黒人の地位向上戦略の主流は、白人中産階級的な価値に同化しつつ、黒人大衆をその状態へと「引き上げる」指導者たらんとする黒人中産階級層が握るようになった。一九世紀のブラック・ナショナリスト的運動の多くは、黒人中産階級の主導によってアメリカ黒人がアフリカを「文明化」する使命を主張するものであった。他方、自決を求める黒人の一部が集団で西部やアフリカのリベリアなどに移住するという動きもまた、細々と存在していた。

ヨーロッパ帝国主義列強間の戦争は、そのような彼らに新しい抵抗の機会をもたらした。第一次世界大戦はアメリカの北部都市における軍需産業の勃興と同時に、徴兵と移民供給の激減によって深刻な労働力不足をもたらした。第一次大戦期以降のアメリカス世界では、奴隷制から解放されてはいたが、ヨーロッパ列強の植民地支配やアメリカ合衆国におけるジム・クロー体制のもとで国民国家体系からは疎外されたアフリカ系の人々が、大規模に移動していた。よりよい賃金とジム・クローからの自由を求めて、アメリカの南部農村から北部や西部の工業都市へと多数の黒人が移住した。アメリカ史において「大移動」と呼ばれるこの現象は、実際にはアメリカ国内にとどまらず、多数のカリブ系黒人移民もまた農村から都市へ、そしてアメリカ合衆国へと移動した。

このディアスポラ世界における黒人たちの新たな移動の終点のひとつが、ニューヨークであった。二〇世紀の初頭までヨーロッパ系移民労働者街であったハーレムは、第一次大戦期以降、南部からの移住者とカリブ海からの移民によって急速に「黒人のメッカ」化していく。それは黒人の移住の波に対するニューヨーク白人住民の反発と、(南部のようなジム・クロー法によらざる)実質的な黒人居住区の隔離化によるゲットーの形成が理由であった。こうしてハーレムはブラック・ディアスポラのネットワークにとって、アメリカ世界における最大の結節点となったのである。

ハーレムの革命家たち
——初期黒人共産主義者のディアスポラ的性格

南部において暴力的に沈黙を強いられていたアメリカ黒人たちは、ハーレムなど移住先の北部都市で《黒人ラディカル伝統》を復興させていく。だが、ロシア革命とコミンテルン結成を注視し、積極的に国際共産主義に共鳴した黒人には、カリブ海地域出身者が多かった。初期アメリカ共産党の黒人党員はカリブ系移民の比率が非常に高く、また一九二〇年代を代表する黒人ラディカル活動家・知識人の多くが二〇世紀初頭にアメリカに移住したカリブ系黒人であった。たとえば、シリル・V・ブリッグズ（セントキッツ－ネイヴィス出身）やウィルフレッド・A・ドミンゴ（ジャマイカ）、リチャード・B・ムーア（バルバドス）、オットー・フイスワウド（スリナム）、ヒューバート・ハリソン（セントクロイ島）などである。

歴史学者ウィンストン・ジェイムズは、カリブ系黒人移民がアメリカで急進化した理由を、合衆国とカリブ海地域の人種編制の違いに求めている。特に英領西インドでは、アフリカ系が人口的に圧倒的多数であり、また日常的に白人と接する機会に乏しかった。人種差別は存在したが、肌の色の濃淡の程度とゆるやかに結びついたものであった。これに対して、ニューヨークなどのアメリカ北部都市では黒人が人口において少数派であり、また日常的に白人／黒人の二元的な分類に基づく白人からの剥き出しの人種的排除や疎外を経験することを強いられたことがカリブ系黒人を急進的にしたのだと、ジェイムズは指摘する。加えて、カリブ系黒人には奴隷反乱やマルーンなどの抵抗の伝統があり、そのことも彼らのアメリカにおけるラディカル化を促したのだという。

カリブ系黒人のラディカル化を促した要因は、国際政治上の展開にもあった。ウィルソン的国際主義を体現した機関である国際連盟は、アフリカ大陸においてもディアスポラ世界においても、黒人に独立国民国家あるいは平等な市民としての地位を認めなかった。国連のもとで国民国家を基軸とした国際秩序から排除されたことは、カリブ海域でもアメリカ合衆国でも（そして植民地状態のアフリカでも）市民となることを阻まれたアメリカのカリブ系黒人知識人たちに、国際共産主義革命と反植民地主義を通じたブラック・ディアスポラの民族自決主義を選択させたのだと、ミシェル・A・スティーヴンスは論じる。一九一八年に黒人の民族自決権を擁護する月刊誌『クルセイダー（*The Crusader*）』を創刊したブリッグズは国連構想に熱狂し、論説において「新しいネイションは創られ、古いネイションは再創造されるだろう。専制は死にゆく運命にある。従属諸人種は解放されるだろう」と期待を表明した。だが、その期待が裏切られたことを知り、彼は国連へのオルタナティブを国際共産主義に求めた。

ブリッグズはムーアやドミンゴらとともに「アフリカの血の兄弟団（African Blood Brotherhood, ABB）」を一九一九年に結成した。ABBの立場は、国際共産主義とブラック・ディアスポラへの帰属意識を共存させる点に特質があった。設立当初、ABBは「人種第一」を訴えて出身地や肌の色の濃淡の違いを超えたアフリカ系としての結集を呼び掛け、反人種主義・反植民地主義・アフリカ解放を唱えると同時に、レーニン主義的な反資本主義の立場を鮮明にした。ブリッグズは、黒人の目指すべき道が協同組合的な世界共同体の樹立であると主張し、また、白人至上主義者の攻撃に対して黒人が武装自衛する必要を訴えた。やがてブリッグズはアメリカ共産党に接近し、一九二一年には彼とABBの幹部たちは党員になった。

マーク・ソロモンは、ABBの活動が黒人の自由のための闘争の目標をブルジョワ秩序への同化から社会主義的変革へと、黒人運動の担い手を中産階級からプロレタリアへと、そしてアフリカ系と白人との連帯の階級的性格をブルジョワ・リベラルから労働者階級左翼へと変えていく、新しい黒人ラディカリズムの流れを形成したと指摘する。ただし、マルクス主義的立場を鮮明にしていったABBが、階級闘争を唯一の変革手段として人種的連帯を放棄していったわけではなかった。ABBはその後、パン・アフリカ的な秘密軍事組織の結成と、コミンテルンとの協力によって、アフリカ反植民地闘争を展開することの意義を訴えたのである。

ABBは一九二四年初頭の解散の日までその会員数が三五〇〇人を越えることがなかったが、国際共産主義とブラック・ディアスポラへの忠誠を同時に擁護する黒人ラディカル運動の嚆矢としての歴史的意義は認められよう。

アメリカ共産党・コミンテルン・「黒人問題」

一九一九年のアメリカ社会党分裂から生じた二つの組織が二一年に合同し、アメリカ共産党が成立した。同党は社会党と同様、黒人問題への取り組みについては消極的な態度をとっていたが、こうした状況に変化をもたらしたのはコミンテルンの指令であった。その指令をもたらしたのは、黒人党員や左派の活動家・知識人たちによるコミンテルンへの直接の働きかけであった。

コミンテルンは発足当初より人種を超えたプロレタリアの連帯による革命を掲げており、《人種》を唯一の動員のレトリックとして掲げたマーカス・ガーヴィ率いるＵＮＩＡのようなブラック・ナショナリスト運動には否定的であったが、他方で反帝国主義・反植民地主義を革命闘争の重要な軸として認識しており、特にレーニンはアメリカ黒人問題に強い関心を寄せていた。コミンテルンと黒人の関係史における最初の画期は一九二二年の第四回世界大会である。この年、ハーレム・ルネサンスを代表するジャマイカ出身の黒人詩人クロード・マッケイは、共産党員ではなかったが国際共産主義に共鳴し、コミンテルン世界大会に参加するためにモスクワを訪問した。彼はアメリカ共産党代表団により妨害を受けつつも大会への出席に成功し、ジノヴィエフの要請により演説を行った。マッケイはアメリカ共産党が人種偏見ゆえに黒人を無視していることを厳しく批判し、合衆国の階級闘争において「黒人問題」が中心的課題であることを強調した。また、フイスワウドは正式な党代表として演説を行い、アメリカ労働運動の人種主義が労働者階級を分断していると批判し、また、世界的黒人解放闘争においてアメリカの黒人が前衛的役割を果たしうることを力説した。

マッケイやフイスワウドの演説に、コミンテルンは黒人委員会の設置で応えた。フイスワウドは同委員会議長としてマッケイらとともに「黒人問題に関するテーゼ」を起草し、テーゼ案は大会において決議された。同テーゼは、黒人解放闘争、特にアメリカ黒人の闘争をグローバルな反資本主義・反帝国主義闘争の要であると位置づけるものだった。世界中の黒人たちは第一次世界大戦とロシア革命とアジア・中東の反帝国主義闘争の勃興によって人種意識に目覚めた。そして「アメリカにおける黒人の歴史は、全アフリカ人種の解放闘争に重要な役割を演ずる資格を彼らに与えている」。同テーゼは「黒人種の世界的闘争は、資本主義および帝国主義に対する闘争」であると位置づけ、「その周囲に黒人の抵抗が結晶している黒人文化の中心地であるアメリカ」をはじめとしてアフリカ・中央アメリカ・カリブ海諸島での黒人闘争を組織する重要性を強調した。そして同テーゼは、国際共産主義運動には世界中で人種平等のための闘争を展開し、かつ資本主義・帝国主義の打倒に至るあらゆる黒人運動を支援する義務があるとしたのである。

アメリカ共産党首脳部はコミンテルンの決議に従い、党内外における人種差別的慣行に対する非難や抗議を展開する政策に着手した。「黒人問題に関するテーゼ」は党内での黒人党員の立場と活動にとってエンパワーメントの経験となった。このテーゼそのものが、コミンテルンにおけるアメリカ黒人ラディカル活動家たちの声によって、アメリカ共産党白人幹部たちの反対を乗り越えて提起された。そのことは、国際主義的枠組みを通じて、アメリカ国内のラディカル運動において黒人解放闘争が力を得る可能性を示していた。

「白人ショーヴィニズム」批判とアメリカ南部黒人の「民族自決」論

一九二八年に開催されたコミンテルン第六回世界大会では、アメリカにおける黒人を「民族自決」の権利を有すべき存在と定義する、重要な決議がなされた。「黒人問題に関する執行委員会の決議」は、当時のアメリカ黒人の大半が南部農村地帯に居住し「黒人地帯」を構成していることを確認した。そして黒人地帯の黒人大衆に対する搾取・抑圧が彼らを「革命運動の主体」化し、「黒人のあいだでの民族革命運動に必要な諸条件」を成立させていると主張する。「農業問題は黒人民族運動の根底に存して」おり、南部農村地域の黒人は「革命的プロレタリアートの潜在的同盟者」であり、ゆえにアメリカ共産党は黒人地帯における「黒人の民族的自決を擁護」すべきだと言明したのである。

他方同決議は、北部都市の黒人労働者階級が党指導下に白人と共闘すべきであるとし、その障害として白人党員のあいだの人種主義的態度、すなわち「ショーヴィニズム」の問題を取り上げて批判した。アメリカ共産党は党内ショーヴィニズムの打破に取り組むよう求められることになった。

コミンテルンは二八年に、世界の黒人労働者階級を組織化するための機構を設立するという、黒人関連でもう一つの重要な決定を行った。アメリカ共産党のジェイムズ・フォードを議長として、国際黒人労働者組合委員会（International Trade Union Committee of Negro Workers, ＩＴＵＣＮＷ）と称したこの組織は、三〇年にハンブルクにて国際黒人労働者会議の開催を提起した。会議には合衆国、アフリカ、カリブ海域からの代表者が参加し、ブラック・ディアスポラを体現する場となった。そしてＩＴＵＣＮＷは、同年よりハンブルクでジョージ・パドモア編集による機関誌『ニグロ・ワーカー（*The Negro Worker*）』を刊行した。同誌は水夫や学生、組合活動家などを通じて環大西洋世界に流通した。ＩＴＵＣＮＷは黒人のあいだに共産主義を広めると同時に、アフリカとブラック・ディアスポラの一体感を強める役割を負った。加えて、英語圏・スペイン語圏・フランス語圏と異なる背景を持った黒人活動家たちが交流し、相互に啓発する場にもなったのである。

一九二八年のテーゼのアメリカ共産党へのインパクト

一九二八年コミンテルン大会が決議した、アメリカ合衆国内における黒人の「民族自決」という議論は、依然、理論的精緻さを欠いたものであった。しかしマーク・ソロモンは「皮肉なことだが、自決の力は、その理論的妥当性ではなく実際的な面における含意にあった」と指摘する。すなわち、「自決」論は黒人解放を、階級闘争の副次的な要素ではなく革命にとっての重要不可欠な過程として位置づけたことが重要だったのである。この決議を背景に、一九三〇年代の共産党は黒人の権利闘争を積極的に推進することになる。ハーレムにおける共産党組織と黒人の関係史を検討したマーク・ネイソンによれば、同決議は党内の一部から反発を受け、また混乱を生じさせたが、アメリカ共産党指導部はコミンテルン決議に迅速に対応した。

一九二九年の全国党大会は中央執行委員会にブリッグズやフイスワウドら五名の黒人党員を起用し、黒人局の新設を決定した。また、党員の集会における黒人問題議論の活性化や、黒人客を排斥する劇場・レストラン等に抗議するデモを推進し、黒人労働者階級家族が暮らす借家の家賃上昇に抗議する運動のために「ハーレム借家人同盟」を組織化した。さらに大恐慌の到来が、共産党の活動拡大にとってはずみとなった。党はリンチ反対のデモ行進、黒人失業者たちの組織化、家賃滞納による立ち退きに反対する運動などを展開した。

一九二九年に創刊された雑誌『リベレイター（*The Liberator*）』は、黒人「民族自決」論を体現する存在であった。ブリッグズが編集長を務めたこの雑誌は、ブラック・ナショナリスト的文芸活動を積極推進し、また、パン・アフリカ主義的な意識から、カリブ海地域やアフリカなどブラック・ディアスポラ世界の情報を掲載した。しかもパン・アフリカ的アイデンティティの基盤として黒人文化ないしアフリカ文化を探求する同誌の姿勢は、文化の共通性をもって民族の定義とするスターリンの立場によってマルクス主義的なお墨付きが与えられたことを意味していた。

また、アメリカ共産党は白人党員のショーヴィニズムを克服して両人種労働者階級の連帯を進める意思を示すために、人種差別克服にコミットする姿勢を様々な方法で表明した。党主催のダンスパーティ等においては、白人と黒人の参加者が混合し交流する、すなわち「社会的平等」を党内活動で実践することを重視した。反リンチ集会には白人党員が盛んに動員された。人種差別的言動を行った白人党員に対する模擬裁判を開催してショーヴィニズムを許容しない党の姿勢をハーレム黒人住民に向けてアピールすることもあった（一九三一年二月「ヨキネン裁判」）。また、スコッツボロ裁判を支援する一九三一年以降の国際的なキャンペーンは、特にアメリカ黒人のあいだで共産党への支持を高めることとなった。

しかし、一九二八年のコミンテルン第六回世界大会は、共産党の黒人解放闘争との取り組みに一つの重大な制約を課す面も存在した。同年の世界大会が採択した綱領は、資本主義世界が新たな経済的・政治的危機の局面に突入している（通称「第三期」）という認識に基づき革命闘争激化の必要性を強調していた。新路線においては、各国共産党の「ボリシェヴィキ化」が推進され、社会民主主義者など「漸進主義」勢力を「社会ファシスト」として非難し対決姿勢を強める方向性が取られた。当然ながらアメリカ共産党の黒人問題に関する態度もこの新路線に拘束された。具体的にはＵＮＩＡや、ＮＡＡＣＰなどのリベラル改革組織、黒人聖職者などへの非難として表れた。スコッツボロ裁判支援キャンペーンも、穏健な司法闘争に運動を限定したいＮＡＡＣＰとの主導権争いという側面が明白であった。家賃闘争でも、黒人家主と黒人借主の利害の対立を強調し黒人ブルジョワジーを徹底非難する戦術が推進された。

もしもこの「第三期」路線が党の頂点から末端のランク＆ファイルに至るまで貫徹されていたとすれば、黒人コミュニティの自律性を志向するハーレムや南部の黒人に共産党が浸透することは困難だったであろう。しかし、アラバマ州における共産党と黒人の関係を研究した歴史学者ロビン・Ｄ・Ｇ・ケリーは、コミンテルンや共産党中央執行部が把握しきれぬ日常活動の領域において、現場の党員たちがある程度の柔軟性をもっていたことを強調する。ここに、国際共産主義運動とブラック・ディアスポラ、そしてアメリカ南部の草の根的な《黒人ラディカル伝統》が出会い、相互に作用することで、闘争の想像力を広げていく余地が生み出されたのである。以下に、ケリーが検討したアラバマの事例を見てみよう。

草の根の南部黒人ラディカル伝統、国際共産主義と出会う

アメリカ共産党が南部で本格的活動に着手したのは一九二九年以降であった。北部から派遣された活動家たちがアラバマ州バーミングハムを拠点に、炭鉱労働者や農村の小作人・シェアクロッパー・農業労働者、そして失業者たちの組織化に励んだ。しかし共産党が掲げた人種平等、とりわけ人種隔離制度に反対する「社会的平等」の訴えは、白人党員の獲得を困難にした。他方、スコッツボロ事件への熱心な支援活動などを通じて、地元黒人指導者の一部に共産党に共鳴する協力者を得た。結果として、アラバマの共産党組織は、大半が黒人によって担われることになった。

アラバマ黒人と共産党の関係は、マルクス・レーニン主義とアフリカ系の対抗的文化の交錯であった。「ヨーロッパ系アメリカ左翼の伝統を持たない」アラバマ黒人共産党員は、「自身の文化的世界と、そして自分たちも今やその一部である国際的運動のレンズを通じて」共産主義を解釈した。彼らは「左翼の階級闘争のビジョンとときに矛盾し、ときにこれを強化する、豊かな対抗の文化」を伴って共産党の運動に参加した。他方で共産党は黒人に「貧困と人種主義の源泉を理解する枠組み」を提示し、「ローカルな闘争を世界政治とリンクさせた」のだと、ケリーは指摘している。

世界とアラバマ農村黒人をリンクさせる役割を担ったのは学習会であった。活動家たちは、パンフレットを用いてマルクス主義を学ぶための小規模な学習会を開催した。こうした学習会で使用された文献の中でもアラバマ黒人にとって重要な意味をもったのは、アフリカやカリブ海地域における闘争を紹介する記事を掲載した『リベレイター』誌であった。学習会を通じて黒人参加者たちは貧困や人種主義の構造への理解を深めると同時に、自分たちの闘争が世界中の黒人たち、すなわちブラック・ディアスポラ世界における植民地主義・反搾取の闘争の一環であることを理解していった。とりわけ、自分たちの闘争への外部からの支援が存在するという認識は、党に参加するアラバマ黒人たちが孤立感を払拭することに貢献した。

しかし、アラバマ州で共産党活動に参加した黒人たちは国際共産主義運動から一方的に教育される存在ではなかった。彼らは歴史的に培ってきた文化の枠組みを通じて共産主義や共産党を理解し、自らの文化のうちに取り入れていったのである。たとえば、彼らは共産党を通じた闘争を「第二の南北戦争・再

建」と捉えた。ソ連人は「新しいヤンキー（北部人）」、スターリンは「新たなリンカン」、ソ連は「新しいエチオピア」になぞらえられた。黒人共産党員は、南部黒人の解放闘争史の新たな一コマとして共産主義運動を理解したのである。

黒人党員たちが自分たちの文化を通じて抵抗思想を表現した手段として、音楽が挙げられる。音楽は黒人が共産党の現場における活動に影響を与えた分野であった。共産党によって結成されたシェアクロッパー組合の会合は、南部農村教会の集会に倣って開会・閉会時に合唱を行ったが、その際「インターナショナル」などと同時に霊歌が歌われ、ときに共産主義に合わせた歌詞の改変も行われた。バーミングハムで共産党が発行した機関誌『サザン・ワーカー（*The Southern Worker*）』には黒人党員の投書が多数寄せられたが、ブルースの形式をとった詩がしばしば掲載された。

また、共産党に参加した労働者階級出身の黒人たちは、聖書的言語を用いて被抑圧経験や解放の希望を理解し表現する文化を党活動にも持ち込んだ。彼らはキリスト教信仰を維持しつつマルクス主義を信奉することを矛盾と捉えず、むしろ主人も奴隷もない世界を夢見ることにおいてキリスト教と共産主義は一致するというのが彼らの考え方であった。そして南部における共産党の指導者たちは、ランク&ファイルの黒人党員の信仰を厳しく規制することは控え、むしろ彼らの宗教文化を利用する面もあった。

ケリーが描き出したアラバマ黒人共産党員たちの姿は、セドリック・ロビンソンが指摘した《黒人ラディカル伝統》と共産主義の出会いが、西欧マルクス主義とは異なるラディカリズムを形成した好例であるとも言えよう。

ハーレムにおける共産党の伸長
——パン・アフリカ主義と反ファシズム

一九三四年後半以降、アメリカ共産党ハーレム支部は、コミンテルンの「反ファシスト統一戦線」の呼びかけに応じ、友愛会・労働組合・互助会などハーレムの黒人諸団体との連携を広げる試みに精力を注ぎ始めた。これは非共産党勢力を徹底否定する「第三期」路線からの転換であった。ハーレムの党指導者であったフォードらは黒人諸組織を「黒人漸進主義」として否定するよりも「闘争の中でラディカル化されうる」存在であると認識を改める路線を打ち出した。

マーク・ネイソンによれば、さらに重要な点は、アメリカ共産党が積極的にハーレム黒人大衆文化の規範や価値観に適合した活動を展開する必要性の認識であった。従来の共産党は「第三期」路線に忠実に、黒人の宗教文化やジャズなどの音楽、文芸活動などを「ブルジョワ的頽廃」として非難していたが、しかし党活動の戦略変更は、黒人コミュニティ文化に対する態度の変更をも不可避的に伴った。三五年二月に党機関誌に掲載されたフォードの論文は、この点を明らかにしている。党員が他の黒人団体に参加して活動する際には「優越的な態度を取ることがないよう、分別を持ち人間的かつ慎重」であらねばならない。信仰篤い黒人に対する際に「彼らが自分たちの教会に誇りを持ち、多くの場合その教会が彼らの社会的・文化的ニーズを満たしている」ということを意識し慎重になるべきである。彼らの宗教を否定するよりも、革命的活動と合致できる限り肯定することが「統一戦線を打ち建てる上での出発点になる」のだと、フォードは論じたのである。

このハーレム黒人諸組織に対する路線の変更は、コミンテルンの具体的指令によるものではなく、アメリカ共産党、特にハーレム支部組織が主導した政策であった。コミンテルンから何らかの形での承認は得ていたと推測されるが、ソヴィエト・モデルに基づく理論よりも、ハーレム黒人コミュニティの現場における黒人党員の実践的経験から引き出された決定であると、ネイソンは指摘する。三五年以降の人民戦線期においては、共産党の黒人文化への積極的評価は顕著となる。黒人芸術は本質的に「革新的」価値をもつものとされ、とりわけジャズはブルジョワ的頽廃から民主主義の象徴へとその評価が変容する。こうした中で、黒人文化ナショナリズムと国際共産主義は、相互に結びつくものとして理解される。その典型的人物は、ロンドンで左翼思想を学び、熱心にソ連を支持し国際共産主義を訴えつつも、同時にアフリカの言語や文化を精力的に研究し、黒人文化ないしアフリカ文化の中に自由と変革のための価値を見出し、アフリカ系アイデンティティへの帰属意識を積極的に表明していった俳優・歌手のポール・ロブソンであろう。

新しい路線に基づき、共産党はハーレムで黒人諸組織との共闘を追求した。反ファシズムを掲げ、ドイツのユダヤ人迫害とアメリカの黒人差別を相似的なものとしてリンクさせるレトリックを駆使する共産党の立場に、共鳴する有力黒人牧師も登場した。また黒人中産階級系諸団体への呼びかけも精力的に行った。こうした「統一戦線」路線の中でも重要な活動の一つが、エチオピア支援であった。

一九三五年、イタリアはエチオピアを植民地化すべく侵攻を開始した。エチオピア防衛はパン・アフリカ主義にとってスコッツボロ裁判以上の関心の的となり、世界中のアフリカ系の人々がエチオピア支援のキャンペーンを開始した。こうしたキャンペーンにおいて共産党は重要な役割を果たしたが、それはハーレムにおいても同様であった。

主要ヨーロッパ列強やアメリカ政府がイタリアの侵略に対して中立を決め込み、NAACPなど穏健な公民権団体がエチオピア支援に消極的な中、アメリカ共産党はハーレムにおいてエチオピア支援を軸に統一戦線を築く試みに着手した。ハーレムではエチオピアをイタリアから守るべきとする機運が高まっていた。共産党の黒人活動家たちは、同じくエチオピア支援キャンペーンを行っていたUNIAをはじめとしたガーヴィ運動系の諸組織との連携をも模索した。そして同年三月七日には、ハーレムで最も権威ある黒人教会であるアビシニアン・バプティスト教会において「エチオピア防衛暫定委員会」の公開集会が開催された。ガーヴィ派も含む三〇〇〇名ほどの聴衆が参加し、会場は熱気に満ちた。

共産党はエチオピア支援の大義のもとで黒人諸組織の統一戦線の形成を目指していたが、他方でイタリア侵攻が「人種戦争」として限定的に解釈されることを回避しようとしていた。ガーヴィ派がこの侵略を「白人」対「黒人」の人種戦争と定義してハーレム黒人住民の結集を呼びかけたのに対し、共産党は「反ファシスト」の旗印のもと、反ファシストの白人、特にイタリア系をもエチオピア支援運動に加えることを主張した。エチオピア防衛委員会では最終的に共産党の主張が通り、ハーレムのイタリア系商店ボイコットを呼びかける決議は削除された。その後、共産党と他の黒人諸団体が共同で八月にエチオピア支援のデモ行進の動員などを行った。行進は反ファシストのイタリア系を含む白人も参加して二万五〇〇〇人以上となり、ハーレム史上最大の人種間横断的な大衆抗議行動となった。

こうした活動は、共産党が黒人の連帯と大衆抗議行動の触媒であると同時に、人種間の協調と共闘を推進する組織であるという評判を高めることとなった。黒人の入党者は増加し、ハーレムの黒人公共圏における共産党の影響力は拡大した。統一戦線の成果は、多くの黒人知識人・市民団体指導者に多大なインパクトを与えた。ネイソンによれば、不況によって従来の中産階級理念による黒人「引き上げ」路線への信念が動揺した黒人指導者の中に、共産党の「絶え間ない抗議、労働運動や左翼との同盟が黒人の進歩にとってのカギである」という立場に共感を抱く者が増えた。彼らは国際政治におけるファシスト勢力を、アメリカ国内におけるリンチ暴徒や黒人の従属化を進める雇用主・政治家などと同一の存在として捉える視点を共産党と共有するようになったのだという。

おわりに

アメリカ共産党は一九三九年の独ソ不可侵条約の衝撃によって混乱した。第二次世界大戦後は冷戦の中で共産党は過酷な赤狩りの対象となり、ラディカルな黒人知識人・活動家たちは沈黙や転向を強制されるようになった。やがてフルシチョフによるスターリン批判が決定打となり、アメリカ共産党はラディカル社会運動としての影響力を失っていった。

国際共産主義もアメリカの共産主義運動も、失敗したプロジェクトであった。そのことを今日の我々が嗤うことはたやすい。しかし、戦間期における国際共産主義運動とブラック・ディアスポラの関係を、アメリカ合衆国に焦点を当てて概観することで、以下の点は確認できたのではないだろうか。国際共産主義は、反植民地主義と反人種主義闘争への支援を通じて、アメリカ黒人とブラック・ディアスポラを結びつける回路としての役割を果たした。そして、アラバマ州やハーレムといった固有のローカルな場における黒人たちの反人種主義闘争に、グローバルな反植民地闘争や労働運動とつながっているという感覚をもたらすことで、エンパワーメントの契機となった。しかも、ITUCNWのように、コミンテルンの組織そのものが多様な背景を有するブラック・ディアスポラ世界出身の活動家たちを相互に交流・啓発させる場としても機能したのである。そうしたことは、解放を求める黒人たちのイマジネーションを広げることに貢献したと言えよう。

もっともこの点においては、UNIAに代表されるブラック・ナショナリスト運動も同様の役割を歴史的に果たしていたということができる。だが、国際共産主義を通じたディアスポラ的連帯とUNIAなどのブラック・ナショナリズムの違いは、UNIAが排他的な人種本質主義に基づく運動を展開したのに対して、国際共産主義運動が同時に白人との共闘を追求したという点にあった。共産党はショーヴィニズムの克服を白人党員に求め、黒人党員には排他的ナショナリズムを超えた白人との共闘をも要請した。それは、エチオピア支援キャンペーンにおける共産党の主張に端的に表れていた。したがって、国際共産主義運動は、ブラック・ディアスポラへの帰属というイマジネーションを活性化させながら、過度に本質主義化することを回避する一つの道を提示したという側面がある。

黒人たちは共産主義運動に一方的に統御される存在ではなかった。初期の黒人共産党活動家たちは、コミンテルンに乗り込んでアメリカ社会およびアメリカ共産党における黒人の状況を訴えることで、アメリカ共産党に黒人党員の地位向上と黒人解放闘争への尽力を要求することに成功した。国際的舞台での活動が、ローカルな黒人の闘争を力づけたのである。さらに、黒人党員たちは黒人民衆文化の枠組みを共産主義運動に投影した。音楽などの文化活動においては、黒人文化が党の日常活動に影響を与えた。共産党の黒人党員は、党のマルクス主義と彼らの《黒人ラディカル伝統》の文化を混合させた抵抗運動を形成していった。国際共産主義運動は、草の根のローカルな抵抗の文化的伝統がブラック・ディアスポラを含む世界の反植民地・反人種主義闘争と邂逅してグローバル化する際の、重要な媒体のひとつだったのである。

そして黒人と国際共産主義の関係史は、アメリカ黒人史を「アメリカ史」の中に収めてしまう叙述が不可視化してきた次元でもあった。黒人の解放闘争はアメリカ例外主義的な歴史叙述の枠内にとどまらず、彼らを含むブラック・ディアスポラやその他の世界各地の闘争に啓発されてきた。その系譜は、黒人史における例外ではなかった。人民戦線期の共産党に代表されるように、実際にはアメリカ黒人史の流れに深く絡みついてきたのである。

参考文献

- Paul Gilroy, *The Black Atlantic: Modernity and Double Consciousness* (Cambridge, Mass.: Harvard University Press, 1993).〔邦訳『ブラック・アトランティック——近代性と二重意識』上野俊哉ほか訳、月曜社、二〇〇六年〕
- Steven Hahn, *A Nation under Our Feet: Black Political Struggle in the Rural South from Slavery to the Great Migration* (Cambridge, Mass.: Belknap Press of Harvard University Press, 2003).
- Winston James, *Holding Aloft the Banner of Ethiopia: Caribbean Radicalism in Early Twentieth-Century America* (London: Verso, 1998).
- Robin D. G. Kelley, *Hammer and Hoe: Alabama Communists during the Great Depression* (Chapel Hill: University of North Carolina Press, 1990).
- Robin D. G. Kelley, *Race Rebels: Culture, Politics, and the Black*

Working Class (New York: Free Press, 1994).

- Robin D. G. Kelley, *Freedom Dreams: The Black Radical Imagination* (Boston: Beacon Press, 2002). 〔邦訳『フリーダム・ドリームス——アメリカ黒人文化運動の歴史的想像力』高廣凡子。篠原雅武訳，人文書院，二〇一一年〕
- James A. Miller, Susan D. Pennybacker, and Eve Rosenhaft, "Mother Ada Wright and the International Campaign to Free the Scottsboro Boys, 1931-1934," *American Historical Review* 106 (April 2001), 387-430.
- Wilson Jeremiah Moses, *The Golden Age of Black Nationalism, 1850-1925* (New York: Oxford University Press, 1978).
- Mark Naison, *Communists in Harlem during the Depression* (Urbana: University of Illinois Press, 1983, 2005).
- Cedric J. Robinson, *Black Marxism: The Making of the Black Radical Tradition* (London: Zed Press, 1983; with foreword by Robin D. G. Kelley, with a new preface by the author, Chapel Hill: University of North Carolina Press, 2000).
- Mark Solomon, *The Cry Was Unity: Communists and African Americans, 1917-1936* (Jackson: University Press of Mississippi, 1998).
- Michelle A. Stephens, "Black Transnationalism and the Politics of National Identity: West Indian Intellectuals in Harlem in the Age of War and Revolution," *American Quarterly* 50 (September 1998), 592-608.
- Joyce Moore Turner, *Caribbean Crusaders and the Harlem Renaissance* (Urbana: University of Illinois Press, 2005).
- Michael O. West, William G. Martin and Fanon Che Wilkins (eds.), *From Toussaint to Tupac: The Black International since the Age of Revolution* (Chapel Hill: University of North Carolina Press, 2009).

「スーダン人ディアスポラ」の系譜
――ハイチ革命、「パン・アフリカニズム」、共産主義――

栗田　禎子

はじめに

近年のいわゆる「グローバル化」の進展とあいまって、歴史学や政治学の分野でも、人の「移動」が持つ重要性に、あらためて関心が寄せられるようになった。移動に伴って生じる政治的経験や政治思想の伝播は、世界のさまざまな地域における政治的変革の展開の中できわめて重要な役割を果たす。政治的に見た場合、人の移動が持つもうひとつの重要な側面は、移動はしばしば、既存のアイデンティティーの体系の不安定化、さらには新たなアイデンティティーの生成につながることがあり、結果として、時には全く予期されなかったような政治的展開をもたらすことがあるということである。

スーダン共和国においては一九九〇年代、知識人の間で「移動」の問題に対する関心が高まり、その一つの表われとして、「ディアスポラ」的状況を生きた、過去のスーダン人群像に注目が集まるという現象が観察された。結果として、（後述のように）過去のスーダン人「ディアスポラ」の生涯や、そのきわめてユニークな政治的経験をめぐる興味深い研究が、スーダンの知識人自身の手によって生み出されることになる。

これはおそらく、ある程度まで、一九九〇年代のスーダンの知識人たちが生きていた政治的・社会的現実の反映だったと言えよう。スーダンでは一九八九年六月にクーデタによって「国民イスラーム戦線」が政権を掌握した結果、一時は数百万人とも言われる国民が国外に逃れ、擬似「ディアスポラ」的状況で生活することを余儀なくされた。現代スーダン人の多くが過去のスーダン人ディアスポラに感情移入するようになったのは、それゆえ、自然なことであった。

同時に、やはり一九八九年以来の「国民イスラーム戦線」支配の結果として、スーダン国民（なかんづく北部スーダンの人々）は、「イスラーム」と「アラブ性」とを、いわば公的な文化的アイデンティティーとして受容することを強いられた。スーダンの多くの知識人が過去のスーダン人ディアスポラの経験に惹きつけられたのは、ある意味ではこうした現実に対する彼らの反発・不満の反映だったと見ることもできる。歴史のなかのスーダン人ディアスポラは時にはさまざまな文化的・政治的境界線を「越境」し、現在の「国民イスラーム戦線」体制によって掲げられているそれとは全く異質な、新たなアイデンティティーを形成することに成功していたからである。それゆえ、スーダン人ディアスポラの経験は、ある意味では、自らの政治的未来とアイデンティティーを模索している現代スーダンの人々によって「再発見」され、新たな意味づけをされつつあると言うこともできる。

本稿は、以上のような文脈で近年注目を集めつつある、スーダン人ディアスポラの経験に光を当てようとする試みである。まず前半では、スーダン国外で「ディアスポラ」的状況を生き、時に注目すべき政治的役割も果たした幾人かの生涯と活動とを（既に触れた、近年のスーダンの知識人たち自身による研究も参照しつつ）検討する。ついで後半では、「スーダン人ディアスポラ」問題を考える際に重要となるもうひとつの側面——すなわちスーダン国内における「ディアスポラ」化ともいうべき現象——をも視野に収めていくことにしたい。

一　フェリックス・ダルフール
——スーダンから来た「ブラック・ジャコバン」

一九九二年、スーダン人研究者アブド・アッ・ラフマーン・ムーサー・アッバクルによって「フェリックス・ダルフール——ある民族的英雄」という論文が発表された。この「フェリックス・ダルフール」Félix Darfur（正しくは「ダール・フール」）なる人物は、ハイチ革命の歴史研究の分野では比較的良く知られているようだが、この論文の発表以前はスーダンの知識人の関心をさほど集める存在ではなかった。以下では、まず、この「スーダン人ディアスポラ」の風変わりな経歴を紹介・検討することから始めたい。(1)

一七九八年にナポレオン・ボナパルトがエジプトを侵略した際、ナポレオンはスーダンのダール・フール地方 Dār Fūr に、奴隷を要求するメッセージを送ったと言われる。(2)（現在のスーダン共和国の西部地方であるダール・フールは、歴史的に、エジプトその他の地中海沿岸諸国に奴隷を供給していた。）「フェリックス・ダルフール」も、この時ナポレオンの要請に応えてエジプトに送られた奴隷の一人だったのかもしれない。

彼がいつ、何歳の時にエジプトに来たのかは全く不明であるが、このダール・フール出身の少年はまだ非常に幼い時期にエジプトに連れて来られ、フランス軍の将軍（この将軍自身がカリブ海出身だったと言われる）によって購入され、故郷にちなんでフェリックス・「ダルフール」と名づけられたという。フランス軍がエジプトから撤退することになると、主人はフェリックスをフランスに連れ帰り、そこで教育を受けさせた。フェリックスは（のちの経歴が示すように）見事なフランス語を習得した。また、工学およぶジャーナリズムを学んだともいう。

フランスでの青年時代に関するこれ以上の情報はないが、興味深いことにフェリックスは成長するにつれ、生まれたばかりのハイチ共和国——サン・ドマングでの奴隷反乱の結果誕生した「史上初の黒人共和国」——の運命に強い関心を抱くようになった。これは一方では、革命後のフランスで育ったフェリックスが「自由・平等・友愛」といった共和主義の理念に共鳴したからであると同時に、他方では、彼が「黒人」としての意識を有していたからであっただろう。結果として、フェリックスは一八一八年にハイチに移住し、『ハイチの斥候 *L'Éclaireur Haytien*』またの名を『完全なる愛国者 *Le Parfait Patriote*』という新聞（のちに『ハイチの警告者 *L'Avertisseur Haytien*』と改称）を創刊した。また、ハイチ国籍も取得した。（当時のハイチ憲法の規定では、国籍取得を希望するすべてのアフリカ人には滞在期間一年で国籍が与えられた。）

しかしながら、ハイチ革命の理念に対するフェリックス・ダルフールの熱狂は、結果的に、悲劇的結末につながることになった。ハイチ共和国では革命の時代は過ぎ、ボワイエ政権下、富と権力は（農村部の貧しい黒人大衆を犠牲にする形で）ムラートのエリートの手中に集中しつつあった。こうした反動的動きに失望したフェリックスは、議会（これもムラートのエリートらの支配下にあったのだが）に対して覚書を提出し、政府が黒人大衆の窮状を無視していることを糾弾すると共に、ボワイエ政権の人種主義的傾向をも指摘した。この覚書が「攻撃的・煽動的文書」と見なされた結果、フェリックス・ダルフールは軍事法廷で裁かれて死刑判決を受け、一八二二年九月に処刑された。（一九三八年にC．R．L．ジェームズの古典的名著『ブラック・ジャコバン』が刊行されて以来）、フランス革命とハイチ革命の関連は歴史家の注目を集めてきたが、以上で見てきたフェリックス・ダルフールの軌跡は、このテーマに新たな次元――中東というファクター――を付け加えるものと言える。エジプトからナポレオン軍の将軍によって連れて行かれ、のちにハイチの政治に関与することになったこのスーダン出身の少年の経歴は、中東と西インド諸島の歴史経験の間の隠れた連関を明るみに出すものとなっている。一見無関係に見える両地域は、実は共にフランスの植民地主義的対外拡張プロセスに巻き込まれていく中で、思いがけぬ形で接触するに至っていたのである。フェリックス・ダルフールの経歴を、二〇世紀の革命家であるフランツ・ファノン（アルジェリア解放闘争に参加した西インド諸島出身者）のそれと比較してみるのも面白いかもしれない。(3)

フェリックス・ダルフールの人生をめぐって、興味深いもうひとつの点は、彼が明らかにきわめて強い「黒人」意識を持ち、またそのことを誇りにしていたことである。フェリックスはまだ非常に幼いうちにスーダンを離れたと考えられるので、故郷について多くを記憶してはいなかったであろうが、彼は自らがアフリカ出身であることを強く意識しつづけ、「黒人」としての明確な自意識と誇りを持つに至った。そして、社会正義をめざす彼のたたかいも、この「黒人」としてのアイデンティティーに立脚していたことが窺えるのである。

これは、「移動」が人間の意識に及ぼす影響の興味深い事例と言える。アフリカ現地では、人は必ずしも自らを「アフリカ人」あるいは「黒人」として意識するとは限らないからである。（特に前近代のスーダンにおいては、後述のように、歴史的に形成された「アラブ」「黒人」という二項対立が存在し、「黒人」は差別の表象であって、「黒人」と分類された者は政治的・文化的抑圧の対象となる、という状況が存在したから、人が自らを「黒人」と主張することは考えにくかった。）フェリックス・ダルフールの「黒人」としての意識と誇りは、明らかに、さまざまな要因・経験の複合――奴隷狩りの記憶、アフリカからの移住、フランス滞在（西欧近代のリベラルな教育の影響およびおそらく他方では人種差別の記憶）、そしてハイチの「黒人共和国」への熱狂――の結果として形成されたものと考えられる。

　最後に、フェリックス・ダルフールという、ダール・フール出身の奴隷であり、自らを「黒人」と見なした人物の一生が、現在のスーダン共和国の知識人によって賛嘆の念を込めて紹介されるということ自体が、ある意味では興味深いと言える。既に述べたように「国民イスラーム戦線」体制下では、スーダンの「イスラーム」的、「アラブ」的アイデンティティーをひたすら強調する政策がとられているからである。（ちなみに、論文の筆者のアブド・アッ・ラフマーン・ムーサー・アッバクル自身が――「アブー・バクル」の特殊な変形である「アッバクル」という名が示唆するように――ダール・フール出身である可能性も強い。）

二　ドゥゼ・ムハンマド・アリー――「ブラック・アフガーニー」

　ヴィクトリア朝期を生きたイギリスの退職外交官・文筆家ウィルフリッド・スカーウェン・ブラント（一八四〇～一九二二）は、エスタブリッシュメントの出身でありながら中東地域の民族解放闘争に共感し、特にエジプトのオラービー革命を一貫して支持し続けた人物として知られ、彼の『日記』はイギリス帝国裏面史に関する貴重な史料と言えるが、その一九一一年四月一九日付の記事に、興味深い客人の来訪についての記述がある。

　「ドゥゼ・ムハンマドという、エジプトに関する良い本を書いた人（中略）が会いに来た。変わった人物である。本人はエジプト出身の混血（ムラート）だと言っているが、アラビア語はひとことも知らない。イスラーム教徒だが、信仰告白の文言も唱えられない。（中略）本人の話では、彼はイスラーム教徒で、割礼も受け、正式の名前はムハンマド・アリー・イブン・アブド・アッ・サラームというのだが、十歳の時にドゥセ Ducey という名のフランス人によってイギリスに連れて来られたという。その後エジプトには一度だけ、一八八二年五月から一八八三年二月までの期間に行っただけで、再びイギリスに戻ってきた。イギリスで演劇をやり、その後アメリカに移り、シェークスピアについて講義したり、新聞に寄稿したりしていたという。（中略）イギリス女性と結婚し、時には教会にも行くが、本人の話では、洗礼を受けることは一貫して拒否してきたという。[4]」

　本節で検討対象とするのは、この「変わった人物」、ドゥゼ・ムハンマド・アリーである。

ドゥゼ・ムハンマド・アリー Duse Mohamed Ali はパン・アフリカニズム運動の歴史の中では有名な人物である。一九七一年にはイアン・ダフィールドによりエジンバラ大学に、その生涯を詳細に検証した学位論文も提出されている。(「ドゥゼ・ムハンマド・アリーとパン・アフリカニズムの展開　一八六六〜一九四五年」)[5]

ダフィールドの研究(ちなみにそれはかなりの程度までドゥゼ自身の述懐に依拠している)によれば、ドゥゼ・ムハンマド・アリーは元来はエジプト人であった。彼はアレクサンドリアで、エジプト人将校の父(オラービー革命の指導者アフマド・オラービーの盟友であった)とスーダン人の母との間に生まれた。だが、その後、父の友人であったドゥセ大尉というフランス人将校に預けられ、(ブラントの『日記』の記事にもあるように)この将校によってイギリスに連れて来られたという。オラービー革命とそれに引き続くイギリスによるエジプトへの軍事介入(一八八二年)という事態が発生すると、父は有名なタッル・アル・カビールのたたかいで戦死し、母はスーダンに戻って、彼のエジプトの家族は離散してしまった。結果として彼はエジプトに戻ることを断念し、中東の外で生活することを選択する。同時に、(保護者だったフランス人将校の名にちなんで)「ドゥゼ」と名乗ることも決めた。「ムハンマド・アリー」という名はムスリムにはあまりによくある名前だから、というのがその理由だったという。学業を終えた後、彼は、まず俳優になり、その後、新聞や雑誌に寄稿し始めた。

一九一一年にドゥゼ・ムハンマド・アリーは、エジプト現代史をめぐる、『ファラオたちの国で』と題する本を出版した。[6]この本は主としてブラントの著作『イギリスのエジプト占領秘史』(*The Secret History of the English Occupation of Egypt*)、およびテオドール・ロートシュタイン(当時ロンドンに亡命中だったロシアの社会主義者。ブラントの友人)の著作『エジプトの破滅』(*Egypt's Ruin*)に依拠したものであり、オリジナルな内容はほとんど含んでいなかったが、イギリス帝国主義を厳しく糾弾するものであった。[7]また、この本の中でドゥゼは、帝国主義と人種主義の密接な関係を指摘しており、たとえば米大統領セオドア・ルーズベルトを、その帝国主義的外交政策と、国内におけるアフリカ系市民に対する差別的姿勢との両面において批判していた。結果としてドゥゼの主張は、合衆国のアフロ・アメリカンの読者の間で影響力を持ち始める。一九一二年、ドゥゼはロンドンで、『アフリカン・タイムズ・アンド・オリエンタル・レヴュー』誌を創刊する。この雑誌の編集・運営には西アフリカ出身およびアフロ・アメリカンの知識人が参加し、帝国主義・人種主義をめぐるさまざまな問題が扱われた。

バルカン戦争、そして第一次世界大戦が起き、西洋列強によるオスマン帝国への最後の攻勢が始まると、ドゥゼはロンドンで「アルバニア委員会 Albanian Committee」「中央イスラーム協会 Central Islamic Society」「オスマン委員会 Ottoman Committee」「アングロ・オスマン協会 Anglo-Otoman Society」等の活動に積極的に関与し、時には「パン・イスラーム主義」的な言説も用いつつ、オスマン帝国擁護の論陣を張った。彼は同時に、海外亡命中のエジプト国民党のメンバー（当時の指導部はムハンマド・ファリード）とも接触を持っていた。英情報部は、ドゥゼ（および彼が率いる「アングロ・オスマン協会」）が、リビアでサヌースィー派が展開している対イタリア抵抗闘争を支援しているのではないかと疑っていた。

第一次大戦後の一九二一年、ドゥゼはアメリカ合衆国に移住した。アメリカでは彼は、「全黒人向上協会」においてマーカス・ガーヴェイと全面的に協力しながら活動し（ちなみにガーヴェイはロンドンで『アフリカン・タイムズ・アンド・オリエンタル・レヴュー』の運営に参加していた）、合衆国におけるパン・アフリカニズム的潮流の発展に寄与した。また、『アフリカ』誌も創刊した。同時に、デトロイトで「中央イスラーム協会」を設立しており、ダフィールドはこれが何らかの形でデトロイトにおけるのちの「ネーション・オヴ・イスラーム」の出現につながった可能性を示唆している。[8] ダフィールドはまた、ドゥゼの活動が、（やはり合衆国におけるいわゆる「ブラック・ムスリム」の潮流に連なる団体の一つである）「ムーア科学寺院運動」（指導者はノーブル・ドリュー・アリー）に影響を与えた可能性も指摘している。[9]

最終的には、ドゥゼは一九三一年にアフリカに向かい、ナイジェリアのラゴスに定住した。既に高齢であったが政治やジャーナリズムに対する熱意は衰えず、一九三三年には『コメット Comet』紙（のちにナイジェリアで最も影響力のある新聞に成長する）を創刊した。イタリアのエチオピア侵略（一九三五〜三六年）に際しては、ドゥゼは侵略を糾弾する数多くの論説を発表し、これはナイジェリアの知識人の間に「他のアフリカ人との同胞意識」を呼び覚ましたという。[10] 一九四五年六月にラゴスで死去、埋葬された。

さて近年まで、この（反帝国主義、パン・イスラーム主義、エジプト民族主義、パン・アフリカニズムを一身に体現したとも言える）きわめてユニークな人物は、本人の主張通りエジプト人だと考えられてきた。ところが一九九二年になってスーダンの著述家アフマド・ムハンマド・バダウィーがドゥゼ・ムハンマド・アリーに関する著書を発表し、彼が実際はエジプト軍に属するスーダン人兵士の息子だった可能性を指摘したのである。[11]

ドゥゼの出自をめぐる真相を今になって突きとめることは難しいとはいえ、彼の父がスーダン人兵士（もしくは将校）だったということは、実は十分にあり得ることである。もし本当にエジプト人の――つまりエジプト本国の村落にルーツを持つ、いわゆる「ファッラーヒーン（農民）」出身の――将校の息子だったとしたら、たとえ父が戦死したにしても、彼がこれほどまでに完全にエジプト社会との接点を失ってしまうことは考えにくい。孤児となった少年を育てようとする親族はいたはずである。他方、もしドゥゼが実はスーダン人兵士の息子だったとすれば、すべてのことは整合的に説明がつく。一九世紀当時、エジプト軍に身を置いていたスーダン人兵士（「ジハーディーヤ jihādiya」と呼ばれる）の大半は、南部スーダンやヌバ山地といったスーダン国内の周縁的地域から、奴隷として北部スーダン（ついでエジプト）に連れて来られてきた人々であった。もしドゥゼの父がこのようなスーダン出身の奴隷兵士の一人（彼らにとってはエジプトにもスーダンにも帰るべき故郷はなかった）だったとしたら、ドゥゼが完全な根無し草状態に陥ったわけも理解できる。ちなみに、「ムハンマド・アリー」という名前が、奴隷出身のスーダン人兵士の息子たちに良く見られるものであったことを指摘しておいてもよいであろう。（奴隷兵士たちはしばしば我が子に、近代エジプト国家の建設者であり、スーダンの征服者でもあったムハンマド・アリー・パシャの名をつけたのである。）

ドゥゼが父はオラービー革命に参加したと述べ、また彼自身が明らかにこの革命に共感していたことは、彼がスーダン出身だったかもしれないことと矛盾しない。オラービー革命に際し、アブト・アル・アール・ヒルミー率いるスーダン人連隊が重要な役割を果たしたことは良く知られている。同時に、オラービー革命の指導部がスーダン出身の奴隷たちの境遇に注意を払っており、その解放を検討していたことも注目に値する。オラービー革命の中で中心的役割を果たした民衆派の活動家アブダッラー・ナディームは、「自由スーダン人協会」（あるいは自由「黒人」協会）という、解放奴隷の支援をめざす組織を、アレクサンドリア（ドゥゼの生地でもある）で設立していた。[12]

ドゥゼは一九一一年、帝国主義的侵略に対するパン・アフリカ的な武装闘争の構想をめぐる論考の中で、このたたかいにおいて「百戦錬磨のスーダン人兵士たち」が果たす役割への期待を表明していた。[13] もし彼自身がスーダン人兵士（ジハーディーヤ）の出身だったとしたら、これはきわめて自然なことである。（彼は古代カルタゴの軍隊におけるアフリカ人兵士の役割にも関心を示しているが、これも同様の文脈で理解できるかもしれない。）何より、ドゥセの強烈な「黒人」意識、「アフリカ人」意識は、彼が実際はスーダン出身だったと考えると理解しやすいように思われる。

反帝国主義・反人種主義の闘士としてのドゥゼ・ムハンマド・アリーの経歴は、きわめて印象的なものである。既に見たフェリックス・ダルフールがフランス植民地主義の支配下に陥った諸地域間の隠れた連関を体現する人物だったように、ドゥゼは、いわば「アングロ・サクソン」（＝イギリス帝国およびアメリカ合衆国）支配下に置かれたさまざまな地域・民衆の間の連関を体現していたと言うことができる。実際、中東、アフリカ、アメリカ合衆国等のさまざまな革命運動・民衆運動にとっての触媒の役割を果したという意味で、ドゥゼは（一九世紀末の中東が生んだ革命家）ジャマール・アッ・ディーン・アル・アフガーニーに匹敵する人物、いわば「ブラック・アフガーニー」だったとも言えるかもしれない。[14] 既に見たように彼は、反帝国主義、パン・イスラーム主義、オスマン主義、エジプト民族主義、パン・アフリカニズム、反人種主義を、同時に体現していた。

これらすべての思想が一人の人間の中に同時に存在しているというのは一見無理があることのようだが、ドゥゼ・ムハンマド・アリーが「スーダン人ディアスポラ」の一員だったとすれば、これは理解可能である。彼は故郷から引き離されてイスラームを受容したアフリカ人奴隷の子孫であり、ついでアフリカの外へと送られて世界のさまざまな政治的事件を目撃した人物、「ディアスポラ」状況のゆえに、さまざまな文化的境界線を越境し、多元的アイデンティティーを獲得せざるを得なかった人物だったのではないか。

ちなみに、ドゥゼ同様、前述のジャマール・アッ・ディーン・アル・アフガーニーの経歴もまた、出自をめぐる曖昧さによって特徴づけられているのは興味深いことである。さまざまな政治的経験を文化的境界を超えて伝え、諸々の革命運動を結びつけていく作業に取り組めるのは、往々にして、「ディアスポラ」状況にある者、自らの本来の文化的「居場所」から引き離されてしまった人々なのかもしれない。[15]

さて、これまで本稿では、「スーダン人ディアスポラ」という語を、ごく一般的・抽象的に用いてきた。だが、ここまで見てくると、世界のさまざまな政治プロセスにおいて重要な役割を果たしてきた「スーダン人ディアスポラ」とは、単なる「国外にいるスーダン人」のことでなく、特定の種類のスーダン人であること――すなわち、南部スーダン、ヌバ山地といったスーダン国内の周縁的諸地域の社会から、奴隷狩り・奴隷交易の結果、引き離された人々であること――が明らかになる。〔フェリックス・ダルフールの場合にも、彼が奴隷としてエジプトに送られたという事実自体が、彼がダール・フールのケイラ・スルタン国における支配民族フール（＝当時彼らは「公式」には「アラブ」だと名乗っていた）の出身ではなく、おそらくはダール・フールの南部の住民集団（＝彼らはスルタン国の支配層によって「黒人」と分類され、奴隷狩り・奴隷交易の対象とされていた）の出身であったことを示唆しているように思われる。〕ちなみに、「スーダーニー sūdānī」（アラビア語で「黒人」の意）という呼称は、ほかならぬスーダン自体では歴史的に、南部やヌバ山地出身の人々を指す場合だけに用いられる蔑称だったことに注意しておく必要もある。

この特定の種類の人々（彼らのことをのちに英植民地当局は「脱部族化した黒人」と表現した）については、幾つかの興味深い特徴を指摘することができる。第一に、これらの人々は奴隷として差別を受けた経験から、一般に社会正義に関する鋭敏な感覚を有していた。同時に彼らは故郷の村落から切り離され、奴隷として（軍隊、あるいは一八四〇年代の一時期においてはインディゴや砂糖の精製工場等）社会の中の比較的近代的セクターに包摂されたため、一定の近代的技術・知識を習得した。それゆえ彼らは、少なくとも潜在的には、政治的にも社会的にも、比較的革新的な勢力を形成するに至ったと言える。第二に、彼らが奴隷として故郷から暴力的に引き離され、また、のちには異なるエスニック集団出身の他の奴隷と結婚することを強いられたことは、彼らが元来保持していたアイデンティティーの喪失につながった。（これが英植民地当局が「脱部族化」と表現した現象であった。）同時に彼らは、北部スーダン人による「人種」主義的差別にもさらされた。これらの要因は時として、彼らが「黒人」としての新たな自意識を抱くことにつながった。第三に、（しかしながら、逆説的なことに）彼らはごく幼い頃に生来の文化環境から引き離され、イスラームとアラビア語を受容させられていた。それゆえ、彼らは「黒人」ではあったが、それと同時に彼らのなかには、強い「ムスリム」意識、「アラブ」意識を抱くようになる者もあった。同様に、彼らがエジプト軍に包摂されたことは、彼らがエジプト政治に強い関心を持ち、エジプト民族主義に共鳴するようになる、という現象ももたらすことになった。

時には世界政治の中できわめて注目すべき役割を果たすこともあったこれらの「スーダン人ディアスポラ」は、実のところ、スーダン内部でも「ディアスポラ」状況にあったと言うことができるだろう。

次節では、「スーダン人ディアスポラ」のスーダン国内政治における役割に目を向けていくことにしたい。国外におけるスーダン人ディアスポラの活動が（革命的ではあっても）散発的であり、多くの場合個々人の創意に基くものだったのに対し、スーダン国内の政治プロセスにおいては彼らはよりダイナミックで実効性のある役割を果たしたことが注目される。これは、スーダン国内においては彼らの運動は、特に都市部における大量の奴隷出身下層民の存在という形で、より大衆的な基盤を有していたことに帰せられると考えられる。

三　アリー・アブド・アッ・ラティーフとその盟友たち
——スーダン国内における「スーダン人ディアスポラ」

既に見たようにスーダンがエジプトにより一八二〇〜二一年に征服され、スーダン出身の奴隷たちが兵士として「ジハーディーヤ」に組み入れられて以来、南部スーダンやヌバ山地出身の奴隷たちは近代スーダンの政治プロセスにおいて重要な役割を果たし続けた。一八六四〜六五年に東部の都市カサラで起きた「ジハーディーヤ」の軍隊反乱は、マフディー運動以前の近代スーダンにおける最も大規模な抵抗運動と言える。[16] マフディー運動自体の展開過程においても、南部やヌバ山地出身の元奴隷たちは枢要な役割を果たした。軍司令官ハムダーン・アブー・アンジャ指揮下の奴隷出身兵士らは、マフディー運動の軍事作戦を担う中心的存在であった。アフリカにおける反帝国主義闘争という文脈では、（最盛期にはチャドからナイジェリアまで広がる大帝国を築き、フランスの侵攻に抗した）ラービフ・ファドル・アッラーフの運動もまた、ほぼ同様の社会勢力（＝南部スーダンおよびヌバ山地出身の奴隷兵士たち）に依拠していたことも興味深いと言えよう。[17]

「スーダン人ディアスポラ」の政治プロセス参加の事例とし

て最も注目に値するのは、しかしながら、「一九二四年革命」においてアリー・アブド・アッ・ラティーフ ʿAlī ʿAbd al-Laṭīf が果たした役割であろう。一八九八年のマフディー国家の滅亡後、スーダンはイギリスの植民地支配下に置かれたが、第一次大戦後、イギリス占領からの独立を求めたエジプトの「一九一九年革命」をなぞるかのように、スーダンでも英植民地支配からの解放をめざす革命（＝「一九二四年革命」）が発生した。中心となったのは「白旗同盟」という政治結社であり、目標は（1）「ナイル河谷の統一」（＝エジプトとスーダンの統一）、および（2）「スーダン民族主義」の実現であって、アリー・アブド・アッ・ラティーフはこの結社の長であった。一見したところ、「ナイル河谷の統一」と「スーダン民族主義」という二つのスローガンの共存は奇妙な印象を与える。だが、アリー・アブド・アッ・ラティーフ（およびその背後にあった勢力）の社会的背景を考えると、この二つの目標は、アリーとその盟友たちにとっては、矛盾しないものだったことが明らかになる。アリー・アブド・アッ・ラティーフは奴隷出身の両親を持つ、元将校だった。彼の母は南部スーダンのディンカ出身の奴隷であり、父はヌバ山地出身の奴隷だったと言われる。

エジプト軍の将校だった経験を持つアリー・アブド・アッ・ラティーフは（ちなみにのちにエジプト「七月革命」の旗印となるムハンマド・ナジーブは彼の親友だった）、ちょうどやはり父がエジプト軍に身を置いていたドゥゼ・ムハンマド・アリーと同じように、エジプト政治における革新的潮流を察知し、エジプト民族主義に共鳴し、それゆえエジプトとスーダンの連帯を呼びかけた。他方、南部およびヌバ山地出身の奴隷の息子だった彼は、人種にかかわらず万人が市民として平等に扱われる「スーダン民族主義」の理念の唱道者でもあった。さらに、やはり奴隷出身者であり都市下層民と接点を持つ位置にあったがゆえに、アリー・アブド・アッ・ラティーフは社会正義の実現に強い関心を抱いていたようである。彼は英植民地当局によるスーダン統治のあり方を厳しく批判し、一般大衆からの経済的搾取や、スーダン人官吏に対する差別的姿勢を糾弾していた。

「一九二四年革命」は英当局の過酷な弾圧の結果、短期的には完全な失敗に終わり、アリー・アブド・アッ・ラティーフ自身もカイロの精神病院で死亡するという結末を迎える。だが、「白旗同盟」が体現していた「スーダン民族主義」の理念は、それがスーダン史上初めて、人種を超えた「スーダン人」意識を作り出すことをめざした点で画期的だった[18]。

同時に、興味深いことに、この「スーダン民族主義」は、一方ではエジプトとの連帯の強調という次元を通じて「アラブ民族主義」に、また他方では南部やヌバ山地出身の「黒人」大衆の境遇への関心という次元を通じて「パン・アフリカニズム」につながっていく可能性を有していた。また、社会正義への関心という次元を通じて、社会主義へとつながっていく可能性もあった。

これらのさまざまな可能性は、現実に、アリー・アブド・アッ・ラティーフの盟友たちや、その息子・娘たちによって追求されていくことになる。

ザイン・アル・アーブディーン・アブド・アッ・ターッムは、ディンカ出身の元将校で、「白旗同盟」におけるアリー・アブド・アッ・ラティーフの盟友だった人物であるが、のちにスーダンの「黒人」的アイデンティティーをより強調する立場となり、「黒いブロック」と呼ばれる政治組織の結成に参加した。「黒いブロック」はイデオロギー的には「白旗同盟」ほど革新的ではない印象を与えるが(「白旗同盟」の掲げた「スーダン民族主義」が人種を超えたものだったのに対し、「黒いブロック」は意識的に「人種」的アプローチをとった)、北部スーダンの都市部における貧しい「黒人」(=元奴隷)大衆の境遇の改善に強い関心を寄せていたことは注目に値する。この組織はまた、『アフリーキーヤ』(アフリカ)という(ドゥゼ・ムハンマド・アリーがアメリカ合衆国で編集していた雑誌名を想起させる)雑誌も発行していた。

ザーヒル・アッ・サーダーティーは、ダール・フール出身の元将校で、やはり「白旗同盟」におけるアリー・アブド・アッ・ラティーフの盟友だったが、この人物はエジプトおよびアラブ世界全般との連帯の姿勢を堅持した。一九四八年には彼は、パレスチナ支援のためのスーダン人義勇兵部隊を組織する。スーダンの場合、「アラブ民族主義」の最も熱烈な担い手が、南部やヌバ山地出身の「スーダン人ディアスポラ」だったことは興味深い事実である。

「白旗同盟」メンバーの息子・娘たちに目を転じてみると、少なからぬ者がのちに社会主義の理念に接近していったことに気づかされる。一九四六年に結成されたスーダン共産党(「民族解放スーダン運動」)の初代書記長は、前述のザイン・アル・アーブディーン・アブド・アッ・ターッムの息子であるアブド・アル・ワッハーブ・ザイン・アル・アーブディーン・アブド・アッ・ターッムであった。また、スーダン最初の女医で共産党員でもあったハーリダ・ザーヒル・アッ・サーダーティーは、前述のザーヒル・アッ・サーダーティーの娘である。これらの人々の社会主義への傾斜は、二通りに説明することができる。第一に彼らは、その社会的正義への関心ゆえに社会主義の理念に惹きつけられた。第二に、二〇世紀のアラブ世界における政治活動の中心、(社会主義を含む)新しい政治思想の源であり続けたのはエジプトであったが、これらの人々(「スーダン人ディアスポラ」の子孫)は歴史的にエジプトとの絆を有しており、それが彼らの政治意識の先鋭化につながったと見ることもできる。

むすびにかえて

一九九〇年代のスーダンで「国民イスラーム戦線」体制が国民に硬直的な「イスラーム主義」や「アラブ性」を強いる中にあって、歴史のなかの「スーダン人ディアスポラ」の経験は、さまざまな所与の境界を「越境」する可能性と、そのような越境がもたらすかもしれない、思いがけないほど豊穣な果実とを示唆するものであった。スーダンの内外における「スーダン人ディアスポラ」の軌跡——フェリックス・ダルフール、ドゥゼ・ムハンマド・アリー、アリー・アブド・アッ・ラティーフといった人々の記憶——が現代スーダンの人々によって再発見され、政治的インスピレーションの源となるという現象が生まれたのである。

このような「越境」のヴィジョンは、しかしながら、スーダンを取り巻くその後の政治的展開——国際社会による独裁政権の温存や、同じく国際社会も関与する形での、「人種」・「宗教」に基くスーダンの分断という事態——の中でかき消されていくことになるのだが、そのプロセスを検証することは、また別稿の課題となる。

〔付記〕本稿は、KUROKI Hidemitsu (ed.), *The Influence of Human Mobility in Muslim Societies,* London and New York: Kegan Paul, 2003 所収の拙稿 “ The Sudanese Diaspora in Politics : Félix Dar Fur, Dusé Muhammad ‘Ali, and ‘Ali ‘Abd al-Latif” を原型としつつ、必要な加筆・改稿を行なったものである。

(1) ‘Abd al-Raḥmān Mūsā Abbakr, “Félix Dār Fūr : Min Ruwwād al-Ḥaraka al-Waṭanīya”, *Majalla al-Dirāsāt al-Sūdānīya,* al-Kharṭūm: Ma‘had al-Dirāsāt al-Afrīqīya wa al-Āsiyawīya, Apr. 1992, pp.176-179. また、以

下も参照のこと。David Nicholls, *From Dessalines to Duvalier: Race, Colour, and National Independence in Haiti*, Cambridge University Press, 1979, pp.42-43, 56-57, 72-73; Ronald Segal, *The Black Diaspora: Five Centuries of the Black Experience Outside Africa*, New York: Farrar, Straus and Giroux, 1995, Chap.19. なお、フェリックス・ダルフールが一八一八―一九年に発行した『ハイチの斥候、あるいは完全なる愛国者』は、計一六号がパリの国立図書館に現存している。入手に協力して下さった大峰真理氏に感謝する。

（2）Didar D. Fawzy-Rossano, "Le Soudan: Problèms du Passage de la Création de l'État a la Libération de la Nation"（一九七八年パリ第7大学提出博士論文）, Service de Reproduction des Thèses, Université de Lille III, 1981, p.47, n.4.

（3）フェリックスの経歴はまた、イスマイル・ユルバン Thomas Ismail Urbain（一八一二～八四. カリブ海出身のサンシモン主義者で、フランス軍のアルジェリア征服戦争に同行し、イスラームに改宗）とも比較してみることができるかもしれない。ユルバンに関しては、平野千果子『フランス植民地主義の歴史』人文書院、二〇〇二年、八四－一三七頁に詳しい。

（4）*Wilfrid Scawen Blunt, My Diaries: Being a Personal Narrative of Events 1888-1914*, New York: Octagon Books, 1980, repr., vol. 2, p.345.

（5）Ian Duffield, "Dusé Mohamed Ali and the Development of Pan-Africanism 1866-1945"（一九七一年エジンバラ大学提出博士論文）, 2vols.

（6）Duse Mohamed, *In the Land of the Pharaohs: A Short History of Egypt from the Fall of Ismail to the Assassination of Boutros Pasha*, 2nd ed., London: Frank Cass & Co.Ltd., 1968.

（7）テオドール・ロートシュタインはロシア革命後帰国し、ソヴィエトの初代駐イラン大使も務めることになる。栗田禎子「テオドール・ロートシュタイン（一八七一～一九五三）に関する覚書――エジプト民族運動・イギリス労働史・ソヴィエト外交」（早稲田大学イスラーム地域研究機構『イスラーム地域研究ジャーナル』第一巻、二〇〇九年、三七～四四頁所収）参照。

（8）Duffield, *op.cit.*, vol.2, p.688-91.

（9）ちなみに、この「ムーア科学寺院運動」に関しては別のルートでもアフリカ（スーダン人）との接点が指摘されている。Ahmed I.Abu Shouk, John O. Hunwick and R.S. O'Fahey, "A Sudanese Missionary to the United States: Sātī Mājid, 'Shaykh al-Islām in North America' and His Encounter with Noble Drew Ali, Prophet of the Moorish Science Temple Movement", *Sudanic Africa*, 8, 1997, pp. 137-191.

（10）Duffield, *op.cit.*, vol.2, p.767. また、石田憲『ファシストの戦争――世界史的文脈で読むエチオピア戦争』千倉書房、二〇一一年、九七頁参照。

（11）Aḥmad Muḥammad al-Badawi, *Muḥammad 'Alī Dūs*, al-Qāhira: Markaz al-Buḥūth al-'Arabiya, 1992, pp.29-30.

（12）Rif'at al-Sa'īd, *al-Asās al-Ijtimā'ī li-l-Thawra al-'Urābiya*（オラービー革命の社会的基盤）, al-Qāhira, 1967, p.171.

（13）Duffield, *op.cit.*, vol.1, p.156.

（14）ドゥゼの経歴をジャマール・アッ・ディーン・アル・アフガーニーのそれとの連関で捉えるという発想は、一九六八年にドゥゼの『ファラオたちの国で』（新版）にハリール・マフムード（イバダン大学）が寄せた序文の中に既に観察される。いわく「著者（＝ドゥゼ）は、一九世紀のジャマール・アッ・ディーン・アル・アフガーニーのパン・イスラーム的改革運動と、二〇世紀のネグリチュード主義の唱道者たちとをつなぐ要の位置にいるかのようである」。Duse Mohamed, *op.cit.*, p. ix－x.

（15）なお、ドゥゼ・ムハンマド・アリーが実はエジプト人でもスーダン人でもなく、エジプト出身と装っていたアフロ・アメリカンであったという可能性もむろん皆無ではない。（スーダン史研究者の故G・N・サンダースンやアフリカ研究者のジョン・エドワード・フィリップスによる指摘。）だが、一九世紀の一般的なアフロ・アメリカンがエジプトやスーダンに対してこのように強い関心を抱いていたとは考えにくいため、やはりドゥゼはこれらの国々と何らかの実質的コネクションを有していたと想定すべきであろう。

（16）カサラにおけるジハーディーヤ反乱に関しては、Miura Toru and John Edward Philips (eds), *Slave Elites in the Middle East and Africa: A Comparative Study*, London and New York: Kegan Paul, 2000, pp.197-214 所収 Ahmad Alawad Sikainga, "Comrades in Arms or Captives in Bondage: Sudanese Slaves in the Turco-Egyptian Army, 1821-1865" に詳しい。また、栗田禎子『スーダン近現代史上における「脱部族化した黒人」の役割に関する予備的考察』（『東京都立大学人文学報（歴史）』二三八号、一九九三年）参照。

（17）ラービフの運動の性格に関しては、W.K.R. Hallam, *The Life and Times of Rabih Fadl Allah*, Devon: Arthur H. Stockwell Ltd., 1977 参照。

（18）アリー・アブド・アッ・ラティーフと彼が体現していた「スーダン民族主義」に関しては、Yoshiko Kurita, *'Ali 'Abd al-Latif wa Thawra 1924*（アリー・アブド・アッ・ラティーフと一九二四年革命）, al-Qāhira: Markaz al-Dirāsāt al-Sūdāniya, 1997; 栗田禎子「アリー・アブド・アッ・ラティーフの生涯——スーダン「一九二四年革命」の社会的背景分析の素材として」上・下（『東洋文化研究所紀要』第一五九冊、二〇一一年三月、三九～六四頁、同一六一冊、二〇一二年三月、八七－一一七頁）を参照のこと。

エメ・セゼール『帰郷ノート』におけるネグリチュードの射程

尾崎 文太

どこに存在しようとも、人間を発見し、
人間を求めることがこの私に許されることを望む。

フランツ・ファノン

一 「ニグロ」を代表する《ルプレザンテ》口

一九三九年、エメ・セゼールはその処女長編詩『帰郷ノート』を発表し、ここに「ネグリチュード」という新語が誕生する。同作品において「わがネグリチュードは塔でも大聖堂でもない。それは地の赤い肉に潜り込む（Césaire 1983: 47 / 80-81）」と歌われるネグリチュードとは、なにより歴史的にその人間性を否認されてきた「ニグロ」の自己意識の確立を可能にする概念であった。本稿では、『帰郷ノート』におけるニグロのアイデンティティ探求の旅の道程を追いながら、セゼールのネグリチュードの持つ射程をみてゆきたい。

　『帰郷ノート』の序文において、アンドレ・ブルトンはセゼールを「人間の尊厳の模範」と表現した（Breton: 80 / 10）。ブルトンによれば、セゼールは「正しく言わなければならないこと」を「この上ない高邁さ」で言う能力を備えた詩人である。すなわち、セゼールの詩の内容は黒人が言わなければならないことであり、さらにはそのネグリチュード詩の特殊性は「全人類」が言わなければならないことの次元へと昇華される。

　奴隷制と植民地主義の歴史の中で、ニグロは自らの言葉を失い「反抗の叫びを素通りしてしまう［……］無言の群集（Césaire 1983: 9 / 24）」であった。そのような状況の中で、沈黙するニグロのために言葉を取り戻し、彼らの叫びを代表すべき「偉大なる黒人詩人」の登場が待たれる。かくして『帰郷ノート』の一人称の語り手は、高らかに次のように宣言する。

> 私の口は、口を持たぬ諸々の不幸の口となるだろう、私の声は、絶望の牢獄で打ち沈む諸々の声の自由となるだろう（同書：22 / 41）。

ここにおいて『帰郷ノート』の語り手は、「口を持たぬ諸々の不幸」であるところのニグロの民衆を超越的に代表する「口」を獲得する。彼らの無言の叫びは、語り手の「口」によって初めて可視化される。かくしてセゼールの詩において「私」は超越的に「われわれ」を導き、「われわれ」を代表する存在となる。

　われわれはここで、ガヤトリ・スピヴァクが『サヴァルタンは語ることができるか』の最後において下したひとつの結論、すなわち「サヴァルタンは語ることができない。代表《リプレゼンテーション》の作用はいまだ衰えていない」という一節を想起するかもしれない。確かに、「口を持たぬ諸々の不幸」の代表者としてのセゼールの立場については、批判的に考える必要性があろう。しかしながら本稿の目的は、セゼールの詩の「代表の作用」を批判的に検証し、口を持たぬ諸々の不幸の「沈黙を測定する」ことではない。そうではなくわれわれが目的とするのは、むしろセゼールの持つ、ニグロを代表する能力、ネグリチュードの導き手としての可能性を詳細に分析することである。それは言い換えれば、ポスト・セゼールの世代の作家であるマリーズ・コンデの次のような告白の意味を探ることにもつながるであろう。

> もしセゼールがいなかったら、私が作家になっていない

ことは確かです。私は現在の私ではないでしょうし、私のアイデンティティと私の真正さを否定しようとする勢力に対抗して、この世界の中に自分の位置を定めることもできなかったでしょう（Condé: 95 / 115）。

セゼールの言葉は、自らの存在意義を見失っていた黒人たちに、その「アイデンティティ」を保証すると同時に、「世界の中に自分の位置を定めること」を可能にした。われわれは、そのようなエメ・セゼールの思想を取り上げ、それが黒人世界に、ひいては世界一般に与える影響を確認し、彼のネグリチュードが持つ可能性の地平を分析してゆく。

二　ニグロの特殊性から、高次の普遍性へ

現在「ネグリチュード」という語を『プチ・ロベール』で調べると「黒人種に固有の性質、思考法、感受性の総体［傍点引用者］」と定義されている (Le Petit Robert 1, 2003: 1791)。ネグリチュードは何より、黒人の、より正確には「ニグロ」という歴史的存在の固有性、あるいは特殊性として定義される。恒川邦夫が「ネグリチュードは基本的に植民地体制の中で不当に抑圧され、貶められた黒人種の〈矜持〉を回復するための（恒川：125）」思想であると解説しているように、ネグリチュードは第一義的に、歴史的に劣等性、否定性のレッテルを貼られたニグロという存在の尊厳と矜持を認め、固有の存在意義を持つ肯定性への逆転を図る試みであった。

　しかしながらわれわれは、セゼールの思想を考える時、彼のネグリチュードが決して「ニグロ」という閉じられた特殊性の内部での尊厳や矜持に固執するものではなかったという点を看過してはならない。もしセゼールにとって「Black is beautiful」という標語がもっぱら黒人種という限定的存在の内部での美のみを称揚するものだったとしたら、彼のネグリチュードはたちどころに狭小なセクト主義に堕していたであろう。そうではなく、セゼールがニグロという歴史的存在の特殊性を引き受けるのは、彼が、その特殊性の先により高次の普遍への自己開放を想定しているからである。

　ネグリチュードの射程をその特殊性と普遍性の両側面から分析した思想家がジャン＝ポール・サルトルである。サルトルによれば、ネグリチュードの詩人とは「過去の特殊精神と［……］未来の普遍精神との間の分水嶺を歩む人間（Sartre: XLII / 192）」であるとされる。そしてこのサルトルの予言に呼応す

るように、セゼールの『帰郷ノート』において、ネグリチュードの特殊性と〈世界〉の普遍性は調和を志向する。それらは背反する対立概念ではなく、連続した二極であり、相互にどこまでも開かれた関係性を形成する。

『帰郷ノート』の語り手は、ニグロである自己を世界内存在として打ち立てるために、自らの特殊性を引き受けなければならない。しかしながらニグロの特殊性とは、決してア・プリオリに決定されたものでも人種の生物学的属性の本質でもなく、あくまで固有の歴史状況によって課された特殊性である。語り手は「私は引き受ける、すべて、全面的に」と宣言する。「われわれは決して八百頭の駱駝を従えたガーナの王ではなかった。［……］われわれが打ち立てた唯一の文句なしの記録は、鞭打ちに堪え抜いたことだけだ（Césaire 1983: 38 / 67）。」このように、ニグロに課せられた受難の歴史を掘り下げそれを引き受けることによって獲得された自己意識は「苦しみのコンパスで計られたネグリチュード（同書：56 / 95）」にほかならない。そしてそのネグリチュードの特殊性は、次に〈世界〉の普遍性へと開かれる。詩の終結部において、語り手は〈世界〉に呼びかける。

> 抱きしめよ、私の純粋さはあなたの純粋さとしか結びつかない　さあ、抱きしめよ［……］われわれの様々な色の純粋さを　私の黒い震えを世界の臍そのものに縛りつけよ　縛れ、私を縛れ、荒ぶる友愛よ（同書：64-65 / 109）

ネグリチュードは最終的に、〈世界〉に対する呼びかけの態度として現れる。「私の純粋さ」は、決して「私」の「黒い震え」の内部に閉じられた純粋さではない。それは「あなたの純粋さ」へと、「様々な色の純粋さ」へと、さらには「世界の臍」へと開かれた純粋さである。ネグリチュードの特殊性はその個別的限定を越えて、「世界」の中での「様々な色の純粋さ」の連帯を模索する。そしてセゼールにとって、この特殊性と普遍性の間の相互的関係性を保証する鍵概念こそが「荒ぶる友愛」であった。

セゼールにとって、ネグリチュードはその特殊性の内に自己を限定することを潔しとしない。また同時に、偽の普遍との妥協に満ちた協定を結ぶことも許さない。彼はこのことを、一九五六年にフランス共産党書記長モーリス・トレーズへ宛てた手紙の中で、雄弁に主張している。

> 私は狭小な特殊の中に埋没することはありません。しかしながら、肉付きのない普遍主義の中で自己を見失うことも望まないのです。［……］私の考える普遍とは、［……］あらゆる特殊なるものに満ち、あらゆる特殊なるものの深化と共存に満ちるような普遍です（Césaire 1956: 15 / 66-67）。

『帰郷ノート』の最終場面で高らかに歌い上げられた、豊かな諸々の特殊性（「様々な色の純粋さ」）と真の普遍性（「世界の臍そのもの」）の間の調和は、そのまま『手紙』においてモーリス・トレーズに投げかけられた、「あらゆる特殊なるものの深化と共存に満ちるような普遍」の主張に結びつく。狭小な普遍主義は個別の特殊性を捨象し白い普遍への同化を強要するが、セゼールはそのような同化は従属の同義に過ぎないとして決然と否定する。セゼールの想定する高次の普遍は、個々の特殊性の豊穣を犠牲にすることはない。

しかしながらそれならば、ネグリチュードの主体である「ニグロ」とはどのように定義される存在なのであろうか。〈世界〉に開かれ、〈世界〉と相互的関係を結ぼうと志向する「ニグロ」とは具体的には誰なのか。

セゼールがネグリチュードを説明する時、彼は「私はニグロであり私はそのことを知っている。私はニグロであり、他のあらゆるニグロとの連帯を感じている（Césaire 1993: 203）」と語るが、その「ニグロ」が誰を指すのかの限定的な定義は与えない。ニグロであることの認識、他のニグロとの連帯、セゼールのネグリチュードの根幹にあるのは正しくそのような意識であるが、同時に彼は「ニグロ」をなんらかの本質的総体に還元することを避ける。セゼールにとってのネグリチュードは、なにより、ある歴史的条件がひとつの人間集団に課した「生体験の総和（Césaire 2003: 15）」であった。そこで重要となるのは生物学でも肌の色の心理学でもなく、「歴史の最悪の暴力を耐え忍び」、「周縁化され抑圧されてきた（同書：15）」ひとつの人間集団に属するという事実だけである。セゼールは、そのようなネグリチュードが形成する「われわれ」について、極めて明確に次のように説明している。

> われわれは［……］ひとつの特殊な共同体を形成しています。［……］それはまず抑圧を耐え忍んだ共同体であり、排除を強要された共同体であり、根深い差別を経験した

共同体です。もちろんまた［……］それは、抵抗を続け、自由のための闘いをあきらめず、不屈の希望を持つ共同体でもあります（同書：16）。

この一節は一九八七年にマイアミにおいて行われた講演からの引用であるが、同講演においてセゼールは、被抑圧状況にあるアメリカの白人さえも「もうひとりのニグロ」と認めている（同書：15）。セゼールにとっての「ニグロ」とは、第一義的にはアフリカに起原を持ち奴隷制と植民地主義という歴史的暴力を経験した黒い肌の同胞を指すものであった。しかしながら彼のネグリチュードは、そのような限定を乗り越え、その人種的特性や肌の色の特殊性の限定を超越したところで、限りなく開かれたものになる射程を備えていた。そこではニグロは「ニグロ」として存在すると同時に、新たな「人間」として存在する。すなわちニグロは、抑圧され、疎外され、その人間としての尊厳を否定されたあらゆる「人間」たちを代表する存在となる。

三　アインデンティティと同胞愛

狭い意味での人種や民族といった限定を超越する射程を備えたネグリチュードにおいて、セゼールは、「民族」という概念に代わるものとして「アイデンティティ」の重要性を強調する。前述の一九八七年の講演においてセゼールは、「民族性《エスニシティ》」という概念にはその語の曖昧さ故に不快な意味合いがつきまとうとして、その代わりに「アイデンティティ」という語を用いることを提案する。この講演で彼はネグリチュード運動の内容を、「われわれのアイデンティティの探求」、「われわれの差異の権利の主張」そして「万人に対するこの権利とわれわれの共同体的人格の承認の要請」と定義している（同書：24）。

しかしながらアイデンティティの問題は同時に、より細分化された利害関係に基づく新たな抑圧や他者への不寛容を生み出し、不信感、反目、分離を再生産する危険性も併せ持つ。実際、セゼール自身もそのことは十分認識していた。しかしながらそれでも彼は、この概念を全面的に肯定することをためらわない。セゼールは、アイデンティティとは決してゲットーのような「制限された領域」ではないと主張する。ネグリチュードが求めるのは、「自己自身をむさぼるような懐古的なアイデンティティではない。そうではなく、世界を食べ尽くすようなアイデンティティ、すなわち過去に再び価値を与えながら未来を準備するためにあらゆる現在に手をのばすようなアイデンティティ」が問題とされているのだ（同書：24）。セゼールは、一九八七年の講演の最後を次のような言葉で締めくくっている。

> アイデンティティに向き合い続けること［……］それは世界に背を向けることでも、世界から分離することでもありません。また未来から遠ざかることでも、共同体の唯我論や怨恨《ルサンチマン》の中に埋没することでもありません。われわれの社会参加《アンガージュマン》を意味あるものにするためには、確かに再び根付くことが重要なのですが、同様に、花開くこと、超越すること、そして新たにより大きな同胞愛を獲得することも重要なのです（同書：27）。

　ここでネグリチュードのアイデンティティとは、明らかに「私」あるいは「われわれ」の特殊性に固執するものではなく、より広い次元へと開放され、他者への呼びかけの準備ができているものであることが分かる。それは自己の範囲を確定するためのものではなく、「世界を食べ尽くす」ためのものである。そしてそのような次元で獲得される「より大きな同胞愛」とは、もはやネグリチュードの内部に限定される同胞愛ではなく、新たな「人間」たちの同胞愛、「様々な色の純粋さ」の間の同胞愛にほかならない。

　セゼールは晩年のフランソワーズ・ヴェルジェスとの対談において、再び同胞愛とアイデンティティの問題にふれる。彼は、〈革命〉以来のフランス共和政が標榜してきた「普遍」と「人権」の概念、そして「自由・平等・同胞愛」という三幅対の標語に新しい視座を導入する。それこそが、「アイデンティティ」の概念である。彼は次のように語る。

> 世界のあらゆる地域は普遍的連帯への権利を持っています。問題となるのは、われわれが人間の存在を信じているか、そして人権と呼ばれるものの存在を信じているかどうかということです。自由、平等、同胞愛に、私は常にアイデンティティを付け加えます（同書：69）。

　フランス共和政の普遍主義において、その市民は公共圏で自らの出自たる民族的アイデンティティを公式に表明することを許されない。しかしながらかつてその人間性を剥奪されたニグロにとって、そのような普遍の中で抽象的「人間」になりきることはできない。ニグロとは特殊な暴力の経験を持つ存在であり、その特殊性を引き受けることによって自らのアイデンティティを確立しなければ、彼はその自己を規定することができない。それゆえセゼールは、ニグロが共和政の公共圏に参入する際も、「自由・平等・同胞愛」の標語に「アイデンティティ」の一語を付け加えるよう要求することをためらわない。これは、共和政が標榜する「普遍」にとっては、革命的な要求である。しかしながらセゼールにとって、自らに固有のアイデンティティを欠いたところに「人間」は存在しない。そして同時に、相互のアイデンティティの尊重を欠いたところに「人間」たちの「同胞愛」は成立しない。セゼールは「私」のアイデンティティ確立の重要性と同時に、普遍的空間において「あなた」が「私」のアイデンティティを承認することの重要性を認めている。

四　結論、あるいは「あなた」に語りかける「私」

ここまできてわれわれは、セゼールのネグリチュードにおいて重要な人称として「われわれ」と同様に「あなた」という次元があることに気付く。すでに確認したように、セゼールの「私」は「われわれ」を超越的に代表しうる存在であったが、同時に「あなた」に対して無限に開かれた存在でもある。なぜなら「私」と「あなた」の間の相互的なアイデンティティの尊重がないところに「より大きな同胞愛」は存在しえないからである。このように考えた時、ジャン＝ポール・サルトルが、白人がネグリチュードの詩を読む際「それがわれわれに宛てて書かれたものではない」ために「他人宛の手紙を肩越しに読むような思いがするだろう（Sartre: XI / 144）」と分析していることは、正しくない。セゼールのネグリチュードが他者たる「あなた」への語りかけを放棄することはない。

確かに『帰郷ノート』の語り手が「私に満足したまえ、私はあなたに満足しない！（Césaire 1983: 33 / 58）」と言う時、それは第一義的には「あなた」が「私」を承認することを要求すると同時に、「私」を承認しようとしなかった「あなた」を「私」が承認することを拒絶しているかのように見える。しかしながらそれならば、詩の終結部で「私はあなたに私の意識とその肉体のリズムを委ねる（同書：64 / 108）」と歌われた一節をどう説明できようか。「あなた」と「私」の間の相互的な承認の回路を閉ざしたところで、いかにして「私」を「あなた」に「委ねる」ことができようか。確かにここで問題となるのは、作品中で「あなた」が指示している対象が何を示すのかという点かもしれない。例えば『帰郷ノート』の序盤で語り手が「私には語ることしかできないけれども、私が語るのはあなたのためなのだ」と宣言する時、ここでの「あなた」は「私の国」と同一であることが明示されている（同書：22／41）。すなわち、ここでの「あなた」はニグロの側に限定される存在である。しかしながら詩の終結部で、語り手が「私の純粋さはあなたの純粋さにしか結びつかない（同書：64／100）」と叫ぶ時、ここでその語りかけが向けられている「あなた」とは、一切の限定から解放されどこまでも開かれた存在として想定されている。すなわち、ここでの「あなた」とは〈世界〉そのものに同一視される人称である。そしてこのような非限定的な「あなた」との間に打ちたてうる関係性を説明する唯一の語が、そのすぐ後に続く「荒ぶる同胞愛」である。

セゼールのネグリチュードは、限定的な総体に還元しえない「われわれ」を代表する口であった。そしてそれは同時に、限定的な総体に還元しえない「あなた」へと無限に開かれた意識でもあった。もちろん、そのような「あなた」の範囲からジャン＝ポール・サルトルの陣営が除外されることはない。われわれは、『植民地主義論』においてセゼールが「それゆえ友よ、あなたの敵は…」と語りかける時（Césaire 1955: 31／147）、彼は「友」たる「あなた」、すなわちヨーロッパ人に対して語りかけ、「あなた」の植民地主義の罪を断罪しながらも、同時に「あなた」の救済を試みていたという事実を思い出さなくてはならない。

以上のことは、ネグリチュードが常に自らの限定を超越する準備ができており、畢竟、ネグリチュードは新しい人間主義《ヒューマニズム》へと昇華される契機を内包していたという事実の確認にほかならない。それは、自らのアイデンティティの堅持と「あなた」への自己の開放のどちらも諦めない態度である。

確かにわれわれは、二十一世紀の現在においてセゼールのネグリチュードの理想を顧みると、やや単純過ぎるという印象を持つかもしれない。しかしながら、経済的なグローバリゼーションによって〈世界〉が暴力的に一元化されてゆく一方で、その裏側では「アイデンティティ」の名の下に〈世界〉が際限なく分離し断片化している状況を認識するにつけて、セゼールのこの単純かもしれないが力強いネグリチュードの思想、その特殊と普遍の調和の理想、そして来るべき新たな人間主義と同胞愛の展望について思いを向けることは、決して無意味ではないように思われる。グローバリゼーションとポストコロニアル状況のただ中でこそ、ネグリチュードの思想の再評価が求められている。

参考文献

（邦訳のあるものは訳出にあたって参考にし、本文中の引用箇所では、原文の頁の後に邦訳の頁も示してある）

- André Breton, « Un grand poète noir », in Aimé Césaire, 1983.（「偉大なる黒人詩人」in エメ・セゼール、『帰郷ノート／植民地主義論』、平凡社、一九九七）

  Aimé Césaire:

  -*Discours sur le colonialisme*, Présence africaine, 1955.（エメ・セゼール、一九九七、前掲書）

  -*Lettre à Maurice Thorez*, Présence africaine, 1956.（『モーリス・トレーズへの手紙』in『現代思想』1, 1997, vol.25-1）

  -*Cahier d'un retour au pays natal*, Présence africaine, 1983.（エメ・セゼール、一九九七、前掲書）

  -« Entretien avec Césaire » in Lilyan Kesteloot, Barthélemy Kotchy, *Comprendre Aimé Césaire / L'homme et l'œuvre*, Présence africaine, 1993.

  -*Discours sur la négritude,* Conseil général de la Martinique, 2003.

  -*Nègre je suis, nègre je resterai / Entretiens avec Françoise Vergès,* Albin Michel, 2005.

- Maryse Condé, « Si Césaire n'existait pas… » in Annick Thébia-Melsan (éd.), *Aimé Césaire / pour regarder le siècle en face,* Maisonneuve & Larose, 2000.（『越境するクレオール／マリーズ・コンデ講演集』、岩波書店、二〇〇一）
- Jean-Paul Sartre, "Orphée noir" in Léopold Sédar Senghor (éd.), *Anthologie de la nouvelle poésie nègre et malgache de langue française,* Quadrige/PUF, 2005.（「黒いオルフェ」in ジャン＝ポール・サルトル、『植民地の問題』、人文書院、二〇〇〇）
- 恒川邦夫、「ネグリチュードとクレオール性をめぐる私的覚え書き」in『現代思想』、前掲書

フランツ・ファノンの実存主義
——疎外論批判からナショナリズム批判へ——

小田 剛

1 はじめに——「出来事への思考」に向けて

今ここから遥か遠いところで起きた出来事について、私たちは何を考えることができるのか。二〇一一年の前半、アフリカ・中東で革命が遂行された。こうした、にわかには想像もつかない出来事を前にしたとき、私たちは何を考えるべきなのか。そもそも、これは、考えるべきことなのか。私たちには関係のないものとして無視すべきことなのか。あるいは、かりに考えてみたとして、それは真の意味で思考したといいうるのだろうか。いずれにしても、今、私たちは何を考えるべきなのか。

この出来事への思考に導きの糸を提供する思想家がいる。『革命の社会学』と『アフリカ革命に向けて』という著作を書いたフランツ・ファノンである。二〇一一年、死後五〇年を迎えた彼は、アフリカからきわめて遠い、カリブ海に生まれ、フランス、アルジェリアと「移動」し、アルジェリア「革命」を前にしてテクストを書き継いだ。彼の残したテクストには、出来事を前にして、悩み、葛藤する言葉が並ぶ。私たちは、彼のテクストを出来事への思考の糧とすることができるだろう。

ところが、ファノンは、現在ほとんど顧みられていない。周知のように、彼の主要著作『黒い皮膚・白い仮面』は黒人差別を、『地に呪われたる者』はフランス植民地主義を、それぞれ苛烈に批判した書物として読まれてきた。その著作は、人種差別、植民地主義の問題が、全世界的な政治的な課題として考えられていた当時、アジア・アフリカなどの第三世界にだけではなく、世界中に読者をもっていた。だが、当時と現在の状況は、同じではない。その言葉が受け止められる状況そのものがなくなった今現在、彼の著作が読まれなくなったのは必然といえるかもしれない。

しかし、著者には理由はこうした客観的なものだけではないように思われる。ファノンはフランスでは忌避され、不在化されている。このような印象をどうしてもぬぐい去れない。たとえば、平均的なフランス人は、同じ島出身のエメ・セゼールの名は知っていても、ファノンの名はほとんど知らない。著者がファノンを知っている人物にやっと会えたと思っても、彼の名はどこか遠ざけられていた。日本でもファノンについて似た反応を感じたことはあったが、フランスでの反応にはどこか感情的なところさえあった。

フランスには、現在、第三世界に出自をもつ多くの人々が住み、表面的には見えない多くの問題が存在する。彼の思想をとりあげることは、とりもなおさず現在のフランスが抱える人種問題、植民地問題を掘り起こす作業にほかならない。人種差別批判、暴力論の思想家として知られているファノンの名を想起することは、その問題が一気に噴出して、ただちにフランス人としての有責性が問われざるをえない。「歴史の地層深くに安置されておくべき思想」。あるいはこう思われているのかもしれない。

しかし、それらの反応はほとんどがファノンの思想の誤読の上に成り立っている。そのように彼の思想を解釈することは、正反対のものとして受け取ることになるとすらいえる。彼の思想は「黒人として」苛烈なまでに告発した、「民族主義」に加担した黒人思想家のものとして受容されてきた。だが、ファノンは、「黒人」「民族主義者」などの当事者として語る限界からその思想を組み立てている。問題の当事者ではない人間にも開かれた思想である。けっして私たちとは何の関係もない、特殊な思想家の特殊な思想ではない。

本稿ではこの展望のもとに、彼の主著『黒い皮膚・白い仮面』と『地に呪われたる者』の再読を試みる。これまでテクストを読む際の前提とされた黒人思想家ファノン像を一度括弧にいれ、彼の思想を思想史に正確に位置づけながら読んでいくことにする。

ファノンのテクストは出来事への思考の集積体である。人が圧倒的な出来事を前にしたとき、問いが連鎖的に生起する。何が起きたのか。それはいつ始まったのか。すでに終わったことなのか。あるいは終わってはいないのか。状況をかえるために何を考え、何をなすべきなのか。当事者やそれ以外の人間とどのように連帯することができるのか。本稿は、ファノンのテクストにそうした思考を読み、開いていくための作業仮設である。

2　実存主義者としてのフランツ・ファノン

「フランツ・ファノンの思想はある種の実存主義である」。『黒い皮膚・白い仮面』を少しでも知るものなら、この命題はいささか奇異に思われるかもしれない。それはいわゆる黒人思想家ファノン像と逆立するものだからだ。この著作は、かつての第三世界において広く読まれ、アメリカの黒人運動、ヴェトナム戦争、中国の文化大革命、五月革命などの時代風潮と共鳴しつつ被抑圧者の異議申し立ての武器として受けとられた。ファノンはこの時代状況のなかで白人の実存主義の思想家サルトルを対決的に論じている。したがって、この著作は「黒人である」ファノンが白人のサルトルを批判した著作と解されてきた。

ここに『黒い皮膚・白い仮面』の幸と不幸がある。サルトルを相手取ることはこの著作を一躍有名にしたが、他方、これが彼の思想内容を把握する作業が立ち遅れてきた原因ともなってきた。この著作で実質的になされているのは、サルトルの実存主義を彼なりに練り直して、思想を再構築する作業である。この著作のいわば盲点ともいうべき、ファノンの実存主義の負荷をおさえることがなければ、彼の思想を黒人差別を訴えるだけの特殊な思想とみなし、その思想の根幹をとらえそこなうことになるだろう。(1)

ファノンは、はたして実存主義と、どのような形で出会ったのだろうか。『黒い皮膚・白い仮面』の第五章「黒人の生体験」ではファノンと実存主義との出会いが語られている。だが、著者ファノン自身のフランスにおける差別の体験の強烈な描写によって、黒人差別の厳しい現実を訴えたものとして解釈されてきた。それがこのテクストを正確に読む際の盲点を作り出しているのである。

「ニグロ野郎！」あるいは単に、「ほらニグロだ！」。私は事物に意味を担わせるつもりでこの世界に生まれてきたのであった。私の心は世界の根源に存在したいという欲求に充ち溢れていた。ところが私は他の数多くのもののうちのひとつにすぎぬ自分を発見したのだ。［…］他者は身振りや態度やまなざしで私を着色する。染料がプレパラートを着色・固定するように。私は激昂し、釈明を求めた……。なにをしても無駄だった。私はこなごなに砕け散った。以下はもうわたしが拾い集めた私の破片である。(2)

このような一節を読むとき、私たちは黒人であるファノンの黒人としての不条理な生い立ちを想像する。幼年期からつらい差別を受け、ついに彼は黒人の差別を訴える「黒人思想家」としての自己生成を果たしたと想像をすることになろう。だが、事実はそのようなものではない。海老坂武の『フランツ・ファノン』などの伝記的研究が示すように、ファノンは、幼い頃から青年期に至るまで、黒人差別の問題を真剣に考えたことはなかった。(3) 彼は白人による差別がほとんどないマルチニック島に育っているからである。

驚くべきことに、ファノンはその青年期、後に彼を排除して差別する「フランス国民」としての自己意識を強くもっていた。島民のほとんどが黒人のマルチニック島に生まれた彼は、ある時期まで、黒人差別の問題に直面しなかった。さらにこの島では、他の黒人たちよりも開化しているという説があり、高い教育を受けたファノンはそれを素直に信じることができた。青年期に至った時の彼は自分を他の黒人（たとえばアフリカの植民地の他の黒人）よりも、優秀な「フランス国民」とみなしている。

しかし、その信念は現実を前に徐々に蝕まれていく。ある時期まで、ファノンは自らを普通の「人間」だと信じていたが、それが崩壊する。ファノンは第二次世界大戦中に青年期の終わりを過ごした。彼は「フランス国民」としての自意識を強く持ち、ドイツ占領下にあった祖国を救うべく軍隊に入りアフリカに向かい、ド・ゴール将軍率いる自由フランス軍に従軍した。だが、軍の規律ではすべての黒人は白人より劣等みなされる。そこでは、優秀な黒人を輩出するマルチニック出身であることなど誰も意に介することはないどころか、「人間」としてではなく、「もの」のように扱われたのだった。

このときファノンの自己意識に入った傷は、小さなひび程度のものにすぎなかったかもしれない。そもそも、戦争は「人間」を「人間」とはみなさない非日常の場だからである。しかし、ファノンの自己意識は、フランス本土に来て日常生活をはじめたとき、亀裂が入り、彼の言葉を借りれば、「こなごなに砕け散」る。フランスのリヨンで医学生として生活を開始したファノンは、道を歩いている途中に突然ニグロという「もの」として扱われる経験をする。『黒い皮膚・白い仮面』では次のように描かれている。

ニグロはけものだ。ニグロは性悪だ。ニグロは悪賢い。ニグロは醜い。おやニグロだ、寒いな、ニグロが震えている、ニグロは寒いので震える。子供はニグロが怖いので震える。ニグロは寒さに震える、背中がぞくぞくする寒さに、かわいらしい子供はニグロが怒りに震えていると思って震える、白人の子供は母親の腕の中にとびこむ。ママ、ニグロに食べられちゃう。(4)

このようにして突如として、彼を襲った差別を前にしてファノンが「ネグリチュード」に救いを求めたのは自然な流れだったと言える。彼の先輩世代であるネグリチュード詩人たちは、黒人の差別語である「ニグロ」を肯定的に使用し、歴史的に貶められてきた価値の復権を目論んだ。詩人は、白人によって不当な扱いをされてきた黒い皮膚こそ美しいと主張し、白が優位とみなす従来の価値の転倒を試みた。合理主義によって自然を忘れた白人よりも、アフリカの自然と結びついた黒人のほうが良い、と主張した。

ところが、自尊心の回復のためにすがった「ネグリチュード」も、また無力であった。ネグリチュードは、ファノンの自尊心の回復に一定の効果をもたらしたが、それは現実の前では何の力ももたなかった。「ネグリチュード」は「フランス国民」と同じく言葉でしかない。それはただの観念の遊戯でしかないということを痛感させられるのである。ファノンが、ネグリチュード詩人のように白人に対して合理や不合理を持ち出したとしても、結局無駄であった。ファノンは、「白人は私の非合理には合理を。合理には『真の合理』を持ち出してきた。どうやっても私の負けだった(5)」と言う。

この二度目の挫折の後にファノンはサルトルの実存主義思想に出会う。このことをファノンは、感情的な表現で描いている。「私は自分の最後のチャンスが盗みとられた(6)」と書くほどの強烈な、内面的な葛藤をともなう出会いである。白人よりも劣位の状態にある黒人のファノンが白人のサルトルの言葉を、葛藤なく受け止めることはありえない。実際、第五章「黒人の生体験」にはサルトルの思想を受け入れることの抵抗が認められる。

しかし、それをただの感情的な否定と解釈してしまえば、この葛藤の後にファノンが模索し、この著作中で組み立てている論理を読むことはできなくなってしまうだろう。

白人対黒人の構図を一度捨象して考えたとき、ファノンと実存主義の出会いはある意味で必然的であるとすらいえる。「フランス国民」として、「ニグロ」としての挫折の経験は宿命的に彼を実存主義的思考に導くようにすらみえる。[7] 実存主義は自己を「Xである」と表現しない。「フランス国民」や「ニグロ」といったように自己を属詞的に表現しない。自己を「X」といった本質と同一視せず、「ある状況にある」と思考する。たとえば、ファノンの読んだサルトルの『存在と無』では、「Xである」という自己意識は、自己そのもの、他者、世界によって絶えず問い返され、自己差異化の状態にあると思考する。

この実存主義的な思考においては、「ニグロである」ことが彼のすべてではなく、彼の存在を規定する本質でもない。現在、そう呼ばれる状況にあり、変化しうるものと考える。

たとえば、『黒い皮膚・白い仮面』の結論部に見られる次の一節は、実存主義思想の要約とも読みうるし、ファノン思想の要約とも読みうる。

私は歴史の虜ではない。私は歴史のうちに私の運命の意味をさがすべきではない。私は、真正な飛躍は実存のなかに発明を導入することにあることを絶えず想起すべきである。私の歩み続ける世界のうちで、私は倦むことなく自己を創造していく。[8]

ファノンの思想のベースにあるのが実存主義であるとすれば、彼の思想を黒人対白人という構図のなかで表面的に読む作業は不毛でしかない。ファノンの思想は黒人の特殊な境遇が生んだ特殊な思想ではない。そのような読解は、彼の思想史上の意義を見失うだけでなく、真の意味での独自性を捉えそこなうことになる。ならば、実存主義者としてのファノンの独自性を形成しているものとは、何か。これまで見過ごされてきたこの問いを彼に差し向け、読解を試みる作業は必要不可欠である。

この観点から注目すべきなのが彼のヘーゲル解釈である。ファノンがサルトルに対し、激しい抵抗を示したのが、サルトルのネグリチュード論「黒いオルフェ」である。ファノンの批判はその論全体に対する批判ではない。とくに、「黒いオルフェ」のヘーゲル解釈の一部分をファノンは批判する。それは、『黒い皮膚・白い仮面』を執筆当時の彼の関心の核ともいえる部分に触れたからだと思われる。第七章「ニグロと認知」におけるファノンの独特なヘーゲル解釈は、その間接的な応答であり、彼の思想の独自性を形成している。

3 『黒い皮膚・白い仮面』における疎外論批判と政治的連帯の論理

『黒い皮膚・白い仮面』は「黒人差別批判」批判の著作である。しかし、皮肉なことに従来のファノン論の多くが、ファノンの思想を黒人差別を批判した、いわば疎外論として解釈してきた。このような解釈がなされてきたのは、先に見てきたような第五章「黒人の生体験」の鮮烈な黒人差別の描写やサルトルへの感情的ともいえる反論、そして、彼自身の第三世界のスポークスマンとして政治活動がその主たる要因であろう。だが、ファノンの思想は明らかに疎外論批判の構えをもっていると看做しうる。

『黒い皮膚・白い仮面』では白人のなした横暴に対して黒人の立場から批判することの限界が指摘され、この袋小路から脱するための政治的な方向性が模索される。それは先にも述べたヘーゲル哲学批判として展開されている。ヘーゲル哲学は当時のマルクス主義的疎外論の理論的な中心となっており、ファノンは、疎外論批判から出発して、政治的連帯への論理を導こうと試みる。とりわけ、この著作の政治的側面は、ファノンがアルジェリア戦争勃発後に急速に政治化したという神話ともたれあいながら、十分に検討されたことがなかった。しかし、以下に見るように、この著作はすでにして政治的である。

ファノンは、ネグリチュードを疎外論として批判する。疎外論は、ある他者により、私の「X性」が奪われて、本来的な私が疎外されていると考える。その「X性」の奪還を果すための、ビルドゥングスロマン、ないしは聖杯探索的なモチーフを有する。このモチーフはネグリチュードにおける過去に奪われてしまった「アフリカ性」の奪還の試みと同じものであり、ファノンはこれを「現在と未来の犠牲」という言葉で批判する。

私は不当にも無視されてきたニグロ文明を復活させることに絶対に執着するべきではないのだ。私は過去の手先にはならぬ。私は現在と未来の犠牲において過去を賛美することを欲しない。……私は、黒人であるこの私は、絶対的に実存することが可能であるかぎりにおいて、遡及的な償いの世界に立てこもる権利をもたない(9)。

「絶対的に実存する」という言葉からうかがえるように、このネグリチュード批判には実存主義者としてのファノンを垣間見ることができる。サルトルやカミュを代表格とする実存主義は、私の「X性」は絶えず揺らぐものととらえ、それに「執着」することはない。実存主義は疎外論とは根本的に対立した傾向をもつ。ただし、ファノンは単に「実存主義者として」の立場からネグリチュードを批判するわけではない。

この批判に実質的な論理を与えているのは、結論部に先行して書かれる彼のヘーゲル論である。ファノンは、第七章「ニグロと認知」においてヘーゲルの「主人と奴隷の弁証法」の批判を試みる。この弁証法は当時のマルクス主義の理論の中心にあった。奴隷の側にある労働者が主人である資本家側を打倒するという弁証法の図式は、疎外された労働者主体から闘争の論理を導くマルクス主義的な歴史観の保証となっており、この弁証法が一般的な意味での疎外論の源泉になってきた。

サルトルも含めた数多くの思想家たちが第二次世界大戦後に、この弁証法の再読を試みているが、ファノンもその一人である。ファノンは、この弁証法に対して奴隷制撤廃後の黒人の歴史的な「現実」から思考を対置して批判する。

> ある日、(白人の主人)は闘争なしにニグロの奴隷を承認した。
>
> しかし、旧奴隷は自分を承認させることを欲する。
>
> ヘーゲル弁証法の基礎には、ある絶対的相互性がある。
>
> これを強調せねばならぬ。(10)

ヘーゲルは、現実の黒人革命であるハイチ革命から「主人と奴隷の弁証法」を着想したと言われている。ヘーゲルが描いたシナリオでは、奴隷は主人に否定を突き付け、抵抗の末に自らを認知させることに成功し、自己意識を獲得する。しかし、ファノンによれば、「現実の」奴隷制の撤廃にあたり白人側は黒人側の要求を認めたが本来あるべき「闘争」がなかった。そこには「絶対的相互性」が存在しない。したがって、奴隷の承認の欲望は、解消されることはない。着地点のないその欲望は空転し続け、奴隷は奴隷のままなのである。

ここに暴露されているのは「主人と奴隷の弁証法」の観念性だけではない。ファノンはさらに現実の歴史でおきた政治的な欺瞞も暴露している。黒人の奴隷制撤廃には、真の意味での「闘争」がなかっただけではない。その後の植民地では、包摂と排除を同時に進める同化政策が行われた。黒人の奴隷としての実質的な地位は変化がなかったが、その欲望を満たすような偽の承認が与えられた。「主人と奴隷の弁証法」は現実の歴史では真の意味で起こらなかっただけでなく、実質的には欺瞞でしかなかったのだ。

「X性」の奪還のためになされる他者への「反応」は、他者を批判しながら他者に疎外されつづけ、政治的な実効性も認められない。次の引用でファノンは、黒人が白人に「反応」として否定を突き付ける行為が、怨念＝ルサンチマンをため込むことにしか帰結しないことを示唆する。そして、それとは別の政治的な方向性を見出そうとするのである。

> 人間はひとつのノンでもあるのだ。人間蔑視に対するノン。人間の卑賤に対するノン。人間搾取に対するノン。人間にとってもっとも人間的なもの、すなわち、自由の圧殺に対するノン。人間の行動は単に反応的なものではない。それに反応のうちには怨念が混じっている。『権力への意志』においてニーチェはそのことを指摘した。人間世界を作り上げている根本的な価値の尊重をあらゆる面で維持しつつ、人間を行動的ならしめること、これこそが反省の果てに行動に備えているものの、緊急の任務である。(11)

ここにみられるように、ファノンが政治の可能性の中心とみなしているのが「人間」である。あえて確認する必要もないだろうが、ここでの「人間」は人間主義＝ヒューマニズムの文脈で語られる人間と同一のものではない。たとえば、第三共和制下の人間主義の文脈における「フランス国民」の「白人男性」の集合属性を規定する言葉と同じものではありえない。それはファノンが、その青年期に黒人として排除の暴力を受けた側が使用した言葉に他ならないからだ。この「人間」は、ファノンがそれを発する自分に強度の矛盾を感じつつも、あえて発している言葉なのである。

この「人間」に特定の実質は存在しない。それは、黒人として黒人の抑圧状態を語るのとは別の仕方で、政治的な可能性を開くための言葉である。先に見たように、黒人と白人の間に、にわかに、真の意味での「承認」を打ち立てるのは不可能に近い。両者の間には「絶対的な相互性」が存在しないからだ。あるいは、強い贖罪意識をもったごく限られた白人にしか、政治的連帯の可能性は見出せないだろう。しかし、「人間」という点では同じ次元に立つことができ、皮膚の色など様々な条件を越えて、「自由の圧殺に対するノン」を言い、抑圧の状態を語り、連帯を呼びかけることが見込まれる。

　ファノンは黒人の特殊性を掲げて闘争を説くわけではない。また、確固とした普遍的なイメージをもった「人間」に賭けるわけでもない。個人の特殊性や自由を圧殺する普遍性を批判するための、「人間」という開かれた場を指し示すための言葉を使うのである。ここに黒人と白人の間の政治的連帯の可能性が目指されることは、次のようにファノンが提示する「疎外からの解放」というヴィジョンに明瞭な形でうかがえる。

> 黒人であるこの私の欲することはただひとつ。道具に人間を支配させてはならぬこと。人間による人間の、つまり他者による私の奴隷化が永久に止むこと。彼がどこにいようが、人間を発見し、人間を求めることがこの私に許されるべきこと。ニグロは存在しない。白人も同様に存在しない。黒人も白人も、原本的なコミュニケーションが生まれいずるために、彼ら双方の父祖たちのものであった非人間的な声を振り棄てなければならない。真正な道に足を踏み入れるために、自由にとっては、疎外からの解放の努力が残っている。[12]

　ファノンは、ネグリチュード＝黒人性に固執して闘うことをさけ、積極的に手放すことを説いている。ネグリチュードは、白人の側に否定を突き付け、闘争により、奴隷状態の解放を望む。「主人と奴隷の弁証法」の可能性に賭けた闘争と言ってもよいだろう。しかし、前節でみたように、ファノンは、ここに一定の限界を経験している。ヘーゲルの弁証法が前提とする「絶対的な相互性」がない場では、その行為は空転してしまう。その地平で、彼が模索したのが「人間」という仮の、ある意味で無色透明の言葉であり、「自由の圧殺に対するノン」、「疎外からの解放」なのである。

　繰り返しになるが、ここでの「人間」は、普遍性を前提にする「人間主義」の展望におさまるものではない。むしろ、その逆である。「人間」に疎外された者たちすべてが、その普遍的な「人間性」の限界点から、自由が抑圧されることを拒否するために発した言葉である。また、それは自由を求めた連帯をするための一時的符牒でしかない。そこにこそファノンは、白人と黒人の側の連帯のための政治的有効性と絶えず疎外状態にある黒人の自己意識の、同時の解放を賭けたのだと言うことができる。

4 『地に呪われたる者』におけるナショナリズム批判

『黒い皮膚・白い仮面』の思考は、植民地の独立闘争の世界に場面を移して、ナショナリズム批判に至る。この著作の主題はもはや黒人の疎外されている「私」ではない。植民地の暴力的環境にある「私たち」がその主題である。ファノンは、被植民地にいる「私たち」が、植民地の暴力に満ちた世界で、民族主義の「民族」という属性規定に翻弄されて、思考停止に陥っている姿を看取する。この状況にある彼らに政治を呼びかけること。『地に呪われたる者』では、その思考が粘り強く展開されている

しかし、この著作のこの「暴力」の主題は正しく論じられてきたことはほとんどない。この著作でファノンは暴力について語っているが、従来は、これをしてファノンは直接的暴力闘争を主張したと短絡的に理解されてきた。近年においても、B・H・レヴィは、このテクストを「暗殺の徒のバイブル」と名指し、暴力行動への呼びかけであると断じる。その理由は、ファノン自身がアルジェリア独立闘争に関与したという以上のものではない。しかし、これは著者の経歴や歴史的背景と著作の内容を混同するところに成り立っている単純なミスリーディングにすぎない。

『地に呪われたる者』では、たしかに暴力の問題が扱われており、ある種の呼びかけがなされている。だが、それは暴力的な状況のなかで疎外されている民衆に偽の糧として与えられるナショナリズムの陥穽を見抜き、その袋小路から脱するための呼びかけに他ならない。この著作の第一章「暴力」の、以下のような文章において、ファノンは植民地の被抑圧者たちに直接な暴力を呼びかけていると思われかねない文章を書いているが、それはあくまでも、暴力的な状況を自覚することへの呼びかけである。

> 昨日はおよそ責任をもたなかった大衆が、今日ではすべてを理解し、すべてを決定しようとする。暴力による天啓を受けた民衆の意識は、すべての和解に反抗する。こうなると、デマゴーグ、日和見主義者、魔術師の仕事は困難になる。絶望的な格闘のうちに大衆を投げ込んだ実践は、具体的なものへの貪婪な趣向を大衆に与える。(14)

この章のこうした黙示録的な展望は、チェ・ゲバラやマルコムXらとともに、ファノンを暴力による革命論者として著名にした。前節でみたように、ファノンは他者との間にヘーゲル的な「絶対的な相互性」の観点を放棄している。したがって、暴力的行動や解決は、アルジェリア戦争という現実的政治の中で見出した一つの方向だと考えることはできなくはない。植民者と和解が不可能であるという政治的な袋小路の中で、ファノンが、暴力による解決手段に訴えることに踏み切ったと考えることは、ごく自然にも思える。

しかし、テクストを正確に読めば、そうでないことは明白である。とりわけ強調されなければならないのは、ファノンが、ここで述べている暴力は言説ないしは想像力の次元での暴力であるということだ。この第一章「暴力」でファノンがあげている例は、ダンスやサバトで想像上の植民者への暴力的な言辞を吐きつけること、植民者の偶像を破壊することなど間接的な暴力の行使である。

ファノンがなぜ暴力を問題視するのかといえば、それはアルジェリア闘争にかかわりながらも、精神科医として被植民者の治療が関係してくるだろう。ファノンは、植民地の暴力的状況は、個人の内面を侵食していると考えている。植民者側の暴力的な行動によって、被植民者側の抵抗行動が心理的に抑圧されている。そこで想像力次元での暴力の行使が、個々の人間の抑圧を解放する処方箋とみなされるのである。

個々人の水準においては、暴力は解毒作用を持つ。原住民の劣等コンプレックスや、観想的ないし絶望的な態度をとりさってくれる。暴力は彼らを大胆にし、自分自身の目に尊厳を回復させる。(15)

植民地の暴力的状況のなかで、被植民者は自己のアイデンティティを固定化する。植民者によってしばしば振るわれる見せしめの暴力によって、被植民者は自分を被植民者以上の「もの」としてはみないように誘導される。暴力により、植民地の植民者と被植民者の世界が区画される。彼らは被植民者という「もの」として自己をみなし、抵抗には絶望しながら暮らしている。想像力の次元の暴力は、彼らを、別の状況への移行させるための、媒介者である。ここでの論理のベースとなっているのは実存主義である。

第二章「自然発生の偉大と弱点」と第三章「民族意識の悲運」で展開されるナショナリズム批判も、この実存主義の視角から読むことができるだろう。一九五〇年代のアフリカの独立を主に担ったのは、民族主義政党であった。この政党の政治主張は、植民者によって奪われていた「X民族性」の獲得である。しかし、それに固執し、「X民族性」なき「人間」主義に転化しなければ、民族そのものを袋小路に導くとファノンは説く。民衆全体の自由をもとめて動きつつある意識、すなわち実践が重視される。

民衆に民族主義という糧のみを与えるブルジョワジーは、己の使命を怠り、必然的に災難に巻き込まれる。民族主義は、もしそれが急速に政治的・社会的意識に人間主義にと転化しないならば、袋小路へと人を導くことになる。……民族の生きた表現とは、民衆全体の動きつつある意識だ。それは男たち女たちの、一貫した、明晰な実践だ。(16)

ファノンは『黒い皮膚・白い仮面』で記述した奴隷制撤廃後の「主人と奴隷の弁証法」の政治的な欺瞞をこの考察の下敷きとしている。植民地独立闘争において民族主義政党が、勝ち取った独立は、闘争を経たものではなく植民者側によって与えられたものであった。民族主義政党の担い手の民族ブルジョワジーは、意識レベルで奴隷としての自己意識を脱していない。民族主義政党は植民地の宗主国と癒着した傀儡政党でしかなかった。結局、植民者の皮膚の色を変えたことにしかならなかった。いうなれば、植民地はその独立後も真の意味では解放されておらず、奴隷のままだということである。

この批判の矛先が向けられるのは民族主義政党だけではない。第四章「民族文化について」では、原住民文化人が呵責ない批判の対象となる。植民地主義は被抑圧民族の歴史を支配のために捻じ曲げ、ゆがめようとする。原住民文化人は、この植民地主義に対し民族文化の復権要求、文化の存在確認を戦場とする。しかし、そこに出来上がった文化産物は、白人の目を意識したものでしかなく、アフリカという特殊主義の一覧品を作り上げるものでしかない。ファノンは、彼らの文化的営みが自らの疎外状況を糊塗するものでしかなく、実際の民衆の乖離したものであるとする。

〔民族文化とは〕今日の民衆の現実とはますます乖離していくあの沈殿物ではない。民族文化とは、民衆が自己を形成した行動、自己を維持した行動を、描き、正当化し、歌い上げるために、民衆によって思考の領域においてな

される努力の総体である。(17)

ファノンにとって文化や民族意識は守るべき存在としてはみなされない。過去の延長にある現在を生きながらも、過去に縛り付けられることなく、むしろ、それを未来のために手放す意識を持ち、行動する民衆が生み出すものである。ファノンにとって、文化とは、過去と未来との緊張関係の中に自らを置き、行動をする民衆の自己意識が作り上げるものの総体である。ファノンはこのような「民族意識の内奥にこそ、インターナショナルな意識が高まりゆき、活気づいてゆくのだ。そしてこの二重の噴出こそ、つまるところはあらゆる文化の源にほかならない(18)」と述べている。

ファノンが、政治的な実践の可能性の中心とみなすのがここでもやはり「人間」である。これは、『黒い皮膚・白い仮面』のそれと同じく当然「ヒューマニズム」の次元で語られる人間ではない。「抑圧に対してノン」を言うための連帯の符牒である。その人間は、ここでは、より具体的な像を与えられる。たとえば、以下のように機械や労働を中心の現代文明のなかで暴力的なまでに抑圧されつつも、新たなプロジェクトに参加し、それを遂行すべく歩き続ける「人間」の姿をファノンは描いている。

〈第三世界〉は今日、巨大なかたまりのごとくにヨーロッパの眼前にあり、そのプロジェクトは、あのヨーロッパが解決をもたらしえなかった問題を解決しようと試みることであるはずだ。だが、この場合に、能率を語らぬこと、仕事の強化を語らぬこと、そのリズムを語らぬことが肝要だ。否、〈自然〉への回帰が問題ではない。問題は非常に具体的に、人間を片輪にする方向へ引きずって行かぬこと、頭脳を磨滅し混乱させるリズムを押しつけぬことだ。追いつけという口実のもとに人間をせきたててはならない、人間を自分自身から、自分の内心から引き離し、人間を破壊し、これを殺してはならない。否、われわれは何者にも追いつこうとは思わない。だがわれわれはたえず歩きつづけたい、夜となく昼となく、人間とともに、すべての人間とともに。(19)

ファノンが主張するのは、直接的な暴力行動へ呼びかけではない。暴力的な状況の中で精神的に殺されかけている人間に、その自覚を呼びかけることである。具体的には、植民地のなかで思考停止の状態に陥っている被植民者の同胞に対して、ナショナリズムとは異なる新たなるプロジェクトを開始することへの呼びかけである。実存主義は「私」を絶えず再創造する思想であるが、それがこの著作にあっては、「私たち」の再創造へと転化している様子を見届けることができる。

またこれは直接的には、第三世界の植民地で、「生きながらにして死んでいる」被植民者に向けて語られたものである。しかし他方で、これは現代文明のさなかにある私たちにも開かれた呼びかけでもあるはずだ。暴力的な抑圧と支配の中で、自己を再創造する行動への呼びかけという主題が通底するからであろう。いずれにしても、このテクストの豊かな読解可能性はいまだ汲みつくされていないことだけは確かである。

5　結びにかえて——「身体」の問い

ファノンは「黒人」「民族主義」の代表者として主張を語った思想家ではない。実存主義やヘーゲルを彼独自の仕方で、独特な形で受容しながら、それとは逆の方法を模索しながら当時の政治と格闘した思想家である。彼が賭けた「人間」という言葉は、黒人であるという実存をもつ彼にとって、強度の矛盾なしには発することのできないものであろう。しかし、その特殊な立場にありながら、抑圧に抵抗して連帯を求めるその思想は、人種、性別問わず、誰しもが共有することが可能性であるだけに、彼の個人的な黒人という実存を越えて、多くの人々に開かれている。

また、この「人間」を軸にファノンの思想は一貫している。『黒い皮膚・白い仮面』と『地に呪われたる者』の間にあるとされてきた政治的断絶は、この点ではありえないといえる。ところが、ファノンの思想は「呼びかけ」に焦点を合わせたとき、カーブを描いている。ジュディス・バトラーが指摘するように『黒い皮膚・白い仮面』の結語は「自己への呼びかけ」である。[20]これこそが自己を再び獲得し、世界に自己を開いていくもっとも抵抗的な表現である。「おお、私の身体よ、いつまでも私を問い続ける人間たらしめよ！」[21]。この呼びかけは、黒人差別を受け、粉々になった自意識を取りまとめる「私」に向けられているが、『地に呪われたる者』では、暴力的状況にある「私たち」に向けられる。対象が「私」が「私たち」へとシフトしているのだ。

バトラーは、ファノン哲学における身体性の消失と哲学の次元での退行を指摘するが、果たしてそうだろうか。『地に呪われたる者』の第七章「植民地戦争と精神障害」における身体面への着目は『黒い皮膚・白い仮面』の時点の精神分析の考察よりも、はるかに強く深いものとなっている。また、『地に呪われたる者』の暴力の問いは被植民者の身体とは不可分のものであるはずであり、単に身体性の忘却というわけにはいかない。むしろ、ファノンの思想が、サルトル的な実存主義（サルトルの場合は、現象学と存在論の交差点に位置し、独自の「実存主義的精神分析」を展開している）とラカン的な精神分析の交差点に成り立つという点が浮上してくる。

ここで私たちは冒頭の問いを別の形で問い直すことができる。『黒い皮膚・白い仮面』を書いたファノンは、一体、どのようにしてアルジェリア戦争という「出来事」に直面し、この問いを深化させていくのだろうか。呼びかけの対象が「私」が「私たち」へとシフトする過程において、彼の思考に何が起きたのか。そこに、実存主義と精神分析はどのような形でかかわってくるのだろうか。これらの問いをもとにして、私たちは『黒い皮膚・白い仮面』『アフリカ革命へと向けて』『革命の社会学』『地に呪われたるもの』を読み、彼の「出来事への思考」をより開いていく必要がある。

（1）もちろん、これまでこうした試みが完全になかったわけではない。ファノンの実存主義的な負荷を検証しようと試みたものとして、L.R. Gordon, *Existence in Black : an anthology of Black existential philosophy*, Routledge, 1997. Jonathan Judaken(éd), Race after Sartre, Suny, 2008 などが挙げられる。ただし、両者ともに哲学の理論的な側面に注目した研究とはなっていない。

（2）フランツ・ファノン『黒い皮膚・白い仮面』、みすず書房、一九九八年、海老坂武・加藤晴久訳、一二九頁（翻訳の引用に関してはすべて本文をそのまま使用させていただいた。以下、引用時は著作名とページ数のみを記す）。

（3）海老坂武『フランツ・ファノン』、講談社、一九八一年、七二―九四頁を参照。

（4）『黒い皮膚・白い仮面』、一三四頁。

（5）『黒い皮膚・白い仮面』、一五五頁。

（6）『黒い皮膚・白い仮面』、一五六頁。

（7）アルベール・メンミは決定的ともいわれるファノン論において、ファノンの人生を「アイデンティティの模索と挫折の連続」として否定的形で描き出している。彼は常に居場所を持つことに失敗してきたというわけである。しかし、それはファノンが実存主義的な人生を生きたということにすぎない。いずれにしても、ファノン思想の評価はこの実存主義という点から出発して論じる必要がある。Albert Memmi, « La vie impossible de Frantz Fanon », in *Esprit*, 1971, septembre, p.267

（8）『黒い皮膚・白い仮面』、二四七頁

（9）『黒い皮膚・白い仮面』、二四四頁。

（10）『黒い皮膚・白い仮面』、二三五頁

（11）『黒い皮膚・白い仮面』、二四〇頁。

（12）『黒い皮膚・白い仮面』、同前、二四九頁

（13）ベルナール＝アンリ・レヴィ『サルトルの世紀』石崎晴己監訳、藤原書店、二〇〇六年、七六〇頁。

（14）フランツ・ファノン『地に呪われたる者』、みすず書房、一九九六年、鈴木道彦・浦野衣子、九三頁（以下、引用時は著作名とページ数のみを記す）。

（15）『地に呪われたる者』、九三頁。

（16）『地に呪われたる者』、一九六頁。

（17）『地に呪われたる者』、二二七頁。

（18）『地に呪われたる者』、二四一―二四二頁。

（19）『地に呪われたる者』、三一二頁。

（20）Judith Butler, « Violence, Nonviolence - Sartre on Fanon », in *Race after Sartre*, éd. Jonathan Judaken, Suny, 2008, p.144. ジュディス・バトラー「暴力、非暴力――ファノンにおけるサルトル――」尾崎文太訳、『Quadrante』No. 12-13所収、二〇一一年、東京外国語大学、二四〇頁。

（21）『黒い皮膚・白い仮面』、二五〇頁。

フランスの移民と左派――共闘の条件と課題

森 千香子

はじめに

フランスは一九世紀以降、多くの移民を受け入れてきた。移民の出身国は時代によって異なり、二〇世紀前半まではベルギー、イタリア、ポーランド、スペインなどのヨーロッパ諸国、第二次大戦後は北アフリカ、サハラ以南アフリカなどヨーロッパ域外の旧植民地の出身者が多い。しかしどの時代にも共通するのは、移民の大半が労働者あるいはその家族だったという点だ。彼らは工業地帯として発展した大都市郊外に居住した。

この点をふまえると、移民運動と、労働運動をはじめとするフランス左派による社会運動の間には密接な関わりがあるに違いないと思われる。実際、歴史家のジェラール・ノワリエルによれば、一九三〇年代から一九六〇年代にはロレーヌ地方や北部、南部の工業地帯や炭坑でイタリア、ポーランド、ベルギー出身の移民労働者が労働運動の中核をなし、組合などで中心的役割を果たし、左派政党で活躍することがよくあった。つまり、この時代の移民労働者はフランス労働運動の中心的アクターでもあった。そして左派は移民が政治に参加する際の回路として一定の役割を果たしてきた。

ところが高度成長期に増加した旧植民地出身の移民には、この回路が機能しなかった。たしかに一九八〇年代前半までは、反人種差別運動などにおいて移民と左派の間に一定の連携がみられたが（一九八一年に社会党ミッテランが大統領に選出された際に、移民運動が大きな役割を果たしたことはその一例だ）、かつてのヨーロッパ出身移民のように、旧植民地出身の移民が左派の運動や政党で中心的な役割を担うことはほとんどなかった。現在でも移民の大半が労働階級をはじめとする社会の底辺に位置づけられているが、こうした運動や組織において旧植民地出身移民の参加の割合は低かった。「移民なら左派にコミットする」という、かつてのイタリア移民には当てはまった図式が、今日の旧植民地出身者には成り立たなくなっているのである。以下では、このように左派が移民に対して求心力を失っている現状とその背景について考察を行う。

1　移民の「政治離れ」？

かつての移民の労働運動への強いコミットメントと、今日の社会運動と移民の距離感——こうした現在と過去の断絶については様々な解釈が存在する。その一つに、一九七〇年代から進行したグローバルな変化に原因を求める分析がある。低成長時代に突入したフランスでは企業の生産拠点の海外移転が相次ぎ、こうした脱工業化の中で国内労働者の失業が増大し、中でも移民労働者の失業率はフランス国民の二倍以上を記録した。こうして労働者から失業者に転落する移民が増えたために、労働運動への参加が激減したというのである。

このような説明はきわめて妥当であるが、十分とは言えない。というのもフランスでは、労働運動の衰退と並行して「新しい社会運動」とよばれる労働や階級闘争を軸としない異なったタイプの運動が発展をみせたが、これらの運動においても移民のコミットメントは相対的に低かったからである。つまり移民の社会運動へのコミットメントの問題は、経済構造の変化と労働運動の衰退だけでは説明し切れない。

その一方で、移民自身の「脱政治化」に原因を求める分析もある。今日の移民は左派から離れたというよりも、政治一般に関心を失ったのだという見方である。たしかに選挙行動に関するデータをみると、このような見解には説得力が感じられる。二〇〇四年の都市問題省庁間代表部の報告書によれば、貧困率が高く移民の集住する地区では、棄権率が全国平均に比べて高く、中でも若年層の棄権率が高い。パリ郊外での調査によれば、外国人も含めた全住民（成人）のうち投票に行く人の割合は平均二五～三〇%にすぎない。さらにマグレブ移民二世の若者は投票率が低いだけでなく、組合活動や社会運動への参加も同世代のフランス人に比べて低い。

このような「脱政治化」の原因はどこにあるのだろうか。一部の論者は原因を移民自身の「能力」に求める。経済資本、文化資本、社会資本などあらゆる資本を持たぬ移民たちが「アノミー状態」に陥り、自分たちの要求を言語化できず、反発などの行為も組織化できないといった社会運動論からの分析である。また移民の若者が消費社会に染まり、個人主義に走って、脱政治化しているとの分析もある。

しかし歴史をふりかえれば、旧植民地出身の移民が初めから政治に無関心だったわけでも、運動に参加しなかったわけでもないことは明らかである。一九七〇年代に全国で組織された移民労働者寮（ソナコトラ）の賃上げ反対運動や、人種差別暴力反対ハンスト、また一九八〇年代に移民二世の若者が平等と反人種差別を訴えて行った「平等への行進」など、旧植民地出身の移民による運動はたしかに存在してきた。そう考えると、今日の移民のコミットメントの問題を、移民の「能力」や「文化の違い」に求める説明も十分とはいえない。

移民の若者に対する詳細な聞き取り調査によれば、移民の若者は必ずしも政治に無関心なわけではなく、それどころか同世代のフランス人に比べて政治への関心は強いという。だがその一方で、政党政治への不信感が強く見られ、その不信感が特に左派の政党や運動に対して強く表明されることも指摘されている。

2　左派と移民の「すれ違い」

ノワリエルによれば、フランスでは一九世紀以降、右派は「国民」を、左派は「階級」をアイデンティティの軸としてきた。そうした中で、「国民」概念においては他者化される移民が、労働階級のつながりから左派にコミットするということが存在した。にもかかわらず、この流れが今日機能していない現状には、どのような背景があるのだろうか。この点については、近年左派の研究者の中から貴重な分析が行われているので、その概要を紹介したい。

2-1　全国レベル

社会学者のアブデラリ・アジャットは、政治的要求を孕んだ移民運動に対する政府の対応が、移民の政治離れを結果的に促したと指摘する。アジャットは、一九七〇年代以降フランスに存在してきた移民団体や組織を、主に①社会活動、識字教育、補習などを行う相互扶助サービス的な位置づけのものと、②明確な政治的要求を表明する政治活動を行うもの、の二つに分類し、両者と政治権力との関係に注目する。そして、政治権力が政治色を前面に出さない前者については補助金を与えて支援する一方、後者を「公的秩序の維持」などの名目で排除（逮捕、外国籍活動家の国外強制退去など）してきたことを明らかにし、それが移民団体の「脱政治化」につながったのだと分析する。

排除の対象となった移民運動の一つに、一九七〇年代の第三世界出身移民による運動の代表格である「アラブ労働者運動（MTA）」がある。この団体は一九七三年九月に人種差別反対のゼネストを組織するなど、移民労働者に大きな影響力を行使した。それに対して当時の保守政権は、運動の中心メンバーを逮捕したり、外国人であることを理由に国外に追放するなど激しく弾圧し、運動は次第に弱体化していった。

また一九七五年〜一九八〇年にかけて、単身移民労働者の寮「ソナコトラ」で展開された闘争も同じ道をたどった。この寮はアルジェリアがまだ植民地支配を受けていた時代に作られ、植民地時代の制度をそのまま引き継ぐような形で運営されていた。このような寮の運営方法に反発した移民労働者たちは、一方的な家賃の値上げ反対や寮内の監視制度の緩和などを求めて、家賃を支払わないというかたちの「ストライキ」を決行した。運動は多くの移民を動員し、七七年には三万人以上が「ストライキ」に参加した。この運動を政府は激しく弾圧し、数百人のスト参加者が国外強制退去処分を受け、運動は下火になった。

一九九〇年代半ばからはNPO「移民と郊外の運動（MIB）」を中心に、警察による人種差別的な暴力に抗議する運動が展開された。郊外に住む移民が警察から受ける差別については、二〇〇五年に人権団体アムネスティが報告書をまとめ、フランス政府に事態の改善を求める勧告を出すなど、長年問題になってきた。こうした現状に対して声をあげる運動は、人気のミュージシャンの参加も手伝って、多くの移民の若者を動員した。しかし警察は運動を激しく弾圧した。抗議活動で逮捕者が続出しただけでなく、内務大臣が「行政への公的侮辱」の名目で運動のメンバーを訴追するなどの裁判沙汰にも発展した。運動は自治体の助成金を受けられないなど資金面でも厳しい状況におかれ、周縁化されていった。

しかしアジャットは、国家による移民運動の「脱政治化」の試みが、保守政権だけではなく、左派政権時代にも明確にみられたことを指摘する。その最たる例が一九八〇年代の反人種差別運動である。一九八三年リヨン郊外の団地で移民二世のトゥミ・ジャイジャが、パトロール中の警官の流れ弾を受けて重傷を負ったことを機に、団地の仲間と二ヶ月に渡ってフランス中を行進し、反人種差別と平等を訴えたのである。この「平等への行進」は多くの人の共感を呼び、最終的に十万人を動員するほどの成功を収めた。

ところが当時の社会党政権は、この運動を政治的に利用しようと動き始めた。運動のメンバーに声をかけて反人種差別団体「SOSラシズム」という団体をたちあげ、大企業やマスコミを動員し、高額の資金を投入して、有名ミュージシャンによる反人種差別コンサートを開催するなど、党に協調的で非政治的な運動として制度化しようと試みたのである。その結果、この機会を利用してチャンスをつかみたいと考える若者と、政府のやり方に反対し自分たちの運動の自律性を主張する若者の間で分裂が起きた。そして後者は周縁化され、時には国家から弾圧を受けることもあった。たとえば「平等への行進」のリーダーで、運動の自立性を主張したジャイジャは、一九八四年に突如「一九八二年に働いた窃盗行為（本人は否定）」で逮捕され、一五ヶ月の禁固刑を言い渡された。底辺から生まれた運動は核を失い、左派政権の事実上の下部組織として制度化された反人種差別運動は、次第に移民の若者の支持を失っていったのである。

一方、社会党による運動の制度化をチャンスと捉え、社会党内で出世を目指した若者も、次第に党の建前と現実とのギャップに幻滅していった。移民には党内の重要なポストは与えられず、彼らはいつまでも周縁的な立場におかれ続けた。嫌気がさした若者の中には、共産党や緑の党、極左など他の左派政党に活躍の場を求める者もいたが、そこでも彼らが組織の中心に登用されることはほとんどなかった。事実、ローヌ・アルプ地方評議会の評議員であるサキナ・バクハは、左派にも人種差別的な言動や、移民を子ども扱いするような植民地主義的パターナリズムが蔓延していると証言している。

左派政党の建前と本音を目の当たりにした移民の若者の多くが、結果的に政治から離れていったのである。

2-2　ローカルレベルの問題——共産党と移民

社会学者のオリヴィエ・マスクレは、移民と左派の間に生まれた亀裂について、パリ郊外ジュンヌヴィリエでの調査に基づいて興味深い考察を行っている。同自治体は一九世紀半ばから工業地帯として発展し、伝統的に共産党の強い街として知られる。住民の大半が労働者とその家族で、中でも移民が多く、二〇世紀半ばまでは近隣のヨーロッパ諸国の出身者、二次大戦後はアルジェリアやモロッコをはじめとする旧植民地出身者が多くなった。

ジュンヌヴィリエでも一九七〇年以降の脱工業化に伴って労働運動の衰退がみられたが、一九八〇年代以降は労働運動に代わってNPO活動が活性化するようになった。こうした活動の中心となったのが労働者の子ども世代で、中でも貧困層の移民が集住する団地では、移民二世の若者によってNPOが次々に立ちあげられた。先に述べた「平等への行進」以降、NPO活動への補助金が大幅に増額されたことも手伝い、移民の社会参加への回路も労働運動からNPOの活動へと移行した。

マスクレはこうした流れをふまえつつ、一九八〇年代以降、活性化していた移民のNPO活動が、一九九〇年半ばから徐々に活力を失い、消滅していったことに注目する。そしてその原因として、移民のNPO活動と共産党との関係を指摘する。具体的には、NPOの活動が移民の若者のためだけでなく、同じ労働階級の若者すべてに開かれていたにもかかわらず、共産党の自治体は活動を積極的に支援せず、それどころか事実上無視してきた、というのである。

いったい左派が労働階級の移民の若者による活動を支援しなかった原因はどこにあるのだろうか。この問いに対し、マスクレは二つの要因をあげる。一つ目がジュンヌヴィリエという一郊外の都市空間の変容である。フランスでは第二次大戦後、国家が住宅不足に対応するため住宅建設政策を推し進め、その一環で郊外の共産党の自治体では、地域の労働者世帯を入居者として想定した公営住宅が次々と建設された。ジュンヌヴィリエでは現在、全住宅戸数の八割程度を公営住宅が占めている。

ところが一九七〇年代前半に住宅政策の転換が図られ、持ち家取得を支援する政策が始まり、公営住宅に割り振られていた交付金が大幅に削減され、公営住宅居住者の中でも安定した所得のある世帯の家賃は急騰した。こうした中で公営団地入居者の持ち家取得が進み、団地には持ち家を取得できない入居者だけが残った。その上、新しい住宅政策の一環として、公営団地が低所得層専用の住宅として位置づけられたため、空室の出た公営団地には他のどこにも住居を見つけられなかった者がまわされ、その多くが低所得の移民労働者の家族だった。こうして郊外の公営団地は徐々に貧困化していった。それが従来の住民の転出に拍車をかけたことは言うまでもない。

地域の貧困化のスパイラルに歯止めをかけ、また従来の支持基盤であるフランス人労働階級の流出を食い止めたい――このような思惑から共産党自治体は、一九七〇年代以降地元の公営団地に「これ以上、貧しい移民を入居させない」目的で様々な政策を展開するようになった。移民を優先しているような印象を有権者に与えないために、移民に厳しく接する戦略がとられたのである。この文脈において、移民のNPO活動を公的に支援することは望ましくないとされ、共産党自治体はこうした活動と距離をとったのである。

もちろん、このような共産党の自治体の対応と、初めから移民の住民がいない中で「移民を受け入れない」と反移民的政策を打ち出す保守の自治体の対応とでは背景も意味も異なる。つまり左派と右派の移民への対応が「全く同じ」だったわけではないことは、ことわっておきたい。しかし結果としては、どちらも似たような反移民的な措置、言説に行き着いてしまったのも事実である。こうした中、旧植民地出身移民を地域の住民として積極的に統合する政策はとられず、むしろ移民たちは周縁化されていったのである。

二つ目は、一九八〇年代以降フランスで勢力を拡大する極右政党の影響である。脱工業化がすすみ、国内の特に労働者の失業が増大するなか、「移民に職を奪われた」として移民排斥を訴える極右の国民戦線が得票を伸ばし、第三の政党に躍進した。中でも労働者の多い郊外の自治体で国民戦線の台頭は著しく、共産党をはじめとする左派連合は国民戦線と票を争うことになった。こうした中、「移民に寛容な政策をとると、有権者の反移民感情をあおり、極右の票を伸ばす結果になる」との懸念が左派内部に広がった。こうした影響もあって、共産党は移民の若者の活動を支持せず、それどころかむしろ距離をとることにつながったのである。

一連の流れの中に見えるのは、左派がフランス人労働階級を「つなぎ止めよう」という必死になる一方で、旧植民地出身の移民に関しては、彼らの多くがフランス国籍を取得した有権者であるにもかかわらず、自分たちの支持基盤にしようとは考えていなかった点である。左派が移民をそのように捉えられなかった背景には、植民地主義の遺産が影を落としていることをマスクレは指摘する。また左派のこのような態度が「自分たちは重要だと思われていない」という移民の認識を強めることになり、左派への失望を深める結果にもなった。

3　近年の政党政治をめぐる変化と問題点

このように旧植民地出身移民は、フランスの政治において周縁化されてきたが、近年こうした状況にも少しずつ変化がみられている。「多様性」の名の下に、政党が移民出身者を候補者として擁立したり、要職につける動きがみられるのである。なぜこのような変化が起きたのか。その背景には、国籍を取得し、有権者となる移民が増加したことに加え、移民が様々な業種――ソーシャルワーカーや郊外の若者の指導員だけでなく、教員、医師、自由業、中間職など――で増加したことがある。こうした中、有権者となった移民に新たな支持層を開拓する目的で、二〇〇〇年以降、保守派が積極的に移民を候補として擁立したり、入閣させたりするようになった。たとえば二〇〇七年に大統領に選出されたサルコジは移民女性を三人入閣させ、そのうち一人は司法大臣という要職につけた。こうした動きに対し、左派もこれまでとは違ったかたちで移民を政治に統合する道を模索し始めたのである。それはいったいどのようなものなのか。

パリ郊外のある自治体で行われた調査によると、二〇〇八年の市議会選挙で、現職の市長が率いる左派連合（共産党、社会党）は、「多様性」を選挙キャンペーンのスローガンに据えた。市議会の大半が「中産階級の白人男性」によって構成されている現状を反省的に捉え、異なる背景を持った人々を登用し、地域住民の多様性を市議会に反映させようという方針である。こうした方針に基づいて、左派連合は三五人の候補者リストに、移民候補を一一人入れ、彼らの存在を選挙キャンペーンでアピールした。

興味深いのは、移民候補をアピールする際に左派連合が前面に出したメッセージである。そこで強調されるのは「移民だからという理由で候補者に選ばれたのではない」点である。移民候補のこれまでの功績や能力が「選出」の根拠として主張され、また候補者が「移民であること」は否定されないが、それは民族的出自としてではなく、「同じような背景を持った住民」を理解する「資源」として強調された。こうした言説には、民族的基準をもとに個人を区別することを拒絶するフランス共和主義の思想がはっきり反映されている。

このような文脈において左派が優先的に選出したのは、「移民であること」以外にいくつかの特徴をもった人々である。一点目は、移民候補がフランス社会に十分に統合され、かつ「自分たち（フランス人）と価値観を共有できる」という点だった。

具体的には一定水準の学歴をもつ、中産階級の移民出身者である。

二点目は「移民男性」より「移民女性」が優先された点である。フランス全体の「男女格差是正」への配慮から、女性を積極的に登用しようという方針に加え、先に述べたように「移民だから選出されたわけではない」ことを正当化するには、「移民であること」以外の属性が、「多様性」の他の基準に合致する必要があり、そこで移民の「女性」性が評価されたのである。

三点目は社会貢献活動に参加しているという点であるが、活動の内容が「政治的」なものではなく、「非政治的な市民活動」として認められるものでなければならない。実際、左派政党や移民運動に深くコミットしてきた活動家は周縁化され、政治の経験は全くないが補習や識字教育、女性支援などの相互扶助活動を行っていた人々が登用された。つまり「市民社会」へのコミットメントは評価の対象となるが、「政治的」とみなされる活動への参加は排除の対象となった。

これらの要素を総合すると、移民出身者を登用はするが、それは無条件ではなく、「既存の党内／社会の秩序を乱さない範囲で」という条件つきであることが見えてくる。つまりこの選挙における「多様性」の推進とは、これまでの政党のビジョンやあり方を根本から問い直し変革を目指すための戦略ではなく、マジョリティの考えやあり方に馴染むような、同化された移民出身者を取り込もうという考えだといえる。

このような左派の方針に対して、マスクレは厳しい批判を行っている。こうした戦略は一部の社会上昇を果たした移民にとっては、さらなる社会上昇の手助けにはなるだろうが、その一方で底辺にとどまる大半の移民の生活や意識とはなかなか結びついていかず、幅広い層の根本的な「左派離れ」を食い止めることにはつながらないというのである。また、このような移民の登用の仕方には、一種のパターナリズム、植民地主義がはっきりみられることも否めない。

4　新たな連帯に向けた取り組み
――「イスラモ・ゴーシスト」という展望

ここまでフランスの左派と移民の関係が一筋縄では行かなかったことをみてきた。左派政党が移民に対してある種のパターナリズムに満ちた視線を向けてきたこと、そして移民に対し、自分たちの価値観を共有するようにと、同化を暗黙のうちに迫ってきたことが、移民運動と左派の間に深い溝をつくる原因となった。

しかし、このような問題を認識し、左派と移民の間にある壁を乗り越え、共闘の地平を築こうとする動きもみられる。その一つが、近年広がりつつある「イスラモ・ゴーシスト」の存在である。この表現は、日本語に訳すと「親イスラム左翼」「イスラムびいきの左翼」という意味になる。

この言葉が使われるようになったのは二〇〇三年、フランスで公立学校でのイスラムのスカーフ着用を禁止する法律の制定の是非をめぐって発展した大論争、通称「スカーフ論争」が起きた時のことである。この論争は一般に、「ライシテ」というフランス固有の「公共空間の非宗教性」原則の問題として理解されることが多い。だが、その背景には、旧植民地出身の移民に対して同化を強要する植民地主義や人種主義の問題が深くかかわっている。この禁止法の立案は保守政権が行ったものであるが、左派の大半も「民主主義」や「男女平等」の観点からスカーフを禁止し、それを被る女子生徒の排除に賛成して、右派と同じ立場にたった。

こうした文脈において、スカーフを着用する女子生徒の「表現の自由」を擁護する人は左派でも圧倒的に少数派で、彼らは「イスラム原理主義と共犯関係にある左派の連中」と非難された。その彼らに貼付けるレッテルとして作り出された言葉が「イスラモ・ゴーシスト」なのである。

ローラン・レヴィによれば、この表現は「スカーフ禁止法」賛成派のロビー団体「ライックな家族の連合」が、法制化に反対する人々を非難する「蔑称」として作り出し、広めたものである。しかし、次第に「イスラモ・ゴーシスト」呼ばわりされた人々の間で、これまでのフランス左派が、ムスリムをはじめとするマイノリティ問題に正面から取り組み、連帯できなかったことを反省的に捉え、それまでの左派と自分たちの違いを積極的に強調するために、自ら「イスラモ・ゴーシスト」と名乗るようになったのである。

大切なのは「イスラモ・ゴーシスト」の関心が必ずしも「イスラム教徒」に限定されるわけではない点である。当初、蔑称として用いられていた時には「イスラム原理主義者を支持する（裏切り者の）左派」という意味であったが、自称として積極的に用いられるようになる段階で、意味に広がりが与えられるようになった。具体的には、ムスリム差別に表れるような植民地主義、西洋中心主義のまなざしが左派の内部にも深く根ざしていることを批判的に考察し、国内の移民、マイノリティの抑圧の問題を考え、彼らと真の連帯をめざし、運動を展開しようとする左派の人々すべてを指す言葉となったのである。この運動の中心的存在の一人で哲学者のピエール・テヴァニアンは、日本の在日朝鮮人の運動に共感し、コミットする日本の左派も「イスラモ・ゴーシスト」として位置づけられると述べている。

このような流れは現在のところフランスでも少数派で、スカーフ論争の際にも彼らに対して激しいバッシングが起こるなど、風当たりは強い。しかしここには、本稿が問題にしてきた「左派」と「移民」の溝を乗り越え、両者の間に真の連帯を築こうという試みがみてとれる。

「イスラモ・ゴーシスト」の考え方を運動のレベルにとどめるのではなく、政治空間に反映させる方法も模索されている。フランスでは二〇一二年の大統領選挙前も、国内で深刻化する社会経済問題から有権者の目をそらすために、国内のムスリムやその他の移民をやり玉にあげるような言説が飛び交った。このような排外主義の高揚をくいとどめ、移民やマイノリティと対等な立場から共に社会変革をめざすような政治勢力を作り出すにはどうすればよいのか——このような問題意識のもと「イスラモ・ゴーシスト」の価値観を共有する団体、政党（NPO「共和国の原住民」が新たに政党として結成された）、活動家、知識人らがネットワークを形成し、今の政治や社会を変えていくには、どのような戦略や行動をとるべきか、議論を重ねている。

以上のような取り組みはまだ始まったばかりで、その将来は未知数である。しかしこれらの試みが、日本の左派とマイノリティの間の壁を乗り越える上で、多くの示唆を与えてくれることもたしかだろう。そのような視点からも、今後フランスの「イスラム・ゴーシスト」たちがどのような運動を展開し、どのように課題を乗り越えていけるのか、その動向を見ていきたい。

日本のウーマン・リブとアジア

——侵略＝差別と闘うアジア婦人会議とアジアの女たちの会を中心に

水溜真由美

1　はじめに

一九九〇年代以降、「アジア」や「第三世界」はフェミニズムの重要なテーマとなっている。その背景として、日本軍「慰安婦」問題の提起、グローバル化の進展、ポストコロニアル研究の導入などを指摘することができる。では、ウーマン・リブの始まる一九七〇年から八〇年代に至る日本のフェミニズムは、マジョリティ女性の問題にのみ目を向けていたのだろうか。そう考えることは、アジアに対する関心が高まる同時代的な状況に照らしても妥当ではない。

一九六〇年代半ば以降、ベトナム戦争の本格化、日本の高度成長とアジアへの経済進出、日韓国交回復など、日本とアジアを取り巻く状況は大きく変化した。こうした状況の下で、日本の左派の間では、ベトナム戦争への加担、日本企業による経済進出、大日本帝国による侵略戦争・植民地支配など、アジアに対する日本の加害責任が強く意識されるようになった。在日朝鮮人問題への取り組みや入管闘争が活発化するのも、一九六〇年代後半である。一九六〇年代末頃には、「アジア」「加害責任」「内なる差別」は新左翼運動の中心的な問題関心となった。

新左翼運動の流れを汲むウーマン・リブも、アジアに対する加害者意識を共有した。たとえば、その代表的な運動家だった田中美津も、「ぐるーぷ・闘う女」などのビラや著書『いのちの女たちへ――とり乱しウーマン・リブ論』（田畑書店、一九七二年）の中で、日本人女性の戦争協力について繰り返し批判的な言及を行っている。ただし、田中は、日本人女性のアジアに対する加害責任を掘り下げて問題化したとは言えない[1]。むしろ田中のユニークな点は、日本人の加害責任を強調する新左翼の自己批判論を批判し、敢えて被害者意識に立脚することの意味を主張した点である[2]。

それでは、日本のウーマン・リブにおいて、アジアはどのような仕方で主題化されていったのか。本稿では、「侵略＝差別と闘うアジア婦人会議」と「アジアの女たちの会」という二つのグループの運動をとりあげて、日本のウーマン・リブによるアジアめぐる問題提起・取り組みについて検討する。同時に、二つの運動の間で生じたパラダイム転換とその背景についても明らかにしたい。

2　侵略＝差別と闘うアジア婦人会議

侵略＝差別と闘うアジア婦人会議（以下、アジア婦人会議と略）は、一九七〇年八月二二、二三日に開催された大会を機に結成された女性団体である（元々、「侵略＝差別と闘うアジア婦人会議」は大会の名称だった）。社会党系の女性団体である日本婦人会議の左派メンバー、松岡洋子・飯島愛子らの提案によって開催されたこの大会には、革新系女性団体の運動家、新左翼セクトの女性運動家[3]、ウーマン・リブの運動家などが広く結集した[4]。

大会が開催された時点での「侵略＝差別と闘うアジア婦人会議」の主要なテーマは、名称が示すように、アジア侵略と女性差別だった。大会のよびかけ文「〝侵略＝差別と闘うアジア婦人会議〟に参加しよう」は、女性差別を主題化すると同時に「アジア的視点」に立脚することを大会の柱として打ち出している[5]。しかも、「私たちは、日米共同声明を日本人をふくむアジア人民に対する侵略宣言として受けとります。同声明は、米軍がひきつづきアジアに駐屯することの重要性を再確認すると同時に、帝国主義的に復活した日本資本主義が、自前の侵略者として海外進出することを保証したものです。日本はアジア人民への抑圧・搾取を強化し、アジア諸国の人民みずからがえらぶべき自国の形態に対しさまざまな介入をすることになりましょう。」という一節が示すように、よびかけ文は、性差別の問題以上に「日米帝国主義」によるアジア侵略の問い直しに力点をおいている。

とはいっても、アジア婦人会議のアジア侵略をめぐる問題提起は、新左翼運動の受け売りの域を脱していなかったように思える。だからこそ、大会後の会の中心的な問題関心は、松岡洋子ら新左翼セクトと深いつながりを持つ一部のメンバーを除いて、アジア侵略から女性差別へと移行していった。大会後のアジア婦人会議の歩みは、革新系婦人運動と新左翼運動のアマルガムの性格が強かったアジア婦人会議が、ウーマン・リブのグループへと転換する過程として捉えることができる。一九七二年一一月三、四日に開催されたシンポジウム「日本帝国主義の女性支配と女性解放闘争」では、「女性支配」が基調報告の中心となり、ほとんどの分科会でウーマン・リブの影響を強くうかがわせるテーマが取り上げられた(6)。一九七五年一一月二三日に開催された大会では、五年間の活動の総括が行われ、「七〇年以降の女性解放運動の新しい質」としてウーマン・リブの成果が高く評価された(7)。また実践活動の面でも、アジア婦人会議は、多くのリブ・グループと共に優生保護法改悪反対運動等に熱心に取り組んだ。

アジア婦人会議は、フェミニズムに「アジア的視点」を持ち込もうとした点で先駆的だったが、アジアをめぐる問題意識は全体として観念的・教条的だった。また、アジア婦人会議は、後述するアジアの女たちの会と違って、アジア侵略と女性差別の構造的な結びつきを明らかにすることができなかった。一九七〇年の大会で、新左翼セクトのメンバーが「入管粉砕」を叫んで議論を妨害したように、当初は「アジア的視点」をふりかざすことでフェミニズム的な問題設定を否定する傾向さえ見られた(8)。また、アジア婦人会議きってのアジア派であった松岡洋子にとってのアジアとは革命の先進国中国であり、その中国理解は政治イデオロギーに偏していた。一九七〇年末から約一ヶ月間、日中友好協会の招きにより松岡、飯島を含む十名のメンバーが中国を訪問したが、国賓待遇で共産主義社会を視察するアジア交流のスタイルは前時代的だった(9)。一九七五年の大会の後、矛盾論研究会に結集した松岡洋子のグループは飯島愛子らと決裂した(10)。

とはいえ、アジア婦人会議には、アジアをめぐるフェミニストの新しい運動に連なる動きもあった。次節で述べるキーセン観光反対運動では、アジア婦人会議は、キーセン観光に反対する女たちの会に参加し、一九七四年六月二九日には「キーセン観光・性侵略告発討論集会」を開催した（この討論会では、松井やよりが「国家権力と性」というテーマで講演を行った)。一九七六年三月八日には討論集会「女性解放と天皇制」が開催され、加納実紀代、富山妙子、湯浅れいがパネラーとして参加した[11]。また、一九七六年、七七年頃に発行された会報では、アジアの女たちの会の活動が繰り返し報じられ、山口明子、五島昌子、加地永都子らの文章も掲載された。こうした動きは、飯島愛子の問題意識を反映すると同時に[12]、ネットワーク型の運動体であったアジア婦人会議にキーセン観光反対運動以降の新しい動きが波及した結果でもあったと考えられる。

3 キーセン観光反対運動・アジア人会議・メキシコ会議

一九七三年から七五年にかけて、アジアの女たちの会の誕生と深く関わる三つの動きが生じた。これらの動きは、アジアをめぐるフェミニストのパラダイム転換を促し、アジアと女性の問題に関心を持つユニークな女性たちを出会わせて、アジアの女たちの会結成の端緒となった。

(1) キーセン観光反対運動

日本が高度成長を遂げるに従い、日本人男性による韓国での買春観光(キーセン観光)が急増した。一九七三年、韓国キリスト教会婦人連合の声明を受け、矯風会の高橋喜久江らキリスト教徒の女性がキーセン観光反対運動を開始した。高橋は、同年一一月にNCC(日本キリスト教協議会)の山口明子と共に訪韓し買春観光の実態を調査した。キリスト教徒が開始したキーセン観光反対運動は、キリスト教徒でフェミニストの松井やよりの橋渡しにより急速にウーマン・リブの運動にも波及した。同年秋には、キリスト教徒の女性とウーマン・リブの運動家が共同でキーセン観光に反対する女たちの会を結成し、翌年にかけて、羽田空港でのビラまき、JATA(日本旅行業協会)への抗議、反対集会の開催などの活動を勢力的に行った[13]。

キーセン観光反対運動では、観光買春が日本の男性による韓国の女性に対する「性侵略」であるだけでなく、日本の韓国に対する「経済侵略」でもあることが強調された。観念的にアジアを理解する傾向が強かったアジア婦人会議とは異なって、キーセン観光に反対する女たちの会に結集した女性たちは、アジアに対する日本の経済的な支配をリアルな現実として理解し、かつ構造的な視点で性の問題と関連づけた。他方では、韓国人女性の抗議に応答する形で運動を開始するなど、日韓女性の草の根レベルの連帯関係が生まれた。こうした運動の枠組みは、[14]アジアの女たちの会に引き継がれていく。

(2) アジア人会議

一九七四年六月八日から一四日にかけて、アジア人会議(正式名称は、「経済開発と環境の将来に関するアジア人会議」)が開催された。主催者は、ベ平連(ベトナムに平和を!市民連合)の関係者、アジアの問題に取り組んでいたキリスト教徒、「反公害」自主講座の担い手で、会議のテーマは、日本のアジアへの経済侵略とそれに伴う公害輸出の問題だった。国内外の運動家に広くよびかけを行ったアジア人会議には、国内外から二百数十名の運動家が参加した(うち、約四十名はアジアからの参加者だった)。[13]アジアの女たちの会の呼びかけ人となる松井やより、富山妙子、加地永都子も、この会議に参加した。

会議三日目、富山妙子の提案により女性問題分科会が開催された。[16]この分科会では、日本のフェミニストから、[17]アジアの女性に対する日本による経済的・性的搾取と軍事政権による政治的弾圧をふまえて、日本の女性とアジアの女性の連帯のあり方を話し合うことが提案された。この提案を受けて、シンガポール、フィリピン、韓国の女性から各国の女性をとりまく状況について報告が行われ、最後にアピールが採択された。会議後、女性問題分科会に集った松井や富山らは、女性の視点の欠落を痛感し、アジアの女性を知るために月一回の学習会を開始した。

なお、アジア人会議は、一九六〇年代後半から始まったアジアをめぐる新しい市民運動の一つの結実だった。アジア人会議における女性をめぐる視点の欠落はアジアの女たちの会結成の契機となったが、にもかかわらず、アジアの女たちの会に集った女性たちは、アジアにおける日本の経済侵略に対する加害者としての自覚、アジアのアクチュアルな状況に対する強い関心、アジアの運動家との交流に対する積極的な姿勢などを、アジア人会議の多くの参加者と共有した。特に、一九六〇年代後半以降アジアをめぐってパイオニア的な運動を展開しつつあったベ平連からPARC(アジア太平洋資料センター)につながる流れは、以後も長らくアジアの女たちの会と密接な協力関係を維持することになる。[18]

(3) メキシコ会議

一九七五年、メキシコシティで国際婦人年世界女性会議が開催された。メキシコ会議には日本から多くのフェミニストが参加したが、アジアの女たちの会との関係では以下の二点が重要である。

第一に、メキシコ会議に際して、有志のフェミニストが、政府レポートに対するアンチレポートとして、英文冊子 *JAPANESE WOMEN SPEAK OUT* を作成した。[19] この冊子の作成には、加地永都子、五島昌子、松井やより、湯浅れいら、アジアの女たちの会の呼びかけ人となるメンバーの多くが参加した。英文冊子は「日本における性差別」「闘う女たち」「重層的差別の下に生きる女たち」「アジアの女たちとの連帯へ向けて」の四部から構成されているが、アジアの女たちの会を特徴づける、アジアの女性や国内のマイノリティ女性に対する強い関心が感じられる。

第二に、メキシコ会議では、ウーマン・リブを経験し先鋭的なフェミニスト意識を獲得した米国を始めとする北側諸国の女性と、新植民地主義を背景に貧困問題に苦しむラテンアメリカを中心とする南側諸国の女性が激しく衝突した。とりわけ、地理的に近接し経済的な支配・従属関係におかれていた米国とラテンアメリカの女性の関係は、日本とアジアの女性の関係と相似的だった。そのため、メキシコ会議への参加経験は、アジアの女たちの会に集う女性たちに、日本のアジアに対する加害責任とそれをふまえたアジアの女性との連帯の必要をより強く意識させることになった。

たとえば松井やよりは、「国際婦人年メキシコ会議で感じたこと」において、「もし、この会議がアジアのどこかで開かれたとしたら、第三世界の女性たちの告発の刃は当然日本にも向けられたであろう（略）。なぜなら、米国が中南米を〝わが家の裏庭〟のように経済的に支配しているように、日本はとくにここ数年来、東南アジアや韓国に猛烈ないきおいで経済侵略しているからです。」と述べている。[20] また、安東美佐子は、「国際婦人年メキシコ会議に参加して」において、メキシコ会議への参加を通じて、「女として差別される側に立つ一人でありながら、同時に発展途上国の人々の血と汗の労働を搾取し、富をむさぼっている〝先進〟国の女として、被害者と加害者の両面を持って、重層的な差別の構造の中に組み込まれている自分の立場がはっきりと見えてきた」と述べた上で、文章の末尾で「そう、もう後戻りはできないだろう。第三世界の女たちとの連帯は私の、私たちの義務なのだ」と主張している。[21]

4　アジアの女たちの会

一九七七年三月一日、アジアの女たちの会が発足した[22]。会の理念は、富山妙子、湯浅れい、松井やより、山口明子、安東美佐子、五島昌子、加地永都子の連名で発表された「アジアと女性解放　私たちの宣言」に凝縮されている。宣言文は、明治維新から今日に至る日本の近代史を「アジア侵略の歴史」として、日本の女性を「侵略に加担したアジアへの加害者」として位置づけた上で、再びアジアに対する侵略の加担者となることを拒否し、闘うアジアの女性と連帯する決意を力強く表明している[23]。英文機関誌 *Asian Women's Liberation* 創刊号には、右の宣言文と併せて会の紹介文「私たちは誰か?」が掲載されている。この紹介文では、「アジアの女性を犠牲として、また彼女らの勇敢な闘いについて学ぶことなしに、我々自身の解放は実現し得ない」という理念が示され、アジアの女性との真の連帯を実現するための三つの中心的な課題として、「アジアの国々おける日本の経済侵略に抵抗すること」、「日本の男性観光客による性的搾取を非難すること」、アジアの独裁政権による「政治弾圧に対して闘うこと」が掲げられた。

アジアの女たちの会の主な活動の一つは、「女大学」と名付けられたセミナーだった。講師は、会員のほかアジアの問題に取り組む運動家・研究者・法律家らが務めた。会場の渋谷の勤労福祉会館は、いつも聴衆でいっぱいだったという。また、会では機関誌『アジアと女性解放』を発行した。『アジアと女性解放』には、「女大学」の講演記録のほか、特集に関連したレポート・評論・座談会記録・資料などが掲載された。日本語の機関誌と並行して英文機関誌 *Asian Women's Liberation* も発行された。アジア人女性との連帯を掲げたアジアの女たちの会にとって、英文機関誌は海外に対する情報発信の中心的な手段であった。このほかの活動として、「解放の美学」「性侵略」「経済侵略」「国籍法改正」といったテーマ別グループによる学習会や、集会・シンポジウム・スライドの上映会などが行われた。

アジアの女たちの会が取り組んだテーマは多岐にわたっている。参考までに、以下に『アジアと女性解放』の特集を列挙する。第一号から第二一号までの特集のテーマは、順に「韓国民主化闘争の女たち」(創刊号)、「買春観光を許すな!――韓国・台湾から東南アジアまで」(二号)、「日本企業は海外で何をしているか――繊維を中心に」(三号)、「アジアへの文化侵略」(四号)、「いま戦争責任を考える――女の側から」(五号)、「アジアの闘う女たち」(六号)、「女と国籍」(七号)、「続・買春観光を許すな！――アジアからの告発と日本の女の状況」（八号）、「第三世界の女と私たち」（九号）、「光州一周年によせて」（一〇号）、「暮らしの中のアジア」（一一号）、「戦争と私たちとアジア」（一二号）、「八・一五とアジア」（一三号）、「侵略と性」（一四号）、「全斗煥の訪日を許さない、女と国籍Ⅱ」（一五号）、「アジアの女と人口政策」（一六号）、「アジアの女たちの詩《うた》」（一七号）、「開発と女性」（一八号）、「暮らしの中のアジア Part Ⅱ」（一九号）、「アジアからの出稼ぎ女性たち――なぜ日本に来るのか」（二〇号）、「タイ女性はなぜ日本に？」（二一号）である。

アジアの女たちの会が扱った最も中心的なテーマは、アジアに対する「経済侵略」を背景とした「性侵略」の問題であった。中でも、観光買春は、キーセン観光反対運動を起点とするアジアの女たちの会にとって最大のテーマだったが、その対象地域は、韓国から、台湾、香港、フィリピン、タイ、マレーシア、インドネシアなどへと拡大した。また、八〇年代後半からは観光買春の国内版とも言えるアジア人女性による日本での出稼ぎ性労働の問題が重点的に扱われた。この問題については、スライド「裏切られた夢」を作成し上映会を行ったほか、タイ女性支援基金の設立、立ち寄りサポートセンターの開設など、出稼ぎ女性に対する支援活動も行った。このほか、「性侵略」に関わる問題として、日本と米国による沖縄やアジアに対する「軍事侵略」と結びついた基地売春や日本軍「慰安婦」問題にも目が向けられた。後者については富山妙子が作品制作に取り組み、アジアの女たちの会として映画『海鳴り花寄せ』やスライド『海の記憶』の上映会も開催された。

「私たちの宣言」が三一独立運動の記念日に発表されたことが示すように、アジアの女たちの会にとって「アジア」とはまず韓国であった。韓国については、観光買春のほか日本企業による女性労働者の搾取、韓国政府による政治弾圧の問題が取り上げられ、民主化闘争・労働運動などの動きにも大きな関心が向けられた。二周年記念イベント「アジア女性解放のつどい」では、東一紡織の女工の闘いを素材とする集団創作劇が上演されるなど、[24] 韓国人女性は被害者である以上に闘いの主体として焦点化された。また韓国人（女性）の闘いに連帯するためのカンパ活動なども行われた。

日本企業の影響力がアジア全域に広がるに伴い、アジアの女たちの会の関心は東南アジア全域へ拡大した。東南アジアは、買春観光、日本での出稼ぎ性労働、労働力や資源の搾取・収奪、消費文化の輸出、開発・人口政策、アジア・太平洋戦争の傷跡など、多角的な視点から論じられたが、女性に対するグローバル化の影響を浮かび上がらせた点は特に先駆的だった。

十五年戦争の問い直しも行われた。その大きな特色は、加害者の視点に立ち、女性の戦争協力や「大東亜共栄圏」に組み込まれた東南アジアの被害に目を向けた点である。一九八二年初め頃、内海愛子を中心に「アジアにみる侵略戦争の爪あと」という学習会が組織され、一九八二年七月にはアジア文化フォーラムと共催で集会「八・一五とアジア——戦没者追悼の日に反対する」が開催された[25]。こうした取り組みは、ほぼ同時期に発生した教科書検定問題をめぐる政府批判の運動にもつながった。

アジアの女たちの会は、国籍法改正問題にも取り組んだ。一九八四年の法改正まで、日本の国籍法では、日本国民を父とする場合のみ子供に日本国籍を認める父系優先血統主義が採用されていた。アジアの女たちの会では、安江とも子、石田玲子らを中心に学習会を行い、父系優先の日本の国籍法を男女差別として批判し法改正のための働きかけを行った。アジアの女たちの会のメンバーだった土井たか子を通じてこの問題を国会に提起したことも、そうした取り組みの一つである。

右に述べてきたように、アジアの女たちの会がアジア各地におけるこれほど多岐にわたる問題に関心を向け得たのは、驚くべきことと言える。それが可能になったのは、アジアの問題に取り組む多様な運動家や学者と連携したことに加えて、アジアとユニークなつながりを持つ多数の女性たちが会に参加していたことによる。その筆頭は、日本と海外を頻繁に行き来し、内外の運動家と幅広いネットワークを築きながらアジアの女性について精力的な報道を行い、一九八一年から八五年までシンガポール支局に勤務した朝日新聞記者の松井やよりである。だが、松井だけではない。いち早く韓国の民主化闘争に共感を示し金芝河の詩をテーマとしたスライド制作を行うなど、アートを通じてアジアの問題を国際的な場で訴えかけた富山妙子や、在日朝鮮人問題に取り組む一方で、インドネシア滞在を契機として朝鮮人の戦犯問題についてのパイオニア的な研究を展開した内海愛子など、アジアの女たちの会には、ユニークな回路でアジアと結びつく会員が数多く存在した。さらに、会の活動は、自分の目でアジアを見ようとするモチヴェーションを高め、会員のアジア訪問を促した。『アジアと女性解放』には、買春観光の実態を知るために現地を訪れた会員のレポートなど、会員のアジア訪問記・滞在記が多数掲載されている。

5　おわりに

本稿では、侵略＝差別と闘うアジア婦人会議とアジアの女たちの会を中心に、ウーマン・リブとアジアとの関わりについて検討してきた。アジア婦人会議は、日本による「アジア侵略」の問題をとりあげた点で先駆的だったが、アジアに対する向き合い方は観念的・教条的だった。また、アジアを共産主義革命の先進国として位置づける植民地独立闘争期のパラダイムからも自由でなかった。こうしたアジア認識を大きく転換したのはキーセン観光反対運動である。キーセン観光反対運動を通じて、日本のフェミニストは、アジアにおける日本の「経済侵略」を具体的な現実として理解し、その被害者でありまた闘いの主体であるアジアの女性と対等な立場で連帯関係を築く端緒を開いた。アジアの女たちの会は、キーセン観光反対運動の経験を起点としながら[26]、アジアの国々の女性が直面している様々な問題へと関心を広げた。なお、アジアの女たちの会の取り組みは、先駆的ではあったが決して孤立したものではなかった。アジアの女たちの会に集った女性たちは、アジアの問題に関わる様々な運動とフェミニズムの枠を越えて連携し、またそれらの運動に直接コミットした[27]。こうしたオープンな姿勢こそが、会の視野を広げ既成の枠組みに囚われない多様な取り組みを可能にしたと言える。

＊本稿は、同時代史学会二〇一〇年度年次大会（二〇一〇年一二月四日、成城大学にて開催）における報告「フェミニズムとアジア」を活字化したものである。なお、本稿の内容は、本稿執筆中に発表された天野正子ほか編『新編日本のフェミニズム9　グローバリゼーション』（岩波書店、二〇一一年）の伊藤るりによる解説「自分の痛覚をもって、世界と繋がるフェミニズム」と重なるところがある。

（1）日本人女性の戦争協力の本格的な問い直しを始めたのは、加納実紀代らのグループである。加納らは一九七七年より『銃後史ノート』を刊行し、「銃後史」の概念を用いて十五年戦争中の女性の戦争協力を問題化した。なお加納は本稿で扱う二つのグループとも深い関わりがあった。加納は、侵略＝差別と闘うアジア婦人会議の活動に途中から参加し、一九七六年に開催された天皇制をめぐる討論集会ではパネラーを務めた。また、加納はアジアの女たちの会のセミナー「女大学」でも講師を務めたことがある。

(2)拙稿「「シスターフッド」を超えて——リブと田中美津」『社会思想史研究』二八号、二〇〇四年。

(3)当初、アジア婦人会議には、新左翼セクトの女性メンバーが多数参加していた。北沢洋子によれば、中核派と親密だった松岡洋子が率先してセクト（中核派に限らない）のメンバーもアジア婦人会議に誘ったという（北沢洋子氏へのインタビューによる）。社学同からアジア婦人会議に参加した酒井和子も、松岡がセクトにメンバーを出すよう働きかけたと証言している（酒井和子氏へのインタビューによる）。

(4)飯島愛子「なぜ「侵略＝差別と闘うアジア婦人会議」だったのか」女たちの現在《いま》を問う会編『全共闘からリブへ——銃後史ノート戦後篇』インパクト出版会、一九九六年。後に飯島愛子『〈侵略＝差別〉の彼方へ——あるフェミニストの半生』インパクト出版会、二〇〇六年に収録された。

(5)『〝侵略＝差別と闘うアジア婦人会議〟討議資料第一集』（一九七〇年六月二〇日発行）。侵略＝差別と闘うアジア婦人会議資料集刊行会編『侵略＝差別と闘うアジア婦人会議資料集成』第一分冊、インパクト出版会、二〇〇六年。

(6)『〝日本帝国主義の女性支配と女性解放闘争〟シンポジウム報告集』（一九七三年五月二五日発行）。『侵略＝差別と闘うアジア婦人会議資料集成』第二分冊、二〇〇六年。

(7)『一九七五年　侵略＝差別と闘うアジア婦人会議大会基調——戦後婦人運動の総括と展望』（大会資料）、『侵略＝差別と闘うアジア婦人会議資料集成』第三分冊、二〇〇六年。

(8)分科会の状況については、『〝侵略＝差別と闘うアジア婦人会議〟大会報告と総括』（一九七〇年一〇月二五日発行）、前掲『侵略＝差別と闘うアジア婦人会議資料集成』第一分冊参照。ただし、アジアをめぐる観念的・教条的な問題設定は新左翼セクトに所属するメンバーによるところが大きく、こうした傾向に対する他のメンバーの反発も大きかった。加納実紀代は、一九七〇年大会への参加後リブを旗揚げした田中美津にとって、アジア婦人会議は「反面教師」だったと指摘している。加納実紀代「〈反差別〉の地平がひらくもの」前掲飯島『〈侵略＝差別〉の彼方へ』、三三九頁。

(9)『基地で闘う日本婦人代表団　中国を訪れて（1970.12.25～1971.1.22）』（一九七一年七月発行）、前掲『侵略＝差別と闘うアジア婦人会議資料集成』第一分冊。なお、飯島愛子の感想文には、「私たちの団の性格上からか、日本帝国主義軍隊のかつての侵略行為を思いおこさせるような所にはいっさい案内されませんでした」（九六頁）という記述が見られる。後で述べるように、キーセン観光反対運動以後は、日本企業の経済進出の状況や大日本帝国による軍事侵略の爪痕を知ることが、アジアに関心を持つ多くのフェミニストのアジア訪問の大きな目的となった。

(10)『75~78経過　再出発をめざす——矛盾論学習会グループとの対立を経て』(一九七八年一二月発行)、前掲『侵略＝差別と闘うアジア婦人会議資料集成』第三分冊。

(11)『女が天皇制にたちむかうとき』(一九七七年二月一一日発行)、前掲『侵略＝差別と闘うアジア婦人会議資料集成』第三分冊。

(12)飯島愛子は、キーセン観光に反対する女たちの会に熱心に関わったほか、次節で述べる*JAPANESE WOMEN SPEAK OUT*の作成にも参加している。

(13)「会の発足と活動」、キーセン観光に反対する女たちの会編『キーセン観光・性侵略を告発する』、一九七四年。

(14)フェミニストによるキーセン観光反対の論理については、松井やより「私はなぜキーセン観光に反対するか——経済侵略と性侵略の構造を暴く」『女・エロス』二号、一九七四年四月参照。なお、この文章は英訳され、後で述べる*JAPANESE WOMEN SPEAK OUT*に転載された。

(15)アジア人会議については、小田実編『アジアを考える——アジア人会議の全記録』潮出版社、一九七六年を参照。

(16)会議の記録は、*JAPANESE WOMEN SPEAK OUT*に収録されている。

(17)イニシャル(M)と発言の内容から、松井やよりと推測される。

(18)加持永都子、松井やより、内海愛子など、アジアの女たちの会の多くのメンバーはPARCにも所属していた。メキシコ会議のアンチレポート*JAPANESE WOMEN SPEAK OUT*やアジアの女たちの会の英文機関誌*Asian Women's Liberation*には、ベ平連とPARCの英文機関誌『AMPO』からの影響がうかがえる(前者には『AMPO』から多くの転載記事が収録されている)。

(19)メキシコ会議後、『日本の女は発言する』というタイトルで日本語訳が出版された。

(20)『婦人問題懇話会会報』二三号、一九七五年一二月、三四頁。

(21)『日本の女は発言する』上、株式会社四九一、一九七五年、八—九頁。

(22)先述した通り、アジア人会議後の一九七四年八月から毎月一回の勉強会が行われていた。『アジアと女性解放』創刊準備号によれば、一九七四年八月から一九七六年四月までに計一五回のセミナーが開催され、七六年五月から七月にかけて全五回の「日韓女性セミナー」が開催された。

(23)『アジアと女性解放』創刊準備号、一九七七年。

(24)『アジアと女性解放』六号には、その脚本が収録されている。

(25)集会の記録は、翌年『教科書に書かれなかった戦争』として出版された(JCA出版)。『教科書に書かれなかった戦争』は内海愛子の提案によりシリーズ化され、二号以降はアジアの女たちの会のメンバーだった羽田ゆみ子が設立した梨の木舎から出版された。

(26)とはいえ、アジアの女たちの会には、キーセン観光反対運動に先立ってユニークな仕方でアジアと出会った経験を持つメンバーが多数存在した。分量の関係で本稿ではその詳細には立ち入らないが、各々の個人史に深く食い込むアジアとの出会いこそが、会の活動を支えた底力であったように思える。

(27)同時代のアジアをめぐる様々な社会運動とアジアの女たちの会の関係については、拙稿「アジアの女たちの会とその周辺――国際連帯の観点から」安田常雄編『シリーズ 戦後日本社会の歴史』三巻「社会を問う人びと――運動のなかの個と共同性」岩波書店（近刊）を参照。

一九〇〇年前後における日本の移民問題と片山潜

大田　英昭

はじめに

近代日本の移民問題は、大きく二つに区別することができる。他の国から日本に移り住む外国人労働者の受け入れをめぐる「入移民」問題と、日本から他の国へ移り住む日本人労働者の送り出しをめぐる「出移民」問題とである。

日本に移住する外国人労働者の問題がはじめて浮上したのは、条約改正をめぐる議論においてであった。領事裁判権の撤廃を実現するためには、外国人に日本内地を開放してその居住や営業の自由を容認せねばならない。この「内地雑居」をめぐって日本では一八八〇年代から盛んに議論が行われたが、その論点の一つは中国人労働者の移入問題であった。当時アメリカ合衆国では中国人移民に対する排斥運動が活発化し、その入国を禁止する中国人排斥法が八二年に成立していた。こうしたアメリカの状況に注目しながら、日本の知識人たちは中国人の内地雑居の是非を論じたのである。一八九四年に日本と欧米列強との間で改正条約が調印され、九九年からの施行が決まると、日清戦後の中国人蔑視の風潮と相俟って、内地開放に伴う中国人労働者の処遇をめぐる議論はさらに沸騰していった(1)。

他方、日本からの本格的な出移民は、一八八五年以降ハワイ王国に送り出された官約移民に始まる。アメリカ合衆国では、入国が禁止された中国人労働者に代わる移民労働力の需要が高まり、アメリカ本土に向かう日本人労働者が一八九〇年頃から増え始めた。日清戦後になると移民会社の活発な募集を通じてアメリカへの渡航者は急増し、九〇年代末には在米日本人数が三万を超えた。こうした中で、アメリカでの移民排斥の矛先は次第に日本人労働者へと向かってゆく。外交上の軋轢を恐れる日本政府は九六年、「移民保護法」を制定して移民会社への取締りを強化し、一九〇〇年にはアメリカ本土への労働移民の渡航を自主規制した。その代わりに日本政府は、韓国・中国方面への渡航については移民保護法の適用外として便宜を与え、帝国主義的な植民政策の推進を図った。だが、ハワイ経由でアメリカ本土に転航するという抜け道を通じて、高賃金のアメリカを目指す日本人移民の数はその後もさらに増大してゆくのである(2)。

このように明治期の日本に現れた二つの移民問題について、労働者の国際的連帯という立場から積極的に発言し行動したのが、片山潜（一八五九〜一九三三年）である。本稿では、日清戦後から日露戦後にかけての約十年間に渡って、入移民と出移民それぞれの問題について、片山が何を主張しいかなる運動に取り組んだかを追跡してゆく。以下の考察を通じて、移民問題をめぐる海外の労働運動や国際社会主義運動の動向に留意しながら、後進帝国主義国家として大陸侵略に乗り出し始めた日本の植民政策との関係も含めて、片山の取り組みの思想史的な意義とその限界について明らかにしてゆきたい。

1 初期労働組合運動における移民問題

（1）高野房太郎と片山潜——労働組合運動の出発

日本における労働組合運動の第一歩は、高野房太郎らの結成した「職工義友会」が一八九七年四月、労働組合の結成を労働者に呼びかけるパンフレット「職工諸君に寄す」を作成・配布したことによって踏み出された。高野が労働問題に関心を抱くようになったのは、彼がアメリカ合衆国に滞在していた一八八〇年代末に遡る。当時のアメリカには、六九年に結成された労働騎士団（the Knights of Labor）と、八六年に設立されたアメリカ労働総同盟（ＡＦＬ）という二大労働者団体があったが、これらの組織との接触を通じて高野は労働組合運動の機能とその意義についての理解をいち早く深めていた。やがて日本でも労働運動が必要になると考えた高野は、ＡＦＬ会長のサミュエル・ゴンパーズに師事し、AFLの日本担当オルグに任命されて九六年に帰国した。日本の労働者を組織化しようとする高野の実践運動はこうして始められたのであった。

日本で労働組合運動を開拓してゆくにあたって、高野たちが協力を依頼した相手が片山潜である。片山は一八八四年にアメリカに渡り、以後十一年に及ぶ労働と苦学の中でキリスト教神学と社会学とを学んだ。高野と同じ九六年に帰国した片山は翌年、日米のキリスト教界の後援を受けてセツルメント施設「キングスレー館」を設立し、社会改良の事業家として活動を開始していた。その片山に高野たちは目を着け、彼を労働運動に誘い入れたのである。

職工義友会を母体として一八九七年七月、労働組合結成の補佐・奨励を目的とする「労働組合期成会」が創立され、片山も同会の運営に積極的に関わるようになった。この労働組合期成会の助力のもとに同年一二月、一一八三名の鉄工――鍛冶工・旋盤工など重工業の労働者によって結成されたのが「鉄工組合」である。片山は鉄工組合の本部参事会員（今でいう中央執行委員）に選出され、また労働組合期成会の機関誌『労働世界』の主筆兼編集長の役職に就いた。組合はその後関東から東北・北海道に至る工場に支部を拡大し、九八年末には三二支部・二七一七名の組合員を擁するまでになったが、こうした初期労働組合運動の展開において、片山は高野と並び立つ指導者として精力的に活動したのである。

(2) 労働組合運動における排除と連帯の論理

労働組合の結成を呼びかけるにあたり、高野が展開した論理にここで注目しておきたい。彼の執筆した上記の職工義友会のパンフレット「職工諸君に寄す」の冒頭で、来たる一八九九年が「日本内地開放の時期」であることに高野は注意を促している。すなわち、九九年七月に予定されている改正条約の施行に伴い、外国人に日本内地全土での居住・営業の自由が認められるようになると、「労働者を苛遇するとの評ある」外国の資本家や経営者が日本に上陸してくるであろうから、それに対する「準備」として日本労働者は団結せねばならない、と高野は説いたのである。(3) 改正条約の施行は、欧米列強と対等な主権国家として日本が承認されるのと同時に、資本・商品・労働力が国境を越えて自由に移動する世界資本主義のシステムに日本社会が本格的に組み入れられることを意味していた。そうした新しい状況の到来に対する労働者の自衛策として、高野は労働組合の結成を呼びかけたのである。これと同じ論理は、労働組合期成会の設立趣意書においても展開されている。

高野が警戒していたのは外資の流入だけではない。高野はアメリカ在留中に、低賃金の移民労働者は組織労働者にとって労働条件の悪化をもたらす「大敵」であるという考え方を会得していた。(4) 彼は『労働世界』創刊号に米国の炭坑労働者のストライキを紹介する文章を寄稿し、労働者の賃金を低落させた原因の一つとして、経営者が海外から「廉価の労働者を輸入」したことを指摘している。そして同誌は、高野のこの論説と同じ頁で、佐賀県の「長者石炭鉱にて六十人の朝鮮労働者を雇入今又七十七人を雇ひたり」と報道し、さらに同頁の別記事では、福岡県の某炭坑でも新たに百名以上の朝鮮人労働者を用いる予定であると指摘して、アメリカの労働組合の「支那人排斥運動」を見習うことを日本の労働者に勧めている。(5) 移民労働者の流入に対するこうした警戒は、労働力供給の抑制を図る労働組合主義と、偏見に基づく人種主義との入り混じった、当時のAFLのアジア移民排斥政策を想起させるものといえる。

ただし、このような排外主義的な主張が日本の初期労働組合運動を覆っていたわけではない。八時間労働日の要求をめぐってイギリスの合同機械工組合（ASE）と経営者団体とが激突した大争議（一八九七年七月〜九八年一月）に際して、誕生間もない日本の鉄工組合はASEに連帯を表する書簡を送ることを満場一致で可決し、これを実行している。(6) こうした労働者の国際的な団結の必要を特に強調したのが、労働運動は「ヒューマニチー」に基づく「世界的宇宙的の大運動」であるという発想をもっていた片山であった。(7) 片山は自分の編集する『労働世界』の最終面を英文欄として毎号これを執筆し、日本の労働運動を海外の運動と結びつける手段とした。同誌はこの英文欄を通じて、日本の労働運動の状況を海外に向けて発信するメディアとしての役割を担い、米・英・独・仏・伊さらにはカナダ・オーストラリア・南アフリカなど世界各国の運動家と情報を交換し合う媒介となった。(8) 例えば一八九八年一〇月、イタリア人亡命者への救援要請が世界各地の同志に向けてローマから発せられると、片山は直ちにこれに反応し、「世界万国労働者の友を以て自ら任ず」る者として「伊国の労働者にして我邦に来れる者に同情を表す」とともに、その救援に尽力するよう日本の労働者に求めるなど、国境を越えた労働者団結の精神を発揚することに努めたのである。(9) このように日本の初期労働組合運動の中から、労働者の国際的な連帯という思想が現れはじめていたことにも、注目しておきたい。

片山の『労働世界』は、AFLの移民労働者排斥についても、「自己の労働問題を思ふの見解狭きが為め」の「偏見」「犬根性」として痛烈に批判し、さらにアメリカが「移民条例を設けて支那人を放逐したるは文明国に似合はぬ野蛮的処置」であると非難した。[10] このことは、片山と高野の立場の違いを示唆しているといえよう。しかし、労働者の国際的連帯という思想を、『労働世界』が自国内のアジア人労働者問題に対して必ずしも貫徹させようとしなかったことは注意を要する。朝鮮人労働者をめぐる前記の記事を載せた後も同誌は、九州の炭坑で働く「支那人労働者」に言及し、「我国労働社会に一大打撃を加ふる」前触れとしてそれに「対抗」する覚悟を日本労働者に求める記事を掲載した。[11] このように同誌には、アジア人労働者には連帯ではなく「対抗」的に臨もうとする姿勢が目立ち、しかもそこには低賃金労働力の流入への純経済的な憂慮にとどまらず、アジア人に対する民族的偏見を含むこともあった。[12]「世界万国労働者の友」として欧米諸国の労働者に対しては連帯を表明しAFLの排外主義を批判する一方、隣人たるアジア人労働者に対しては敵意と偏見を露わにするという、『労働世界』の明白なダブルスタンダードに、片山も編集長として目をつぶり続けていたのである。

（3）中国人労働者の移入問題をめぐる片山と高野の対立

改正条約施行に伴う外国人への内地開放を目前に控えた九九年初夏、日本の論壇では中国人の扱いをめぐる議論がにわかに沸騰した。欧米人と同様に中国人にも内地雑居を認めるべきだとする外務省と、治安上の理由からその制限を主張する内務省とが対立する中で、新聞・雑誌など世論も開放論・制限論に分かれて論戦を繰り広げたのである。[13] 労働運動が日本社会における存在感を示すためには、労働問題と密接に関連する中国人の移住問題に対して、労働者の立場から確固たる方針を打ち出す必要があった。この機会に際して片山は、労働者の国際的連帯をめぐる従来の混乱した態度を捨て、彼の信ずる労働運動の思想的原理に基づく見解を『労働世界』の社説として次のように明快に示した。

> 「吾輩は喜んで支那人の来住を歓迎せんと欲す。支那人は我同胞なり。而して忠実なる労働者なり。吾人は平常労働者の利益の為めに弁護す。又公平なる同情を以て、忠実なる労働者支那人の為めに弁護せざるを得ず。吾人は我党一己の私利の為に、猜疑心の為に、隣国なる同文同洲同人種の忠実なる労働者を排斥するは、ヒユーマニ

チーの本領に戻《もと》るを信ずるなり[14]」

「忠実なる労働者」である中国人は我々の「同胞」である。それゆえ、日本人労働者の利益と同様に、中国人労働者の利益も「公平なる同情を以て」差別なく擁護されねばならない。従って、「我党一己」の偏狭な「私利」や猜疑心のために中国人を排斥してはならない。このように片山は、排外的ナショナリズムの「私利」の立場を超えた「ヒューマニチー」の原理に基づき、中国人労働者との連帯を初めて明確に主張したのである。さらに片山が同じ号に執筆したもう一つの論説は、この見解に沿いつつ、外国人労働者と共存しながら日本の労働運動が今後進むべき方向を次のように打ち出した。

「吾人は労働運動の万国運動なるを信ず…（中略）…労働者は支那人にまれ、アフリカ洲の黒人にまれ、猶太《ユダヤ》若しくは欧洲人にまれ、皆同胞なり。兄弟なる我組合は彼等を加入せしむべし。共《とも》に供《とも》に提携して労働者の勢力を作るべし…（中略）…吾人は労働者の為め、組合の為め、然り人類の為めには進んで支那人と提携するをいとはず。労働運動は人類運動なり[15]」

労働運動は「万国運動」であり「人類運動」である。中国人も黒人もユダヤ人もヨーロッパ人も、同じ労働者として皆「同胞」である。従って労働組合は、人種・民族・国籍の別を問わずあらゆる労働者を組織し、連帯して「労働者の勢力を作る」べきだというのである。片山はさらに次のように断言する、日本の労働組合にとって「支那人が幾千万人来り内地に雑居するも更に恐るに足らず、恐るべき者は資本家の圧制なり、雇主の虐待なり[16]」と。そのように片山は民族対立ではなく階級対立に注目すべきことを労働者に促しつつ、国境を越えた資本の勢力に対抗するためにも、進んで中国人労働者と連帯し、国境を越えて「労働者の勢力」を形成すべきことを説いたのである。

しかし、経済的な労働組合主義に立つ高野の目に、こうした片山の主張が日本の組織労働者の現実的な利害を無視する空論に映ったことは間違いない。高野は神戸で開催された「清国労働者非雑居期成同盟会」の演説会に出演し、他の弁士らとともに「清国労働者の有害無益」を強調した[17]。演説会で配布された「檄文」なるものは、「徳義なく廉恥なき汚下賤劣なる清国労働者」・「下等人種」・「劣等人種」・「乞食に等しき労働者」・「支那は土の中にも盗賊の分子を含む」・「窃盗賭博は彼等が先天的特性にして汚穢不潔は彼等が遺伝の弊習なり」云々と、中国人に対する悪質な人種的偏見に基づく誹謗中傷を連ねたうえで、「断じて之を排斥し、以て我至醇なる国風を保全し、我労働者を擁護せん」と宣言するものであった(18)。極端な排外的ナショナリズムと労働者保護の主張とを結びつけるこの長たらしい文書を、高野が『労働世界』誌上に掲載することを求めたのは、低賃金の移民は組織労働者にとって労働条件を悪化させる「大敵」だとするＡＦＬ流の労働組合主義に基づく信念に加え、中国人に対する差別的偏見を梃子として日本労働者の団結を図る意図もあったとみられる。こうした高野の考えと、上述の片山の主張とが、原理的に相容れないのは明白である。が、日本政府が外国人労働者の居留地以外での居住・就労を制限する方針を定めた結果、労働移民の急速な流入が抑制されたため、二人の思想的対立はその後の労働運動の展開において深刻な問題とはならずに済んだ。

労働者の国際的連帯の原則は、アジアから日本への移入民を含め人種・民族・国籍の別を問わずあらゆる労働者に等しく適用されるべきだ、と明快に示した片山の主張は、初期労働組合運動の貴重な思想的成果であった。日清戦後における改正条約の施行が示すように、列強諸国の一員として世界資本主義システムに本格的に参入することが認められた日本帝国がアジア侵略に乗り出しはじめたちょうどその時、同胞たるアジア労働者との連携によって国境を越えた資本の活動に対抗することを、労働運動の指導者として片山が宣言したことの意義は小さくない。この思想が現実との格闘を通じて鍛えられるのはまさにこれからのはずであった。が、その機会はまもなく奪われることになった。労働運動が日本帝国内部の危険分子になりかねないことを察知した政府は、一九〇〇年三月「治安警察法」を制定して労働者から団結と争議の自由を剥奪した。初期労働組合運動は以後、急速な崩壊の道を歩んだのである。

2　片山潜の渡米事業と移民問題

(1)　片山の渡米移民事業とその論理

上記のように一九〇〇年の春以降労働組合運動が急速に没落すると、絶望した高野は運動から離脱して清国へと去った。それに対して片山は、二つの方面から事態の打開を試みた。一つは、組合運動を政治運動に編成替えすることである。治安警察法の制定を労働組合運動に対する死刑宣告とみた片山は、この悪法を廃止するためにも労働者の代表を議会に送り出すことが必要だと考え、当面の目標としてまず普通選挙権の獲得を目指した。この政治運動に着手するにあたり、片山は社会主義を旗印として労働者の結集を進め、残存していた労働組合勢力の支持を背景に政党の結成を試みた。その結果一九〇一年五月に創立されたのが「社会民主党」である。片山はブリュッセルに置かれていた国際社会主義運動（第二インターナショナル）の事務局と連絡を取り、その構成メンバーとして認められた[19]。社会民主党の組織自体は結成からわずか数日で治安警察法により当局から結社禁止命令を受けたが、以後も片山たちは演説会や全国遊説を通じて社会主義の啓蒙宣伝運動を活発に展開した。

初期労働組合運動の没落を受けて、事態を打開すべく片山の試みたもう一つの活動が、渡米事業である。工場法などの労働者保護法制が全く存在しない当時の日本において、労働組合の崩壊は、労働者が賃金や労働条件の低落をくい止める手段を失ったことを意味していた。そのような状況で、労働者が人生の活路を切り開くための当面の手段として、アメリカに移住することを片山は推奨した。彼によれば、「北米合衆国は世界にて最も自由国」で、「労働賃金は世界中で一番高」く、労働者は比較的「高位地」にある。従って「我邦人が渡米して、苟《いやしく》も健全なる身体を有し双手を働かして以て其志望を達せんとせば、決して困難ならず。多少困難なるも断じて不可能のことにあらず[20]」。片山はかつての自分のアメリカにおける労働と苦学の経験を重ね合わせつつ、このように断言したのである。

一九〇一年八月に片山の上梓した『渡米案内』は、わずか一週間で二千部を完売し、たちまち数版を重ねる人気を博した。翌年片山は「渡米協会」を設立して自らその会長となり、『労働世界』をもって会の機関誌にあてた。渡米協会はその事業として、渡米希望者からの相談への対応、渡航手続きや移住先での就労・就学の情報提供、実用英会話の教授、紹介状の発給等を行い、もっぱら渡米者の便宜を図ることを目的に活動した。さらに一九〇三年末には片山自身が渡米してテキサス州で米作事業の調査を行い、日本人農民二百家族の入植を計画して知人らの共同出資を得、一九〇六年から事業を開始した。この米作事業は結局失敗に終わったが、翌〇七年に帰国した後片山は渡米協会を再興して『渡米』『日米経済新報』を相次いで発刊し、アメリカへの移民の重要性を鼓吹し続けたのである。

このように片山は渡米移民事業に熱心に携わったのであるが、その際に彼の抱いていた次のような見解に注目したい。それは、産業が未発達で低賃金に苦しむ日本の過剰労働力が、比較的高賃金である産業先進国のアメリカに自由移民として向かうことを自然な勢いとみなし、その流れを推進することで労働力の需給のバランスを正すという考え方である。こうした見解に基づき片山は、国境を越えた労働力移動の妨げとなる政治的障壁を打破すべきことを、繰り返し主張した[21]。それは先にみた、中国人労働者の日本への移住を歓迎する彼の考えにつながる発想であった。

片山の渡米移民論は、日本国民の海外移住を国家の経済発展という観点から奨励するナショナリズムの論理も含んでいた。ただし片山は、日本帝国のアジアへの軍事的侵出に基づく植民政策には批判的であった。彼は「軍備拡張と云ふ不生産的国家事業」が国民多数の重荷でしかないことを批判し、イタリアの「殖民政策」が軍拡の負担による多数人民の困難をもたらした悪しき前例を指摘して、アメリカへの平和的な自由移民を推進することが得策だと説いた[22]。このように片山の渡米論は、帝国主義者の軍事的なアジア侵略論に代わる現実的対案としての側面も有していたといえる。とはいえ、日本の経済的膨脹自体は歓迎していた当時の片山の帝国主義批判は、労働者階級に重い負担を課す軍拡に対する批判にとどまり、後述するようにその射程には大きな限界があったのである。

(2) 移民問題をめぐる片山潜と国際社会主義運動

上述のとおり片山は、渡米移民事業の一環としてテキサス州で米作調査を行うことを主な目的として、一九〇三年末に渡米の旅に発った。ただし旅の目的はそれだけではなかった。アメリカ西海岸でくすぶり続けていたアジア人排斥の動きは、渡米協会にとって憂慮の種であった。この問題を解決する鍵は、片山によれば労働組合と社会主義である。AFLがアジア移民排斥政策を採ってきたことは前記のとおりだが、片山によれば、そうしたアメリカの労働組合の排外的態度は社会主義の影響によって後退し、今や中国人・日本人の移民労働者と提携する動きが現れている。そして鉄工・靴工・煙草職工などの在米日本人労働者も組合を組織し始めているという[23]。

「社会主義は人道主義なり、博愛主義なり。北米の労働者は之を実行して其《その》黒人と提携し、又日本人と提携して其主義を拡張せんとす。吾人は我労働者が、一人にても多く渡米せんことを渇望する者なり。社会主義は万国の労働者を一致せしむる者なり」[24]

このように片山は、社会主義に基づく労働者の国際的連帯によって、移民の障害たる人種主義は克服できると信じていた。

この信念に従って片山は、在米日本人の間に社会主義を扶植しつつ、当地の社会主義政党や労働組合と連絡をつけることを志した。彼の渡米のもう一つの目的はそこにあった。

一九〇四年の初頭、片山はシアトル・ポートランド・サクラメント・サンフランシスコ・ロサンゼルスなど西海岸の各都市を巡回して社会主義の演説を行い、在米日本人の社会主義団体の組織化を指導した。彼はアメリカの労働運動や社会主義勢力との接触も欠かさなかった。同年五月にシカゴで開催されたアメリカ社会党大会に招待されて出席した片山は、大勢の党員の歓迎の中で演説を行い、さらにセントルイスやミルウォーキーでも演説の機会が与えられた。

しかし片山の予想以上に、ＡＦＬに代表されるアメリカ労働運動の人種主義的な移民排斥論は根強かった。とりわけ、「外国の労働者に反対し之を憎むこと蛇蝎の如」く、「日本人の店と支那人の店と向つてはボーイコットを宣言し、組合員にして以上の店に飲食又は購買するものは、十五弗以上六十弗の罰金を科す」という露骨な排外的政策を採るサンフランシスコの労働組合について、片山は、「労働組合も茲《ここ》に至つて、其の前途窮まれりと云はざるべからず」と失望の色を隠さなかった。[25]

さらに片山を幻滅させたのは、アメリカ社会党の態度であった。一九〇四年八月に片山はニューヨークから出航し、アムステルダムで開かれた第二インターナショナルの第六回大会に日本社会主義者の代表として出席した。その席上、アメリカ社会党を代表するモリス・ヒルクィットらは、「外国人労働者の移住によって生じる労働者階級にとっての危険」を強調し移民制限を求める決議案を提出したのである。それは「アジア人やアフリカ人のクーリー」のような「遅れた人《ママ》種の労働者」をことさらに標的にしたものであった。[26] この決議案は多数の代議員の賛成を得られなかったものの、こうした人種主義的言辞が国際社会主義者大会の席上で発せられたこと自体、「社会主義者は四海皆兄弟なる金言を実行せる者」[27]だと信じていた片山をいかに落胆させたかは想像に難くない。片山によれば、移民排斥政策に固執する労働組合の機嫌を取ろうとして「主義を犠牲に供」してしまうところに、アメリカ社会党の弱点がある。「彼等の代表者が、アムスタダム大会に於て決議案を呈出して笑を招きたるも、此の弱点を露出せるため」である、と片山は指摘した。[28]

その後アメリカ西海岸のアジア移民排斥運動は、増え続ける日本人移民を標的に展開されていった。一九〇四年のＡＦＬ全米大会は排日決議を採択し、中国人排斥法を日本人にも適用することを要求した。社会主義者も労働組合の移民排斥に追随して〇六年、カリフォルニア社会党は移民規制を支持する決議案を採択した(29)。サンフランシスコ市教育委員会が日本人学童に中国人街の隔離学校への通学を命令したのは、同年の一〇月だった。その年の一二月、日本社会党はアメリカ社会党に対し、日本人移民排斥問題について善処を求める文書を送った(30)。

　一九〇七年八月にシュトゥットガルトで開催される第二インターナショナルの第七回大会でも、移民問題が議題として取り上げられることになっていた。片山はシュトゥットガルト大会に宛てて長文の報告書を送付した。その中で彼はとくに「人種問題と社会主義」の一項を設けて、アメリカ西海岸において日本人移民に向けられている「人種的憎悪」に注意を促し、人種的憎悪に基づく移民排斥は「社会主義の目的と原理に対する直接の侵害」であると指摘した(31)。さらに片山は、ドイツ社会民主党の理論家カール・カウツキーに書簡を送り、移民問題についての自分の考えを次のように述べてシュトゥットガルト大会での協力を要請した。

　「アメリカ人労働者が日本人労働者を憎む理由はありません。むしろ逆に、共通の敵である資本家と戦うために連帯すべきなのです。社会主義の目的と原理は、人種的憎悪を克服して諸人種を同胞として結び合わせることができるよう、力強くあらねばならないと私は考えます。国際社会主義運動の団結は、世界の労働者の相互利益を増進させねばなりません(32)」

シュトゥットガルト大会において、M・ヒルクィットらアメリカ社会党の代表は移民制限を求める決議案を提出する一方、日本の社会主義者を代表して大会に参加した加藤時次郎は、それに正面から反論した。アメリカ社会党の案に対しては各国の反対が強く、移民制限を否定する対抗案が最終的に採択された(33)。大会の結果の報告を受けた片山はひとまず安堵したに違いない。大会から四ヵ月後の〇七年一一月に彼は、一時事業を休止していた渡米協会を再興して機関誌『渡米』を発刊した。

　だがその頃から、アメリカにおける日本人移民問題は日米両政府間の外交問題として急展開してゆく。日露戦争後に南満州における排他的支配を強化する日本と、その「門戸開放」を求めるアメリカとの帝国主義的対立が深まる中で、移民問題は両国政府にとって外交戦略上のカードとなっていた。〇七年一一月から翌年二月にかけて移民問題をめぐる外交交渉が行われ、いわゆる「紳士協約」の合意が成立した。これにより、アメリカ本土への日本人労働者の移民は事実上禁止された。片山が熱意をもって取り組んできた渡米事業も、ここに逼塞を余儀なくされたのである。

むすびにかえて

片山がテキサスで米作事業に取り組んでいた一九〇七年のはじめ、日本社会党の田添鉄二は、日露戦後に日本政府が推し進める「満韓殖民政策」について、「帝国旗の勢力」すなわち武力を背景に「征服者てふ鬼面を被《かぶ》りて、詐欺、強迫、其他あらゆる兇悪手段を弄」して現地の人々の「人権を蹂躙し、土地財産を横領」するものだと厳しく批判した。田添によれば、こうした「帝国旗の勢力」を後援とする「殖民政策」は、資本家の「階級的利益の収拾を保護」するもので、労働者階級にとっては「徹頭徹尾無益であり、無意義である[34]」。そもそもこのような「殖民政策」は、労働者が本来求める自由な移民とは全く相容れない。「由来労働者の移住は、自主独立にして世界的なり、何等の拘束を欲せず、何等の後援をも要せず…（中略）…自国の国旗の翻へると翻らざるとの如きは、毫末も相関せざる所」である。このことは「労働社会が、帝国の建設を、無意識の間に排斥するの証左にして、殖民政策は実に其試金石に於て失敗」しているのだという。「『万国の労働者よ、乞ふ団結せよ！』とは、天才の黙示に非ずして、寧ろ万国の労働者が、自家の境遇と使命とを自覚せるの喚叫なり、国境と歴史とを超越せる平民階級自覚の鬨声なり[35]」。このように田添は、労働者の国境を越えた自由な移住と、それに基づく自覚的な団結こそ、帝国主義的な「殖民政策」を打破する原動力たりうると見ていた。

こうした田添の議論は図らずも、片山の渡米移民事業の思想的意義を片山に代わって明らかにしたものといえる。先に触れた、第二インターナショナル・シュトゥットガルト大会に宛てて片山の執筆した報告書は、移民問題について前記の見解を述べた後、次のように指摘している。「国際平和は世界の労働者の連帯によってのみ達成される。今日の世界の労働者は帝国主義の犠牲者である」。続けて片山は中国・インド・韓国・満州における社会主義の発展の見通しを語り、「極東における社会主義の勝利をわれわれは確信する」と述べたのである[36]。

しかし、自国の帝国主義的なアジア侵略について片山の認識は、田添と比較して乏しかった。そのことは一九一〇年の日韓併合をめぐって露呈することになった。片山は「日本帝国の大責任」について次のように説いている。新たに「日本帝国の臣民」となった朝鮮人に対し、「日本人全体が指導者となり、師表となり、以つて彼等後進国の人民を待遇せねばならぬ」、と。(37) 武力によって征服した側の国民の、征服された「後進国の人民」に対するこうした優越感は、彼の長年の持論たる万国労働者の団結の主張と、いったいどのように整合するのであろうか。初期労働組合運動において片山の示した、国境を越えた資本の活動に対抗すべく人種・民族・国籍を越えてあらゆる労働者と連携するという、画期的な思想が真に血肉化されてゆくのは、一九一四年彼がアメリカに亡命し、あらゆる市民的権利を剥奪された一人の「ジャップ」として労働生活を送るようになって以後のことであった。それについての考察は別稿に譲らねばならない。

(1) 中国人労働者の内地雑居をめぐる論争については、山脇啓造『近代日本と外国人労働者』〔明石書店、一九九四年〕第1章、参照。

(2) 明治日本におけるハワイおよびアメリカ合衆国本土への出移民の全体像については、児玉正明『日本移民史研究序説』〔渓水社、一九九二年〕、木村健二「近代日本移民史における国家と民衆」『歴史学研究』五八三号、一九八八年八月、を参照。

(3) 「職工諸君に寄す」一八九七年四月（労働運動史料委員会編『日本労働運動史料』第一巻〔労働運動史料刊行委員会、一九六二年〕所収）。

(4) 高野房太郎「北米合衆国の労役社会の有様を叙す」『読売新聞』一八九〇年五月三一日・六月七・一〇・一三・一八・一九・二三〜二七日（高野房太郎著、大島清・二村一夫編訳『明治日本労働通信』〔岩波書店、一九九七年〕所収）。

(5) た、か、〔高野房太郎〕「北米合衆国石炭坑夫の同盟罷工（一）」『労働世界』一号、一八九七年一二月一日、岩田生「日本労働者の前途」同上誌。

(6) 『労働世界』三号、一八九八年一月一日。なおこの書簡に対する返礼として、ASEは感謝状と組合年報を鉄工組合に贈った（同上誌、二五号、一八九八年一二月一日）。

(7) 片山潜「資本家に告ぐ」『労働世界』六号、一八九八年二月一五日。

(8) 九九年六月の段階で片山の労働新聞社に送られてくる海外の労働雑誌は二十三誌に達していた（「本社と労働雑誌」『労働世界』

三八号、一八九九年六月一五日)。
(9)「吾人の同情」『労働世界』二六号、一八九八年一二月一五日、および同号英文欄。
(10)「米国の労働組合連合」『労働世界』七号、一八九八年三月一日、「移住と労働」同上誌、九号、一八九八年四月一日、および同上誌、三一号、一八九九年三月一日、雑報欄。
(11)「内地雑居」『労働世界』一〇号、一八九八年四月一五日。
(12)「うつかりして組合にも入らず労働世界も読まずに居れば横浜市の茶製場の茶ホーヂ工女工男の群に入りてチヤンチヤンに使はれるに至るは必然だ。チヤンチヤンに使役されても仕事がありて賃銀が貰へれば生地なきチヤンチヤン坊頭に類する職工は満足するならんが彼等は之れも安心しては出来ぬようになる、支那人は四億万人もありて日本へもどしどし来るべし。西洋人も沢山来つて無知な労働者と競争して我労働者は閉口してしまうべし」(「労働倶楽部」『労働世界』三二号、一八九九年三月一五日)。
(13)山脇、前掲書、五七〜七三頁、参照。
(14)「支那人に対する吾人の態度」『労働世界』三九号、一八九九年七月一日。なお引用に際しては適宜句読点を改めた。以下同じ。
(15)満山逸民〔片山潜〕「支那人問題」『労働世界』三九号、一八九九年七月一日。
(16)同上。
(17)高野生「清国労働者非雑居期成同盟会の演説会に臨む」『労働世界』四二号、一八九九年八月一五日。
(18)清国労働者非雑居期成同盟会「檄して四方憂国の士に訴ふ」(高野、同上論文、所収)。
(19)西川正雄『初期社会主義運動と万国社会党』〔未来社、一九八五年〕一九〜二二頁、参照。
(20)片山潜『渡米案内』〔労働新聞社、一九〇一年〕九頁。
(21)例えば、片山潜「人口増加と労働者」『日本人』一五九号、一九〇二年三月二〇日、同「北米移住論」『東洋経済新報』二七六号、一九〇三年八月五日、「殖民政策の欠点」『渡米』一巻一号、一九〇七年一一月一二日。
(22)片山潜「軍備の拡張と日本帝国の信用」『労働世界』六年二五号、一九〇二年一二月二三日、同『続渡米案内』〔渡米協会、一九〇二年〕一〜四頁
(23)片山潜「告別の辞」『社会主義』八年二号、一九〇四年一月一八日、「北米日本労働者の有望」『社会主義』七年一四号、一九〇三年六月一八日。
(24)同上「北米日本労働者の有望」。
(25)片山潜「米国労働問題と社会主義」『社会主義』八年一三号、一九〇四年一一月三日。

(26)“The International Socialist Congress,”『社会主義』八年一二号、一九〇四年一〇月三日、および西川、前掲書、五〇〜五一頁。
(27)片山、前掲『続渡米案内』五八頁。
(28)片山、前掲「米国労働問題と社会主義」。
(29)アメリカ西海岸における日本人移民排斥をめぐる労働組合・社会主義運動の動きについては、ユウジ・イチオカ『一世』〔刀水書房、一九九二年〕の第3章を参照。
(30)“The Japanese expulsion question,”『光』一巻三〇号、一九〇六年一二月一五日。
(31)S. J. Katayama, “Comrades of the World,”『社会新聞』六号附録、一九〇七年七月七日。
(32)一九〇七年七月二一日付カウツキー宛の片山の書簡〔Akito Yamanouchi, “Unpublished Letters of Sen Katayama to Karl Kautsky, 1907-1915,”『宮崎大学教育学部紀要』五八号、一九八五年、所収〕。
(33)西川、前掲書、六三〜六七頁、「万国社会党大会に於て決議せられたる移民政策」『社会新聞』二一号、一九〇七年一〇月二〇日。
(34)田添鉄二「満韓殖民政策と平民階級」『(日刊)平民新聞』四〜七号、一九〇七年一月二二〜二五日。
(35)一平民〔田添鉄二〕「平和の労力的発展」『新紀元』九号、一九〇六年七月一〇日。
(36)Katayama, “Comrades of the World.”
(37)深甫〔片山潜〕「大帝国民の倫理的要件」『東洋経済新報』五四七号、一九一一年一月一五日。

革命家と首相の見たアフリカとカリブ海域
——C・L・R・ジェイムズ『ブラック・ジャコバン』とエリック・ウィリアムズ『コロンブスからカストロまで』を中心に

片岡 大右

C・L・R・ジェイムズのハイチ革命史
——トロツキー的パン・アフリカ主義からカリブ海域の独自性理解へ

シリル・ライオネル・ロバート・ジェイムズは一九〇一年、英領トリニダードに生まれた。父は教師であり、すでに家族は島の黒人中の中産階級の仲間入りをしていた。英国紳士養成のための中等教育機関であるクイーンズ・ロイヤル・カレッジに学んだ彼は、生涯の愛好の対象となるクリケットに夢中になる一方、ヨーロッパ文明の諸成果を旺盛に吸収した。西洋文明の遺産は生涯にわたり、彼にとって貴重なものであり続ける。『現代政治』（一九六〇）においては、西インド諸島の人民の自己決定への道が古代ギリシアの都市国家をモデルとして望見されるのだし、一九八九年の死に先立つ数か月の間、ブラック・ナショナリズムのチャンピオンはスコアを手にしてベートーヴェンやモーツァルトに耳を傾けることで至福の時間を過ごすだろう。

一九三二年、彼がイギリスに渡ったのは作家としての成功を夢見てのことであった。しかしランカシャーの小村、当時「小モスクワ」の異名で知られていたネルソンに住み、工場労働者の戦闘性に心打たれつつマルクス主義の研究を開始したジェイムズは、翌三三年にロンドンに移り、トロツキズムの運動に深く関わって、そこで主導的役割を担う。三七年には『世界革命　一九一七〜一九三六』が刊行されるが、コミンテルンの最初の通史のひとつである本書はその副題――「共産主義インターナショナルの興隆と没落」――からしてトロツキー的ソ連観、すなわちレーニン時代の栄光とスターリンによる堕落という前提に立つものであった。[1] しかし彼の政治的取り組みは、たんにマルクス主義的な形態のみを取ったのではない。ジェイムズはトリニダード時代からすでに、西インド諸島の自治問題に強い関心を持っており、彼の最初期の著作はこの問題に捧げられた。ファシズム政権下のイタリアによるエチオピア侵攻に際して、彼は『アビシニアと帝国主義者たち』（一九三六）によってアフリカ人による独立運動の意義を説いた後、ジョージ・パドモアとともに国際アフリカ人サービス・ビューロー（ＩＡＳＢ）を設立した。三〇年代半ばの人民戦線戦術――ファシズムと闘うべく自由民主主義の諸国と協働することにより、英仏のアフリカ支配に対する闘いを不可能にした――に反対してコミンテルンを追放されたこのトリニダード時代の幼馴染とともに、彼は三〇年代後半を通してパン・アフリカニズムの大義をイギリスの公衆に広く訴えていく。西インド人パドモアをアフリカ人クワメ・エンクルマに紹介し、パン・アフリカニズムの主導権が〈新世界〉のアフリカ系人からアフリカ人へと移行するよう促したのも彼である。ジェイムズの知的・政治的活動は、尖鋭なマルクス主義者にしてパン・アフリカニズム発展の後見人という二重性によって特徴づけられる。

彼の最もよく知られた著作というべき『ブラック・ジャコバン』（一九三八）を興味深いものにしているのは、ジェイムズのこの二重の相貌である。一九三〇年代の彼は革命運動に従事する傍ら、史上初の黒人共和国たるハイチ独立の歴史研究に取り組む。フランス革命に随伴したこの出来事は、当時まで、あらゆる立場の革命史において一貫した無視の対象となってきた。せいぜいのところ、ナポレオンに敗れて獄死した指導者トゥサン・ルヴェルチュールへの同情交じりの敬意が、折に触れて表明されるばかりだったのである。ジェイムズもまたルヴェルチュールの偉大さを強調し、ほとんどナポレオンに匹敵する歴史的人物として描いてはいる。しかし本書は一連の出来事を、もっぱら一人の傑出した人物の偉業として提示するのではない。本書は蜂起した黒人奴隷全体の動きに重要性を与えている。本書が『トゥサン・ルヴェルチュール』ではなく『黒いジャコバンたち（*The Black Jacobins*）』と題されている所以である。

さらにまたこの表題は、たんに革命成就に際しての集団的な力の重要性のみを示唆しているのではない。蜂起の主体を「黒いジャコバン」と名指すことにより、ジェイムズは黒人奴隷たちの行動を、フランス本土での革命の推移と明示的に結び付ける。この結合は、相互的なものとして想定されている。すなわち、一方ではサン＝ドマングにおける黒人たち自身の動きが、革命フランスによる奴隷制廃止の決定を促したことが強調される。そして他方では、革命以前からの本国の政治的議論、さらには人権宣言を始めとする革命の諸原理が植民地の動向に呼応しえたことの重要性が指摘されるのである。本書における歴史研究が、同時代の現実に対するジェイムズのまなざしによって強く規定されていることが分かる。黒人主導の革命運動と自治政府運営の成功可能性を証明しようという野心の産物である本書は同時に、植民地の革命とヨーロッパの革命の結びつきをめぐる問いによっても貫かれているのである。

ジェイムズは、たんに本国における政治的諸決定とカリブ海域の動向の相互的な影響関係を把握するのみならず、大西洋を挟んだ二つの舞台それぞれにおける複数のアクターの絡み合いをも詳細に跡付ける。本国においては、議会内の諸勢力の関係が把握されるとともに、院外の民衆の動向が革命の急進化に与えた推進力が強調される。サン＝ドマングにおいては、白人の三階層——すなわちプランターを始めとするビッグ・ホワイト、執事・弁護士・公証人・職人・商店主らのスモール・ホワイト、国王の意を受けて彼ら入植者を統治する官僚層——、有色自由人——混血のムラートと少数の解放黒人奴隷からなり、しばしば経済的成功を獲得していたものの、人種主義的位階制の中では決して白人たちと同じ権利を持つことはできない——、最後にプランテーションで働く黒人奴隷という複数の集団が、革命のインパクトのもと、それぞれの思惑を抱いて交渉し、協力し、対立する様が描かれる。

白人の二大階層に関して言えば、当初はいずれも革命を支持した。ビッグ・ホワイトは、植民地の生活を本国の利益に従属させる重商主義体制（「排他制」）にかねてから反発してきたし、スモール・ホワイトは、本国の第三身分の主張を当然我がものとしたからである。しかし、後者は富裕な有色自由人に対し、彼らを財産上の同盟者とみなすこともできた前者と比べてもなおいっそうの憎悪を抱いていた。ムラートの権利獲得に反対するのみならず、革命の熱狂の中で彼らの虐殺と財産没収をすら画策するのはこのスモール・ホワイトである。ムラートの立場は、かくして両義的なものとなる。彼らは一方では、人権宣言と本国の革命プロセスの恩恵を受けて人種的平等を獲得したいと願うのであるが、他方では革命派の白人入植者の攻撃を受け、またほかに頼る者のなくなった王党派の官僚層——かつてはプランター勢力の反抗を抑えるべく、スモール・ホワイトと同盟していたのであるが——に手を差し伸べられて、反革命に与することにもなるからである。

そしてまた、白人たちの社会に統合されることを求める彼ら有色自由人が、自らの闘いの延長線上に黒人奴隷解放を見据えていたわけではないことも明らかである。例えばムラートの名士オジェは、一定の財産を持つ「すべての個人」に選挙権を認めた、国民議会による一七九〇年三月八日の布告——サン＝ドマングの革命派は、このような布告を行った本国の同類の無分別に憤りつつ、そこにムラートが含まれることを必死に否定していた——がこの植民地においても公布されることを雄弁に求めたが、その際、奴隷制を問題視することはしないばかりか、「奴隷主としての白人とムラートの共通の関心に訴えた」(2)。だがオジェに代表されるムラートの闘いがいかに奴隷たちとの共闘意識を欠いたものだったにしても、白人たちのほうでは有色自由人への権利付与を奴隷への権利付与に道を開くものと受け止めた。それゆえ、反乱に訴えたオジェは捕えられて、この上なく残虐な責め苦の果てに死ななければならなかったのである。

一七九二年四月四日、ついに本国において有色人の政治的権利を認める法律が成立するが、これもまた奴隷解放の前提であるどころか、逆に植民地の白人とムラートとを和解させ、前年八月以来の大奴隷反乱を鎮圧させるためのものだった。以後、事態は、トゥサン・ルヴェルチュール率いる黒人奴隷たちの、島の東部を占めるサント＝ドミンゴのスペイン人との協力——トゥサンはスペイン国王の将軍として革命の合言葉、自由と平等を唱え、共和国となったばかりのフランスと戦う——、白人プランターによるジャマイカのイギリス軍への協力要請へと推移し、黒人奴隷鎮圧のために本国より派遣されていたソントナクスは、一七九三年八月二十九日、本国の許可なく独断で奴隷制廃止を宣言することにより、反乱奴隷たちに帰順を求める。それを受け、「レーニンとトロツキー下の革命ロシア」(3)以前にあっては最も人民が権力に近づいた時期とジェイムズがみなすジャコバン独裁期のパリも、ついに黒人奴隷解放を決議することとなって、トゥサンはようやくフランス側に付く。イギリス軍を撤退させた後、彼は総督として——ナポレオンの反感を買い、捕らわれて獄死するまでの数年の間——サン＝ドマングを統治するだろう。

よきマルクス主義者として階級問題の決定的性格を主張しつつも、ジェイムズはこうしたプロセスを跡付けることにより、人種的要因が政治において持つ無視しがたい重みを強調すべく努める。しかし、渡英後の最初の著作においてアーサー・アンドリュー・チプリアーニの生涯を取り上げ、島の黒人および東インド系労働者を組織して労働党を創始したこのコルシカ系白人のポート・オヴ・スペイン市長を称賛してやまなかった彼、合州国の黒人たちを「アフリカへの帰還」運動へと動員したマーカス・ガーヴィーを「人種狂信家(race fanatic)」であるとしてヒトラーになぞらえ、(4)六〇年代後半以降の「ブラック・パワー」運動の隆盛に対しては「私は『黒人は美しい』とやらで得意になったりはしない。[…]私が関わっているのは歴史的事実だ(5)」と断言した彼は、黒人性への過度な固着とは無縁である(6)。こうして、トゥサンによる白人将校の活用や、新体制の中での白人の処遇は、レーニンのロシアにおけるブルジョワジーの力の活用と並行的に理解され、原理において承認されることになる。

彼はまた、一連の出来事を通して実現されたのは、本国において始められた革命の理念にほかならないと考えている。「黒いジャコバンたち」は、大西洋の彼方の白いジャコバンたちと遥かに呼び交わしつつ、またソントナクスのような現地における協力者と手を携えて、同じひとつの理念のために闘ったものとされる。それゆえ、彼は評判の悪いジャコバン独裁期の国民公会により実現されたこの歴史的決定を称え、議員たちの発言を記録にとどめようと望むのである。「フランス人民の憲法を作成したとき、われわれは不幸な黒人のことまで思いいたりませんでした。このままでは後世の人々に責めを負うことになるでしょう。あやまりは正そうではないか(7)」、等々。

本国と植民地の「ジャコバンたち」の相互的関係に注目するジェイムズの記述のうちには、『世界革命』の著者となったばかりの彼のトロツキー主義が色濃く反映している。「サン=ドマング民衆は立ち上がる」と題された第四章を「そしてパリ民衆が支援する」と称する第五章が引き継ぐという構成は、後進国の革命はヨーロッパにおける社会主義革命の触媒とならねばならず、前者は後者の物質的かつ政治的な支援を受ける限りにおいて存続しうるものだという永続革命の原理に依拠しているのである。実際、本書はサン=ドマングにおける動乱の帰結を、テルミドール以後のフランス革命の失調によって説明している。本国の革命との連関を失うばかりかナポレオンの差し向けたフランス軍との交戦を余儀なくされたサン＝ドマングは、デサリーヌのもとでよく戦い、ハイチとしての独立を勝ち取ることはできた。しかしこの勝利はイギリスと合州国の資本主義に支持されたものであり、皇帝となったデサリーヌは、この新生黒人国家と旧宗主国の分断を画策するイギリスの提案するままに、島に残るフランス人を皆殺しにしてしまう。こうしてハイチは、孤立のうちに経済的破滅と政治的・社会的混乱の運命を耐え忍ぶことになるのである。

『ブラック・ジャコバン』が同時代の国際社会主義運動の展開を見据えつつ書かれたものであるのは当然である。しかし、西インド諸島の出身でありながら、当時のジェイムズが植民地の革命運動を語るときに何よりも念頭に置いていたのは、アフリカ諸国の動向であった。それゆえ、トゥサンの情熱を共有する二十世紀の黒人として本書の末尾で言及されるのは、ローデシアの無名活動家である。アフリカの革命は孤立したままでは決して成功することができず、先進国の社会主義革命を促すとともにそれに支えられる必要があるということ。本書を締めくくるこのメッセージからも明らかなように、トロツキー的マルクス主義とパン・アフリカニズムの二つはジェイムズにあって相補的に捉えられていた。すでに指摘した彼の二重の政治的企図は、ひとつの統一的な世界革命のヴィジョンのうちに一体となっていたのである。[8]

一九八〇年版への序文にも、本書はアフリカ人のために書かれたとの回顧を読むことができるが、それに先立つ一九六三年版のための補論においては、一人のトリニダード黒人によるこうしたアフリカへの関心が、両大戦間期におけるカリブ海域の黒人知識人の一般的傾向の現れとして説明されている。「西インド人にとって民族的アイデンティティへの道は、アフリカまわりでひらかれていた」。[9] ジェイムズはそこで、パドモアのみならずかつて罵倒したガーヴィー（ジャマイカ出身）をも英領カリブ出身の偉大なネグリチュード提唱者として顕揚した後に、パリ留学中の黒人学生の文化運動に端を発するこの語を実際に説き広めたひとり、エメ・セゼールの『帰郷ノート』発表（一九三九年に雑誌掲載）と『ブラック・ジャコバン』初版刊行との同時性を強調する。一九六三年の彼は、自らを含めたカリブ出身の黒人たちの活動の意義の一端が、このマルティニックの詩人・政治家による黒人アイデンティティ探求の努力によって体現されていたことを進んで承認するのである。ただし彼は、当時共産党員だったセゼールにとり、黒人性への沈潜が決して政治綱領に取って代わるものではなかったことを強調し、全人類共通の理想への努力を欠くとき、ネグリチュードは「最も低俗な人種主義(10)」に陥ってしまうだろうとも、警告するのであるが。こうして、相変わらず国際社会主義の発展と全人類の解放こそを最重要の課題とみなしつつも、ネグリチュードの一語が体現するがごとき黒人意識の高揚と黒人の故郷たるアフリカへの注目がすぐれて西インド的な現象であったとの自覚に立ち、初版刊行後四半世紀を経て、ジェイムズはカリブ海域の独自性に正面から向き合う。「砂糖プランテーションと黒人奴隷制という二つの要素(11)」により根本的に規定されたこの地域の歴史は、ヨーロッパともアメリカ大陸部とも、もちろんアフリカとも異なった独自のパターンを持つ。この根本的事実は、奴隷制廃止後も、カリブ海域の社会を規定し続けている。サン＝ドマングの砂糖生産基盤がハイチ革命によって壊滅した後を受け、海域随一の砂糖生産地となったキューバこそは、「西インドの中でももっとも西インド的な島(12)」である。このキューバを中心に、西インドの歴史を十九世紀から両大戦間期、第二次世界大戦後へとたどりながら、ジェイムズは――補論の表題にあるとおりに――「トゥサン・ルヴェルチュールからカストロへ」と引き継がれた、西インド固有の問題とその解決に向けての努力とを描き出すのである。

エリック・ウィリアムズのカリブ海域史
――キューバとプエルト・リコの間の第三の道に向かって

カリブ海域固有の歴史性へのこのようなまなざしは、エリック・ウィリアムズの仕事によって継承されたということもできる。今なお政治的・経済的分裂を生きているカリブ海域の諸島のうちに、「他のいかなる地理的単位にもまして〔…〕まとまったひとつの単位(13)」を認め、この地域全体を対象とする通史を記述すること。それこそが、『コロンブスからカストロまで――カリブ海域史、一四九二－一九六九』における彼の企てなのだから。

ただし、人間関係の面で言うなら、一九五六年にPNMを結成して独立運動を主導し、一九六二年の独立以来トリニダード・トバゴの首相を務めたこの歴史家とジェイムズとの友情は、本書刊行の一九七〇年にはすでに破綻して久しかった。二〇年代のトリニダードで教師と生徒の関係として始まった交流は両者の英国滞在中も持続し、ウィリアムズは一九三八年にオクスフォード大学に提出する博士論文を、同年刊行の『ブラック・ジャコバン』を執筆中のかつての師に多かれ少なかれ影響されながら準備したのであって、ジェイムズは実際、その草稿を読んだものとされる。しかし一九五八年、二十六年ぶりに故郷に戻ったのを機に、求めに応じて未来の首相の顧問役となった彼は、早くも六二年にはPNM首脳部と対立し、島を去るのである（ジェイムズはその後六五年に島を再訪し、強大なPNMに対抗すべく労農党（WFP）結成に尽力する。この党――翌六六年の総選挙において三パーセントの支持しか得られずに終わった――をトロツキー主義者や他のマルクス主義者の隠れ蓑《フロント》であるとする与党のネガティヴ・キャンペーンに激高した彼は、首相の振る舞いを「旧英領カリブ海域の歴史において私が知っている中で最も計算づく、最も意図的で、最も恥ずべき政治的いかさまのひとつ」[14]であると書く）。チャグアラマスの米軍基地をめぐる妥協、そして西インド連邦からの離脱と分離独立路線の選択は、彼の眼にはアメリカ帝国主義と資本主義陣営への許し難い屈服と映った。[15]ジェイムズと決裂したウィリアムズは、持ち前の反共主義をいっそう先鋭化させつつ、西側との関係維持路線をたしかなものにしていく。[16]

『コロンブスからカストロまで』刊行の一九七〇年は、ウィリアムズの二十年近い首相在職が半ばに近付いた時期に当たる。本書は、一面では、一九四四年の有名な『資本主義と奴隷制』（博士論文を加筆修正したもの）での中心的主張を、より広範なパースペクティヴの中に置き直したものということができる。

『資本主義と奴隷制』の経済史家は、十九世紀における黒人奴隷貿易と奴隷制の廃止の根本的な動機を、植民地宗主国の経済的利益のうちに見出していた。ウィルバーフォースらの人道主義的情熱を顕揚するホイッグ史観的説明を退けて、彼はこの貿易とそこから労働力を得ていた西インド諸島の奴隷制プランテーションが、もはやイギリスの資本家たちにとっての魅力を失っていたと主張するのである。さらにそこからは、資本主義の歴史的展開の中での奴隷貿易と奴隷制の役割についての、独自の見解が引き出される。奴隷貿易により目覚ましい成長を遂げたリヴァプールの資本蓄積こそが「コットン・ポリス」マンチェスターに資金を提供し、その発展を促した。西アフリカの人々が黒人奴隷の代価として好んで求めたインド製綿布の供給不足を補うべく、マンチェスターの綿工業は急速に発展を遂げたのであり、しかもその原材料はといえば、大半は西インド諸島の黒人奴隷たちの働きによりもたらされる綿花なのだった。しかし、こうして産業革命に資金と市場と原材料を提供した三角貿易と、その要に位置する西インド諸島のプランテーションは、いったん産業資本主義が確立するやその歴史的役割を終え、自由な賃労働と自由貿易に席を譲ることになったのだという。

いわゆる「ウィリアムズ・テーゼ」とそれをめぐる論争を、ここで取り上げることはしない。ここでは二つの点に注意を喚起しておくにとどめよう。第一に、「しっかり証明されているというよりは、勇気を出して主張したというたぐいの」、この「従属理論の初期版」[17]においては、奴隷貿易と奴隷制の歴史的現実があまりにも図式的に理解されているということ。商業資本主義から産業資本主義への転換の一契機として捉えられて、奴隷制は本書の「『弁証法的』図式」においては、たんに「資本主義発展の足掛かりとなった使い捨ての梯子」[18]のごときものでしかなくなっているのである。第二に、黒人奴隷制の隆盛と没落をもっぱら経済的要因によって説明するウィリアムズの議論には基本的に民衆の観点が不在であり、白人廃止論者による人道主義的情熱を脱神話化すると同時に、奴隷自身による自己解放の努力の意義がまったく周縁化されているということ。ウィリアムズの著作はこの点において、彼が影響を受けもしたジェイムズの仕事と、はっきりと性格を異にしている。

こうした見解は一九七〇年の著作でも再度取り上げられているし、実際その第十章は「資本主義と奴隷制」との表題を持つ。しかしこの章では、同名の著作において頻出する、リヴァプール－マンチェスター関係の修辞的関連付けは影を潜めている。商業資本主義から産業資本主義への移行が奴隷制を不要にしたというかつての主張が放棄されているのではないが、本書にあって強調されるのは、むしろ奴隷制廃止から執筆時にまで至る、地域独自の社会構造の執拗な持続性である。発展の全努力を輸出用砂糖の生産に集中させることによるモノカルチュア的経済構造が、その担い手を替え、規模をいっそう拡大しつつ変奏されていく。ウィリアムズはそのようなものとしてカリブ海域史を把握し、そこからの脱却を展望するのである。

〈新世界〉に最初にサトウキビを持ち込んだのは、一四九三年の第二航海におけるコロンブスその人である。イスパニョーラ島で始まった砂糖経済は十五世紀前半には他の島々にも広まっていき、鉱山としては期待に適うものではなかったこれら諸島で徐々に成長していく。しかし、この「旧世界から新世界への最大の贈り物」[19]が真に西インド社会の中心に君臨するには十七世紀中葉を待たねばならない。この時期、ブラジルを追放されたオランダ人によって最初に砂糖プランテーション運営と製糖の技術を伝えられたバルバドスは、瀕死のタバコ栽培から砂糖生産への転換により、短期間のうちに英国王室の最重要植民地へと変貌する。このような繁栄をもたらしたプランテーションには、多くの労働力が必要である。死滅した先住民に代わり、いったんは白人年季契約労働者の導入が試みられるが、圧倒的な供給不足を始めとする諸々の困難から、西アフリカから輸入される黒人奴隷が労働力の主たる源泉となった。こうして、本国から運んだ商品（綿布や火器）を西アフリカで奴隷と交換し、「中間航路《ミドル・パッセージ》」を経て西インド諸島に向かい、奴隷と交換に砂糖その他の植民地物産を本国へ持ち帰るところに成立する「三角貿易」が、重商主義時代のヨーロッパを大いに潤わせたのである。十七世紀末のバルバドスは、北米の二大タバコ植民地ヴァージニアとメリーランドの合計に近い貿易量を誇っていた。『イギリスよゆけ。バルバドスがついているぞ』とは、現在の西インド諸島では、バルバドス人が自国のもつ意味を自嘲的に表現するときに使う月並みな冗談でしかない。しかし、二五〇年前にはそれは決して冗談などではなかったのだ。[20]」

十八世紀になると、バルバドスは砂糖王国の地位をジャマイカに譲り渡す。やがてその地位をサン＝ドマング——イスパニョーラ島西部の仏領地域——が脅かすが、ハイチとしての独立により、この地の砂糖生産基盤は破壊される。十九世紀に台頭するのはキューバである。いずれにせよ、砂糖あるところ、そしてプランテーションあるところ、生み出される社会構造はまったく変わらない。「砂糖が生んだキューバの巨万の富も、前世紀や前々世紀にカリブ海のそこかしこにもたらされた富と見比べて、ただその額がむやみに大きいというだけにすぎなかったのである。[21]」たしかに、十九世紀を通して展開する奴隷貿易および奴隷制廃止の動きに伴い——最も遅いキューバでも、一八八〇年には廃止される——、労働の担い手はもはや奴隷ではなくなっていく。プランテーションを離れ土地所有者になってしまう解放奴隷たちの穴を埋めるべく、プランターたちはアジアからの年期契約奉公人を導入するのである。十九世紀のカリブ海域におけるこの「大人口革命[22]」を、ウィリアムズはこの地域の以後の停滞の一因として提示する。アジア人労働力の大量流入が、とっくの昔に破産していたはずの遅れた一産業の存続を可能にしたのであり、それにより、カリブ海域は社会変革の機会を自ら逸してしまったというわけだ。

十九世紀に展開するのはまた、同地域におけるアメリカ合州国の覇権の確立である。モンローによって定式化された西半球支配の野心のもと、カリブ海は「アメリカの地中海」と化す。分けても重要視されたキューバは、二度の独立戦争を通してスペインからの独立を達成すると同時に（一九〇二）、「プラット修正」によりアメリカの半植民地と化す。

最後の二章において、ウィリアムズはカリブ海域の未来の道として、一方に合州国経済への完全な組み込みとナショナル・アイデンティティの放棄を選んだプエルト・リコ、他方にカストロのキューバを置く。反共主義者のウィリアムズは、一九六七年、トリニダード・トバゴを旧英領カリブ最初の米州機構加盟国とするし、前年六六年の総選挙に際しては、C・L・R・ジェイムズらの結成した労農党の候補者がハバナの三大陸会議に参加したことを弾劾して、「出て行ってこのマルクス主義イデオロギーの仕上げをするがいい。[…] カストロと一緒に地獄に行け」(23)と演説している。しかし、一九七二年の対キューバ国交樹立――ガイアナ、ジャマイカ、バルバドスと歩調を合わせて実現された――を前にしたこの著作ではトーンを和らげて、公言されるマルクス＝レーニン主義にもかかわらず、カストロのプログラムはひとりのナショナリストのものであるとしている。それは「カリブ海地方の民族主義者なら誰でも理解でき、受容できるものだ」(24)というのである。しかし、教育や医療、道路建設等における目立った成果も、それらが「全体主義」的支配のもとでなされている事実を包み隠すことはできないとして、彼はトリニダード・トバゴの方式を第三の道として顕揚する。この道は、「キューバのそれほどには革命的でなくより漸進的であり、全体主義的傾向が希薄で、より民主的」であるとともに、「外国からの投資と対外貿易に依存し続けはするが、経済上の要衝は政府と自国民が着実に支配してゆこうとするものである」(25)。

トリニダード・トバゴにおける「ブラック・パワー」

こうしてこのカリブ海域史は、著者自身によって統治される一国の政策を称賛することで締めくくられる。しかしそうはいっても、独立以来この国が採用してきた成長プログラム――「誘致による工業化（industrialization by invitation）」――は、はっきりとプエルト・リコのモデルに影響されたものだった。それゆえ、奇しくも本書刊行の一九七〇年初め、北米発の「ブラック・パワー」の波がこの島国にも押し寄せ、ウィリアムズの体制は崩壊の危機にさらされることとなったのである。とはいえ、カリスマ的な黒人首相に統治され、公務員も教員も医者も弁護士も黒人であるような国では、このようなスローガンと運動とは、合州国におけるのとは違った屈折を被らざるをえなかった。最後に、ウィリアムズとジェイムズの二人が生まれ育ったこの島の社会的・経済的状況との関連でこの運動の展開を説明することにより、両者の仕事の意義を改めて考えてみることにしよう。

トリニダード・トバゴは多様な人種・民族集団により構成されているが、一九六二年の独立当時も現在も、アフリカ系とインド系が人口のそれぞれおよそ四割を占める。アフリカ系住民は、奴隷制の終焉後、まずはプランテーションを去って自営農となることを目指したし、その後は都市に進出して、公務員や教員、中小企業の従業員等の職業に就いた。トリニダードでは十九世紀末に油田が発見され、二〇世紀初頭に石油生産が開始されてやがては輸入原油の精製をも手掛けることとなったが、プランテーションに代わり島の経済の中心となったこの新しい産業を担ったのも、やはり黒人たちである。一方、黒人たちのいなくなったプランテーションに大量に導入された年期契約奉公人の末裔であるインド系住民、特にその大多数を占めるヒンドゥー教徒は、以後も農村部でサトウキビ栽培に従事し続けた(イスラム教徒の多くは都会化した)。独立に向けての政治勢力争いにおいて、PNM(People's National Movement)は国民政党を標榜しつつもアフリカ系住民を主たる支持基盤とし――党の真の名称は Pure Negro Movement であるとの声も聞かれた(26)――、さらにインド系住民中のイスラム教徒をも取り込んだが、農村部のインド系住民は、バラモン出身のマラージ次いでカピルディオを党首とする民主労働党(DLP)を支持した。ロンドン大学博士の数理物理学者カピルディオは、オクスフォード大学博士号を持つ歴史家の対抗馬として期待されたのであるが、一九五六年総選挙以来政権を担っていたPNMは独立直前の一九六一年総選挙でも圧勝し、以後一九八六年まで、トリニダードの政治はウィリアムズの党によって――すなわち二大民族集団のうち、農村部のインド系住民の利益を顧みない形で――運営されることになる。

このような展開は、たんにウィリアムズの人種的出自のみならず、彼の歴史観によって助長されたものであると言える。すでに見たように、彼のカリブ海域史にあっては、黒人たちが――ジェイムズにおけるように解放闘争の担い手として賞賛されることは少ないにせよ――全盛期のプランテーションでの奴隷労働によって、西インドの経済発展のみならず世界資本主義の発展に本質的な貢献をした存在とみなされる一方、アジア人はと言えば、同じプランテーションが歴史的役目を終えた後に現れて、そのむなしい延命に手を貸した存在としてしか捉えられていない。このような観点からするなら、プランテーションを離れてトリニダード・トバゴの都市的・工業的部分の担い手となったアフリカ系住民に比べ、いまや島の停滞を体現するものでしかない一産業に従事するインド系住民は、独立後の発展の障害として立ち現れてくる。

首都ポート・オヴ・スペインのウッドフォード広場――ウィリアムズは民衆への直接的訴えの場として選んだこの場所を、「ウッドフォード広場大学」と呼んだ――で、独立を目前に控えた一九六一年三月二十二日になされた演説「ご主人様の日々は終わった（“Massa Day Done”）」は有名である。しかし、「ご主人様《マッサ》」の語――まずは白人不在地主を指して用いられる――によって象徴される植民地支配の終焉を宣言するに際し、彼は過激な修辞でアフリカ系住民を熱狂させながらも宗主国イギリスと欧米多国籍企業の機嫌を損なわずに独立への道筋を付けるべく、「すべての白人がマッサなわけではなく、またすべてのマッサが白人なわけでもない」として重要なニュアンスを明示する気遣いを見せる一方、対立勢力たるDLPとその支持者たちに向かってはいささかの手心も加えずに、「私は弾劾する。DLPはマッサの日々が戻って来てほしいと思っているのだ」と言い放っている。独立トリニダード・トバゴの植民地時代からの脱却を阻む障害は、白人であるよりはインド系住民なのである。カピルディオの甥でやがてノーベル文学賞作家となるV・S・ナイポールは、「ウッドフォード広場大学」に集まった黒人大衆が奴隷制と植民地支配の過去を語るウィリアムズに熱狂する様に立ち会った際の印象を振り返っている。共感を覚えつつも彼は、白人支配の中での位置づけに相対的に満足していた都会の黒人たちが、田舎のインド系住民にとっては自明の事柄にようやく思い至ったことに驚くとともに、インド系住民のひとりとして、目の前の光景に脅威を感じたという。白人は島にほとんどいない以上、「この広場の聖なる儀式《サクラメント》によって解き放たれた敵対感情の多くは、人口の残り半分を占めるインド人に向けられていたのだろう[27]」というのがその理由だ。西洋文明への過剰適応によって名高い作家の手になるものだからといって、こうした証言がウィリアムズの選択とそれが両人民の感情にもたらした効果について何も語っていないということはできないだろう。

PNM統治下の新生独立国は産油国の強みを生かし、欧米多国籍企業からの投資を受けての工業化路線を歩んで、統計的な観点からするなら見事な成果を達成した。独立後の十年間、この国のGDPは平均五パーセント以上の上昇を示し続けたのである。しかし、「砂糖の砂糖のための砂糖による政府のもとで生きている[28]」カリブ人の現状の打開を一九四二年にすでに訴えていたこの首相のもとでは砂糖を始めとする農業部門は顧みられなかったし、二〇パーセント近い慢性的な失業と労働条件の劣悪化が解決される見通しはなかった。言うまでもなく、こうした社会における分割線は、白人（人口のごくわずかを占めるにすぎない）と黒人の間に引かれていたのではない。都市の黒人の失業は深刻なものだったが、地方の農村部では、インド人たちが貧困のままに打ち捨てられていたからである。

こうした状況下で起こったトリニダード・トバゴにおける「ブラック・パワー」の蜂起が、北米におけるのとはまったく異なった特徴を帯びるに至ったのは当然である。[29] 発端となったのは、一九六九年二月にモントリオールのサー・ジョージ・ウィリアムズ大学で起こった一事件だった。ある教授の人種差別行為に対する抗議活動の最中、多くの西インド人学生が逮捕された。トリニダード・トバゴでもただちに連帯行動が生じ、学生や労組活動家を中心にＮＪＡＣ（National Joint Action Committee）が結成される。事件の一年後の七〇年二月二六日、カナダで係争中のトリニダード・トバゴ出身学生たちを支援すべく首都ポート・オヴ・スペインの街頭に繰り出したのは二百人ほどにすぎず、この時点では誰も体制の危機を予想してはいなかったはずだ。しかしカナダの銀行への攻撃とカトリック大聖堂への侵入を理由に運動の指導者九人が逮捕された後、三月四日に行われた抗議デモの規模は一万人以上にまで膨れ上がった。以後、「私も『ブラック・パワー』を支持する」との三月二三日の首相演説もむなしく、四月中旬にかけて広範な社会運動が全島を席巻し、ついに四月二一日、政府は緊急事態を宣言するとともにＮＪＡＣメンバーや労働組合幹部を逮捕して事態の収拾を図るが、逆に軍の一部の反乱を招いてしまう。ウィリアムズは英米およびベネズエラ、ジャマイカ、ガイアナの五カ国に武器の供与や軍の派遣を要請するまでに追い詰められたが、警察や沿岸警備隊の忠誠にも助けられて、結果としては他国の直接介入なしで事態を鎮静化させることができた。

ＮＪＡＣは六〇年代後半の合州国で隆盛を見た「ブラック・パワー」のスローガン——その提唱者ストークリー・カーマイケルはトリニダード出身である——を我がものとしたし、実際、当初の運動は白人支配に対する黒人の抵抗に主眼を置いていた。そうは言っても、この国の政府はひとりの黒人によって主宰されているのではなかったか？　石油労組の指導者ジョージ・ウィークスは一九六六年にすでに、「トリニダード・トバゴの見えない政府はアメリカとイギリスの商工会議所だ」とみなしており、ＮＪＡＣの指導者グランジャーはこの「二月革命」の渦中に、「トリニダードで首相職にあるのは黒人の人形で、この人形が主宰しているのは白人による島の搾取である」と断定している。[30]キューバを訪問したカーマイケルの、カストロこそは「カリブ海で最も黒い男」であるとのよく知られた規定とは正反対の事態が指摘されているわけである。欧米資本と島内の経済実権を握る白人による支配を覆い隠しているだけのPNM政権を倒し、真に黒人のための社会を建設すること。

しかし、白人と黒人の対立という図式をこの島の現実に当てはめることの困難は、NJACの活動家たちによってすぐに自覚されることとなった。そこから、「アフリカ人とインド人よ、団結せよ（"Africans and Indians Unite"）」とのスローガンが生まれる。「二月革命」はたんに学生や若者の運動であるにとどまらず、労働組合が合流することで体制に深刻な打撃を与えることになったが、そこではアフリカ系中心の石油労組とのみならず、インド系中心のサトウキビ労働者たちとの共闘もまた模索された。三月四日の段階で、六千人のNJAC支持者が砂糖生産地帯を行進し、マラージ――DLP党首を辞めた後も砂糖労組の指導者であり続けた――の抗議にもかかわらず、砂糖労働者には一定程度の歓迎を受けることができた。石油労組を率いるウィークスもこの問題に取り組み、四月二一日に予定されていたポート・オヴ・スペインにおけるNJAC主催のデモに一部の砂糖労働者を引き連れて合流することになっていたし、マラージ自身も公式の声明においては彼の組合所属の労働者たちの行動を承認せざるをえなかった（しかし彼は仇敵のウィリアムズに非公式の連絡を取り、非常事態宣言によってウィークスの行動を阻止するようにと勧めていた。こうして既述のように非常事態が宣言され、運動指導者らは一斉検挙されたのである）。もちろん、両人民の対立の歴史をすぐに消し去ることはできなかったし、運動が体制の崩壊にまで発展しえなかったのも、その点に一因を求めることができるだろう。しかし、トリニダード・トバゴ版の「ブラック・パワー」が、この島の社会的・経済的現実を見据えたうえで、短期間の運動の中で状況打開の努力を重ねたことは注目に値する。

同じことは、一九六五年のC・L・R・ジェイムズの企てについても言えるだろう。この年にもすでに、ウィークスは砂糖労働者との共闘を模索していたが、五年後と同様、ウィリアムズは非常事態を宣言して二大産業の労組の統一行動を阻止した上で、産業安定化法（ISA）を成立させて労働争議を規制してしまった。こうした動きを受け、ウィークスに加えDLP内のISA反対派を率いていたスティーブン・マハラジと組んで労農党（WFP）を結成することにより、ジェイムズは島が歴史的に抱え込んできたインド系とアフリカ系の対立を真に乗り越えた社会民主主義的社会の建設を提案した。選挙での惨敗にもかかわらず、彼が一九七〇年のトリニダード・トバゴ版「ブラック・パワー」が直面したのと同じ問題に取り組んでいたのはたしかである。すでに見てきたように、同様の問題意識は『ブラック・ジャコバン』を始めとする諸著作において、よりラディカルな展望のもとに現れていた。

体制崩壊の危機を乗り越えたものの、植民地主義と欧米支配を舌鋒鋭く批判し、黒人の歴史に立ち返りその威厳を称えることで名声を獲得してきたウィリアムズは、彼自身の営みがその先駆をなしたとも言いうる一運動によって挑戦を受け、著しくその権威を傷つけられることとなった。「ブラック・パワー」を退けた後に出版された『コロンブスからカストロまで』は、その巻頭に掲げられたラテン語の文句「偉大なるかなP・N・M／そはすべてに打ち勝たん」――PNMのモットーである――からも知られるように、ウィリアムズの党の正当化の道具としての側面を持つ。本書の提示する歴史的パノラマと、そこで顕示される反植民地主義的情熱が――彼にとって奴隷貿易廃止論者の人道主義的情熱がイギリスの商業的野心の仮面にすぎなかったのと同じ資格で――、トリニダードの現実を覆い隠すものにすぎなかったというのではない。だがいずれにせよ、両者の対比に注目し、それらが生まれた政治的・社会的状況との関係で再読されるとき、二人の卓越したアフリカ系トリニダード人の二冊の「古典」は、現在なお多くのことを考えさせる著作であることは間違いない。

（1）なお渡米後のジェイムズは、あらゆる堕落にもかかわらずソ連の「最初の労働者国家」としての地位を承認し続けるトロツキーの立場を離れ、この国の体制を「国家資本主義」の一形態として捉えるようになる。この見解は、トロツキーの元秘書ラーヤ・ドゥナエフスカヤ（筆名フレディ・フォレスト）とともに形成した「ジョンソン＝フォレスト傾向」と呼ばれる流派において主張された（彼の主要な筆名はJ・R・ジョンソンだった）。当初は第四インターのアメリカ支部である社会主義労働者党（SWP）内部に成立し、やがてこの党の分裂により生まれた労働者党（WP）に移った（四〇年）後に再びSWPに合流した（四七年）この潮流は、また社会主義運動と黒人運動の関係についても独自の見解を提示していた（注六を参照）。

(2) C・L・R・ジェームズ『ブラック・ジャコバン――トゥサン＝ルヴェルチュールとハイチ革命』（増補新版）青木芳夫監訳、二〇〇二年、八十二頁。

(3) 同書一四〇頁。

(4) "Marcus Garvey" [1940], in Scott McLemee, ed., *C. L. R. James on the 'Negro Question'*, Jackson, University Press of Mississippi, 1996.

(5) C. L. R. James, "Black studies and the contemporary student" [1969], in *At the Rendezvous of Victory*, London, Allison & Busby, 1984, p. 193.

(6) 労働運動と黒人の運動の関係についてのジェイムズの立場は、SWP第一三回大会における報告文書として書かれた「合州国の黒人問題への革命的回答」に最もまとまった形で表明されている（"The Revolutionary Answer to the Negro Problem in US" [1948], in McLemee, ed., *op. cit.*）。トリニダードはもとよりイギリスでも深刻な差別を受けてこなかったジェイムズは、渡米後にジム・クロウ制度下の南部を訪れ、過酷な人種主義の現実を身をもって経験する。しかし、そうした問題に立ち向かうアメリカ黒人の闘争を、社会主義者としてどのように位置づけるべきか？ 黒人の闘争が労働運動と独立してなされることを認めないという伝統的な社会主義者の立場に対して、彼は非社会主義の独立した黒人闘争の意義を強調する。しかしそれは、そのような闘争が合州国においては必然的にプロレタリアートの闘争を助けることになるのであり、民主的諸権利を求める黒人の諸運動は必然的に社会主義への道に合流するという見通しのもとでのことである。

(7)『ブラック・ジャコバン』一四一頁。

(8) See Worcester, *C. L. R. James: A Political Biography*, Albany, SUNY Press, 1996, pp. 40-41.

(9)『ブラック・ジャコバン』三九六頁。

(10) 同書三九五頁。

(11) 同書三八三頁。

(12) 同書四〇四頁。

(13) エリック・ウィリアムズ『コロンブスからカストロまで――カリブ海域史、一四九二－一九六九』川北稔訳、岩波書店、二〇〇〇年、第I巻、ⅶ頁。

(14) Frank Rosengarten, *Urbane Revolutionary: C.L. R. James and the Struggle for a New Society*, Jackson, University Press of Mississippi, 2007, p. 130.

(15) *Op. cit.*, p. 126. この米海軍基地をめぐっては、即時返還を要求するジェイムズらの立場を退け、一九六〇年に合州国との妥協案が成立した。一定程度を返還し、残りの土地を十七年間借用延長するとともに、道路建設と教育のために三千万ドルの援助を行うというこの妥協案の交渉に際しては、マルクス主義者ジェイムズをＰＮＭ首脳部から排除するようにとの米側の要請があったとも言われる（Worcester, *op. cit.*, p. 159）。ただし、これもウォーセスターが指摘するように、ポスト植民地期のカリブをめぐるジェイムズの提案は、むしろ穏健なものだった。そのことは、「一国社会主義」の可能性を退けるという彼の立場の基本的前提によって説明される。トロツキーに忠実であることをやめてからも彼は永続革命の原理を保持しており、「第一世界」の労働者階級の蜂起によって助けられないかぎり「第三世界」のいかなるラディカルな変革も維持しえないものと考えていた（See *op. cit.*, pp. 148 and 168）。

（16）See Colin A. Palmer, *Eric Williams and the Making of the Modern Caribbean*, Chapel Hill, University of North Carolina Press, 2006.

（17）I・ウォーラーステイン『近代世界システム　一七三〇～一八四〇s』川北稔訳、名古屋大学出版会、一九九七年、一六八頁。

（18）Robin Blackburn, *The Overthrow of Colonial Slavery, 1776-1848*, London/New York, Verso, 1988, p. 26.

（19）ウィリアムズ前掲書、第Ⅰ巻、十六頁。

（20）同一七九頁。

（21）同書第Ⅱ巻、一一二頁。

（22）同九三頁。

（23）Eric Williams, *Inward Hunger: the Education of a Prime Minister*, with a new introduction by Colin Palmer, Princeton, Markus Wiener Publishers, 2006, p. 335.

（24）ウィリアムズ前掲書、第Ⅱ巻、二六九頁。

（25）同三〇二頁。

（26）Roy Preiswerk, « De solides atouts... et un certain malaise », dans *Le Monde diplomatique*, août 1972.

（27）V. S. Naipaul, *A Way in the World*, New York, Vintage International, 1995, p. 35. なおジェイムズは、『ブラック・ジャコバン』六三年版への補論においてナイポールの初期の諸作品に言及し、「東インド人もまた、他の故郷喪失者と同じくいまや西インド人になった」（四一〇頁）と述べている。

（28）Eric Williams, *The Negro in the Caribbean*, Washington, D.C, Associates in Negro Folk Education, 1942, p. 99.

（29）事実関係についてはPalmer, *op. cit.*, p. 287ffおよびMahin Gosine, *East Indians and Black Power in the Caribbean: the Case of Trinidad*, New York, Africana Research Publications, 1986, chaps. 3-4を参照。

（30）Palmer, *op. cit.*, pp. 287 and 302.

II

グローバル化とコミンテルン像の再考
――ボルケナウ『世界共産党史』、マクダーマット／アグニュー『コミンテルン史』

木下ちがや

二〇一一年初頭に火ぶたが切られた中東の大規模な政治的変動は、現在もこれからの世界秩序の帰趨を握る重大な要因であり続けている。チュニジアからエジプトへ、そしてバーレーン、リビア、シリアなどへの革命の連鎖は、なるほど歴史家タリク・アリが指摘するように一八四八年の欧州革命を始点とする、ナショナリズム革命の最後の波及なのかもしれない。だが、この一連の地域革命についていては、その土着的性格と歴史的経路を踏まえたとしても、なおここ数十年のグローバルな規模で展開した社会革命と全く切断されたものとは言えないのである。とりわけエジプト革命を牽引した闘争の脱中心的、水平的、ネットワーク的性格は、二つの運動経路から受け取られているとおもわれる。ひとつは、一九九〇年代のメキシコ・サパティスタの蜂起を嚆矢に、一九九九年のシアトルの闘争、二〇〇〇年代の反WTO・G8闘争、「世界社会フォーラム」へと連鎖したいわゆる「オルタ・グローバリズム運動」の波及的展開のなかで培われ、経験されてきた対抗運動の形式と内容からであり、もうひとつは国境を越えた汎イスラーム運動の実践と経験からである。

「オルタ・グローバリズム運動」と「汎イスラーム運動」。この二つのグローバルな運動潮流を、まったく別個のもの、全く相いれないものと捉えることも可能であろう。たとえばアントニオ・ネグリ＝マイケル・ハートは、エジプト革命にあたって、前者のグローバル運動の「民主主義形式」の継承を称揚しながらも、後者のグローバル運動については言及すらしていない。冷戦崩壊後の支配イデオロギーの布置構成は、自由・民主主義的価値観の共有と普遍化と、自由・民主主義的価値観とは相いれない価値観との「文明の衝突」という図式で描かれている。ネグリ＝ハートは、このように図式化された価値観を共有したうえで、その内容をめぐる競合に賭けているようにもとれるのだ。だが、われわれがもし、特定の歴史的条件下での主体的な抵抗運動を内在的に理解しようとするならば、その価値観の根底にある「気質」のようなものの把握が必要となる。それは、ある運動や勢力がかりに徹底して統制されたかのようにみえる「非民主主義的」なものであったとしても、にもかかわらずなぜ人はそこで課される行動に「献身」するのか、使命に「準じるのか」という問いである。するとこの位相においては、一九三〇年代にスペイン人民戦線に国境を越えて参戦した義勇兵の「献身」と、一九八〇年代以降アフガニスタンに国境を越えて参戦している義勇兵の「献身」の本質的な違いを見出すことは困難かもしれない。

そしてこのような運動や組織の把握の仕方は、本稿がとりあげるコミンテルンの歴史を、「現局面」から再評価していくうえでも重要と思われる。一九一九年から一九四三年までのコミンテルンの「短い生涯」は、世界的な社会革命による資本主義の粉砕と、帝国主義のくびきから植民地人民を解放するという本来の目的に照らし合わせれば、とりわけ前者については明らかに「失敗」であり、結局のところほぼすべての歴史家が断じるようにソヴィエト国家防衛のための道具と化しその幕を閉じた。本稿が取り上げる二冊の著作のコミンテルン評価も、この枠組みは変わらない。だが各々の著作のコミンテルン理解は、それを冷戦期の国際的対抗関係に対応するような規律化された組織としてとらえるのか、それともグローバルな政治的布置に対応する、重層的な組成ととらえるのかにおいて、その評価を大きく違えているのである。

ボルケナウ『世界共産党史』
――全体主義批判から反共産主義へ

フランツ・ボルケナウ（一九〇〇～一九五七）は、ウィーンのユダヤ系の家庭に生まれた。一九二一年にドイツ共産党に入党し、二九年までコミンテルンの機関で主に国際労働運動の研究に従事していた。二九年に共産党を離党しながらも社会主義者としてフランクフルト社会研究所に在籍、三三年にはドイツから亡命し、ウィーン、パリなどに留まる。一九三六年には内戦下のスペインを訪れ、そこでのソヴィエト秘密警察とスペイン共産党への幻滅を『スペイン革命実見記』に描いている。そしてその二年後、コミンテルンが人民戦線路線を採用し、反ファッショ統一戦線が拡がりをみせ、欧米各国の共産党が伸長するなかで上梓されたのが、本書『世界共産党史』である。

ボルケナウは、国際労働運動研究に従事し得られた資料と体験を踏まえつつ、コミンテルンの実像を、普遍的な体系ではなく、ロシアと西欧という異なった「文明の衝突」のプロセスとして描き出す。「西欧の労働運動が革命的になることができず、一方ロシアで革命がめざましく成功したというはなはだしい対照から、コミンテルンは発生した。それは二つの異なった土壌に根を持っている。すなわち、一方にはロシアの革命運動があり、他方には理論は革命的で行動は平和的という奇妙な混合物の西欧の労働運動がある……レーニンは……(ロシアを)かれの職業革命家の組織で征服すると、かれは同じ方法を西欧に持ち込もうとした。この企ての歴史がコミンテルンの歴史なのである。ロシア革命の実践的宗教的道徳的側面にしたがおうとする人たちと、西欧の概念に生きる人々のあいだに、解決できない争いが不可避的に生じた。コミンテルンの歴史は、おおまかにいって文明間の衝突の歴史なのである」。

第一次世界大戦による社会的経済的秩序の瓦解のなかから生まれたロシア革命は、マルクス主義の公式から逸脱した、自由主義的なブルジョア革命の段階を欠いた想定外の革命だった。社会主義革命のための条件はロシアには存在していないというのがレーニンらボルシェビキ指導部の結論であり、したがってロシアの革命政権の存続のためには、革命は他の国々、とりわけ強力な労働運動を擁していたドイツに広がっていかなければならなかった。欧州の交戦国は世界大戦の圧力で瓦解状態にあり、事実、オーストリア・ハンガリー、ドイツへと社会革命の波は拡大したかに思われた。しかし結局のところ蜂起は挫折に終わる。ここから本格的な「文明間の衝突」がはじまるとボルケナウは論じる。「レーニンは……ロシアで必要とされたような保証が西欧の労働運動にも導入されねばならないという結論に達した。彼は西欧の運動のなかに職業革命家の組織という原則を導入しようとすることにより、西欧の革命的マルクス主義の崩壊に対処しようとした。これが共産主義インターの本当の意味である」。ボルケナウによれば、大戦後の西欧革命の波が退潮した時点でコミンテルンの失敗は確定していた。唯一成功した革命国家ソヴィエトに支配されることで、コミンテルンは「最初は主として革命をもたらそうとする道具であり、第二の時期は主としてロシアの分派闘争の道具であり、第三の時期は主としてロシア外交政策の道具」に成り果てたというのである。

ただ留意すべきは、ボルケナウは本書を執筆していた段階では、コミンテルンを主要な敵には必ずしも設定していなかったことである。本書が執筆、上梓された一九三七、八年頃のボルケナウの最大の敵は、自らを亡命に追いやったナチスであった。ボルケナウにとって、西欧における反ファシズムの最大の防壁は民主主義であり、西欧労働運動とそれに対応する民主主義的伝統と、それとは「異質な文明」であるロシア的職業革命組織との対比を描き出すことが本書の眼目といえる。つまりロシアはあくまで対比されるものであり、それは、本書のなかでモスクワ裁判をはじめとしたスターリンのテロルにほぼ言及がなされていないことにもあらわれている。したがって本書では、豊富な事例をあげつつコミンテルンへのソヴィエトの統制が次第に強化されていくのが描き出される一方で、コミンテルンの反ファッショ人民戦線路線に対しては比較的高い評価が与えられているように読めるのだ。「(反ファッショ人民戦線は)共産主義の基本原則を全面的に投げ捨てることを意味した。階級闘争からブルジョアとの協調、ソヴィエトから民主主義の擁護、インターナショナルからナショナリズムへ……もし共産党の新戦術が、共産主義のドグマと手を切ったとするなら、その戦術はたしかに良識があり、成功し、あらゆる民主主義的考えの人々に心から歓迎されたのである」。

「コミンテルンの歴史は希望と失望の連続として要約できよう」。ボルケナウは本書のなかでこう述べている。そして彼も、この時点ではかかる「希望と失望」の連続から脱してはいなかったのである。本書が上梓された一年後の一九三九年、独ソ不可侵条約の締結に伴い、コミンテルンは反ファッショ統一戦線を放棄し、反帝国主義路線へと回帰する。これへの失望と怒りから、ボルケナウは一九四〇年の著書『全体主義という敵(*The Totalitarian Enemy*)』において、共産主義とナチスを「全体主義」として同一視し敵意を露わにしていく。このような経緯をへてボルケナウは、第二次世界大戦後の冷戦下における反共リベラルの理論的枠組みを提示していくことになった。戦後ボルケナウは、CIAの後援のもと創設された反ソ・反共リベラル知識人のグループ「文化自由会議」の主要メンバーとして、アメリカ合衆国の冷戦政策を全面的に肯定していく。そして本書は、冷戦体制下においては、彼の反共イデオロギー色をより強化した後継著作とともに、「全体主義批判」の書として歴史的評価を得ていくことになったのである。

『コミンテルン史』
マクダーマット／アグニュー
冷戦神話の相対化

一九八〇年代のゴルバチョフ政権によるグラスノフチ（情報公開）、そして九三年のソ連邦の崩壊により、これまで公開されていなかった膨大な量のコミンテルン関係の資料が閲覧可能になった。こうした資料を踏まえた実証的な研究が各国ですすむなか、欧州中心という限定がありながらもコミンテルン像の包括的な再構成を試みようとしたのが、本書である。本書のスタンスは、マクダーマット／アグニューがもっとも信頼できるコミンテルン史家として、全体主義批判に与しなかったＥ・Ｈ・カー、元スペイン共産党員で異端派マルクス主義者のフェルナンド・クラウディン、そして「若い頃」のボルケナウの著作をあげていることからも明らかである。つまり彼らの問題意識は、「大方の歴史家がそう思っているように、（コミンテルンは）すべて、中央当局から出される指令によっておこなわれる一方的な関係だったのか、それとも、さまざまな順向的要因と反発的要因との間に相互作用の働く余地があったのか」ということにある。もちろんマクダーマット／アグニューは、「コミンテルンの使命は、それが存続した一九一九年から一九四三年まで、実現されることはなかった。インターナショナルは世界社会主義革命の扇動者と組織者になるよりは、ソヴィエト国家のいいなりになる道具と化した」というコミンテルンの全体的な政治過程については、大方の歴史家とそう把握は変わらない。ただその関心はこうしたコミンテルンの「中枢部分」よりもむしろ「周縁」におかれ、それらの相互作用から把握することに向けられている。

「反共イデオローグ」と化したボルケナウが断言するように、コミンテルンは各国共産党支部を果たして「完全に支配」していたのだろうか。ソヴィエト指導部＝コミンテルン指導部＝各国共産党指導部＝一般党員という階統的関係のなかに、裁量と主体性が発揮される余地はなかったのだろうか。一九二〇年代、コミンテルンの官僚化は着実にすすみ、悪名高い民主集中制のアクセントは、当初は討議の自由のほうにおかれていたのが次第に集権化に傾いていく。ただ、こうした「ボルシェビキ化」は、必ずしも「上から」だけではなく、外的要因と「下からの」土着的要因が相互作用していくなかで、ソヴィエトの路線の実現に都合がいい雰囲気と態度がつくりだされていったと、マクダーマット／アグニューは指摘するのだ。二〇年代半ば、各国の共産党は派閥抗争に明け暮れていた。そのことが、ソヴィエトの指導者に、秩序と効率と規律こそが先決課題という気にさせたのかもしれないし、ならば各国支部の指導部、活動家も、それを受け入れるだけの理由があったということになる。「もしそうだとすれば、コミンテルンの中央集権化とロシア化の強化は、ボルシェビキの指導者によって故意に計画されたというよりも、むしろ知らないうちに受け入れられたというE・H・カーの主張は正鵠を得ている」ということになる。

コミンテルンの路線転換もすべてソヴィエトによる上からの指導のみに還元できるだろうか。一九二八年、コミンテルンは社会民主主義勢力を「社会ファシズム」と規定し主要打撃対象にすえた、いわゆる「第三期路線」を採択した。こうした「左転換」には、たとえばドイツに関しては国内的な要因があったという。社会民主党員の大多数は雇用労働者であり、共産党員の大多数は失業者であるという対立関係、あるいは、新たに入党した急進的な青年共産主義者と、古参の共産主義指導部との世代間対立関係などである。こうした、党内あるいは社会主義勢力内の重層的な関係力学をコミンテルンの路線転換が後押ししていったというのだ。さらにこの時期の転換は、社会民主主義者に対する敵対心や復讐心だけが強調されるべきではなく、それが資本主義と社会民主主義双方に挑戦的な対抗文化の形成を促し、草の根の反応を呼び起こした側面もあると主張する。たとえばアメリカ共産党の場合は、この「第三期路線」のもと、それまでの「外国人政党」から脱却し、貧困、失業、人種問題などの国内問題への取り組みを強めアメリカ社会に根を下ろしていった。そしてことアメリカについては、こうした「第三期路線」の下でのアメリカ共産主義運動の対抗的文化、組織形成の軌跡は、一九三五年のコミンテルンの反ファッショ人民戦線路線への「再転換」とも、必ずしも矛盾していない。事実こうした転換以前から、地方レベルでは、共産主義者は社会民主主義者、自由主義者との共同闘争を展開する場合が少なからずあったからである。したがって人民戦線路線への転換は、ディミトロフをはじめとするコミンテルン指導部内の要請、ソヴィエト外交の転換要求と、各国の国内的要因の「三つ巴の相互作用」のなかに求められなければならないことになる。マクダーマット・アグニューによれば、こうした相互作用は、一九三九年から一九四三年の解散までの、コミンテルンがスターリンの外交政策上の命令にもっとも服従したといわれる時期にもあてはまる。ボルケナウが酷評した一九三九年の独ソ不可侵条約の締結に伴うコミンテルンの反ファッショ統一戦線の放棄と反帝路線への回帰についてもその事情は「実際はより複雑」だという。「コミンテルンの戦争の帝国主義規定に固有の左転換は、国際共産主義運動の民主的転換に対する、セクト主義的傾向の一時的勝利というふうに解釈されてきた。だが、新路線がモスクワによって一律に強要されたという議論は単純すぎるきらいがあり、それでは戦争によって革命の機会があたえられたとみる土着の左派共産党員の存在を無視することになる。スターリンが古くから抱いていた深い不信の念は共産党の多数の一般党員の感情にも強烈に訴えるものがあった。これらの戦闘的な党員にとっては、ナチ・ソビエト協定と英仏帝国主義に対する毒舌は、それほど過去のやり方からの断絶とはおもわれなかったのではないか」。ここからは、路線転換を受けた各国共産党の「一枚岩」ではない「分裂した」像が浮かび上がってくる。この路線転換に幻滅し、脱党した多くの人々、そして「一方は戦争に対するコミンテルンのひどい、往々にばかばかしくなるほどの非難に従う人々、だが他方にはそれらを修正して局地的な雰囲気と態度に適合されようとする人々」。また、コミンテルンの路線転換が、各国共産党の人種的、階層的構成によって異なる反応を呼び起こした事例としてはたとえば以下のものがあげられるだろう。社会史家エレン・シュレッカーによれば、アメリカ共産党が一九三九年九月一一日に、欧州情勢を英・仏・独による「帝国主義戦争」と規定し、それに参戦しようとするアメリカ帝国主義を阻止するという方針を採用した際、一年間でおよそ一五％の党員が脱党したが、黒人共産党員あるいは共産党系の「全米黒人会議」につどう活動家たちは、この方針転換を歓迎し、積極的にうけいれたという。黒人運動にとっては、アメリカ国家という現前の帝国主義との戦いの方にリアリティがあったからである（Ellen,Schrecker, *"Many Are the Crimes: McCarthyism in America"*）。

結局のところ、コミンテルンは、西側連合国との和解をどうにかして成立させようというスターリンの決意により、解散した。それは世界革命のイデオロギーの放棄の証を立てることで、ソヴィエトの勢力圏を承認させようという意図にもとづいていた。「近い将来における世界革命のプログラムとともに生まれたコミンテルンは、二五年後に、ソヴィエト国家と資本主義国家の兄弟のような協力を抱かせながら死んで」いったのである。このような検討を経て、マクダーマット／アグニューはこう結論付けている。「スターリンは……国際運動の全体を支配することなどできなかった。一九三〇年代の官僚化がすすんだコミンテルンにおいてすらも、中心と周縁の間には……活発な相互作用が働いていた」。したがって、コミンテルンにおける「規律ある団結と組織」も、「上から」だけではなく、このような相互作用の産物でもあるのだ。労働者多数派の社会民主主義への傾倒、東欧、イタリアでの苛烈な弾圧、これらが「規律ある団結と組織と準備が、どうしても共産主義者の合言葉にならざるを得なかった」理由である。そして「外国の共産主義者にとって、唯一の社会主義の砦であるソ連邦をまもる事業のほうが、予言不可能な下からの革命の炎を燃やすよりも、はるかに論理的であり、緊急におもえた」のである。

ただし、コミンテルンの運命はあらかじめ定められていたわけではなく、別の選択肢はあり得たかもしれない、マクダーマット／アグニューはこう結論づける。彼らのアプローチは、冷戦下におけるる「コミンテルン像」、すなわち鉄の規律にもとづく「一枚岩」の全体主義組織であるというイデオロギー的な把握を相対化する努力に位置づけられよう。

グローバル運動としてのコミンテルン

ボルケナウがコミンテルンの一枚岩的／二項対立的な把握の枠組みを提示したのに対して、マクダーマット／アグニューは、国際的レベルと一国的なレベルの共産主義運動の間の「重層的展開」をとらえる視座を切り開いた。しかしながら、十月革命が火ぶたを切った国際共産主義の波及は、近代史に類をみないグローバルな規模のものだったのであり、いずれの研究もその波のひろがりを視野に入れたコミンテルン像を描き出すにはまだ至っていない。ボルケナウも、マクダーマット／アグニューも、そのコミンテルン評価は基本的に欧米中心である。ともに政治的力量の観点から中国には多少言及しているもののそれ以外の第三世界の反植民地運動とコミンテルンとの関係についての叙述はほぼない（マクダーマット／アグニューは中国についてはマイケル・ワイナーに一章をゆだねている）。これらに対してイギリスの歴史家エリック・ホブズボウムの視点は、これからのコミンテルンの歴史像を描くうえで重要な示唆を与えているといえるだろう。ホブズボウムは、コミンテルンに求心される共産主義者の献身と忠誠心の原動力についてこう指摘している。「モスクワの世界革命の司令部にたいする彼らの無条件の忠誠が共産党員に与えたものは、自らを一つの宗派ではなく世界教会の一員とみることができたということにあった」(エリック・ホブズボウム『20世紀の歴史』)。こうした「世界教会」への帰属意識と献身——大局においてその路線、組織構成に取り返しがつかないような誤りがたとえあったとしても——を原動力に、国境を越え展開された革命家たちの移動と連帯は複雑かつ多様であり、そこで培われた変革の実践と思想は「西欧」をはるかに超えて「非西欧」の世界をつかもうとするグローバルなものだった。中央ムスリム人民委員を務め、後に粛清されたスルタン・ガリエフのムスリム共産主義の企ては、現在のグローバルな「文明の衝突」の時代に何を教えるだろうか。

コミンテルンの希望と絶望のがれきは、もはや「世界教会」なき現在のグローバル運動の歴史的系譜に列せられうるだろうか。そこから教訓と可能性を引き出せるだろうか。かかる営為はたんなる歴史解釈ではなく、実践に裏付けられなければならない。つまりこれからのグローバル運動が、どのように移動と連帯の理論と実践を培っていくかということ、その営為と不可分にコミンテルンの再考はこれからもくり返しなされていくであろう。

二つの社会主義の架橋を目指して
——西川正雄『社会主義インターナショナルの群像　1914-1923』

大田英昭

ソヴィエト連邦が七十数年の歴史に終止符を打って崩壊する直前の一九九一年一一月、ローザ・ルクセンブルク生誕百二十周年を記念した国際シンポジウムの席上で、西川正雄（一九三三〜二〇〇八年）は次のように発言している。

「最後に残る大問題は、社会主義とは何か、ということである。……現実の社会主義体制は、理念の実現に失敗したどころか、人権の擁護・環境保全の領域ですら、資本主義国に遅れをとり、ついには崩壊してしまった。現在、大切なのは、もう一度、社会主義の理想の原点に立ち返り、いっそうよい社会を作るにはどうしたらよいかを考えることであろう。そのとき、骨の髄から民主主義者であり、しかも現状変革のために主体的に行動したローザ・ルクセンブルクから学ぶことは、決して少なくあるまい」（ローザ・ルクセンブルク東京・国際シンポジウム実行委員会編『ローザ・ルクセンブルクと現代世界』社会評論社、一九九四年、所収）。

スターリン批判とハンガリー動乱という、二つの衝撃的な事件の起きた一九五六年に大学院に進学した西川は、修士論文のテーマにローザ・ルクセンブルクを選び、彼女についての先駆的な研究で学界デビューを果たした（「ローザ・ルクセンブルクとドイツの政治」『史学雑誌』一九六〇年一月）。その後西川は、彼の恩師である江口朴郎の帝国主義史研究から影響を受けつつ、一九世紀末から二〇世紀初頭の国際社会主義運動、すなわち第二インターナショナルの研究に取り組み始める。いつしかライフワークとなったこの研究のため彼は各国の文書館を渡り歩き、膨大な未公刊の一次資料を収集してその解読に励んだ。十数年に及ぶそうした作業の成果として、一九八九年に岩波書店から『第一次世界大戦と社会主義者たち』が刊行された。それは、反戦平和に努力した欧州各国の社会主義者たちが第一次大戦の開始とともに愛国主義の激流に飲み込まれてゆくまでの、思想と行動の軌跡を描き出した労作であった。その後さらに十八年に及ぶ研究調査を積み重ねたうえで、前著の続篇として二〇〇七年に西川が満を持して世に送り出したのが、『社会主義インターナショナルの群像　1914－1923』である。

第一次大戦の開始に伴う第二インターナショナルの解体から九年間にわたる欧州の社会主義者たちの模索の過程を、綿密な考証によって跡づけた本書は、西川のライフワークの集大成として位置づけられよう。本書で詳論される社会主義者たちの離合集散を経て、最終的に形成されたのが、「共産主義」運動（第三インターナショナル＝コミンテルン）と「社会民主主義」運動（社会主義労働者インターナショナル）とであった。両者がその後ソ連邦の崩壊まで約七十年の間、国際社会主義運動の二大潮流として対立・競合の関係にあったことは、周知のとおりである。第一次大戦中から戦後にかけてこの枠組みが形作られてゆく過程は、従来の一般的な歴史叙述では、愛国主義に屈し戦争協力に走って崩壊した第二インターナショナルに対して絶縁状を突きつけたレーニンらボリシェヴィキが一九一七年ロシア十月革命に成功し、彼らを中心に第三インターナショナルが結成されてゆく道筋を軸に描かれることが多い。それに対して本書は、第二インターを再建しようとする西欧社会主義者たちの側に視点を置き、第三インターと対抗する形で「社会主義労働者インターナショナル」が創設されるまでの経過を追跡している。なかでも注目すべきは、対立する二つの国際社会主義運動の橋渡しを目指してオーストリアのF・アードラーら左派の社会民主主義者が結集した「ウィーン協同体」の動きを解明することに、西川が特に力を注いでいることである。西川本人も自負するように、本書の研究こそ、この時期における国際社会主義の地殻変動の詳細を「ウィーン協同体」の運動を含めて実証的に明らかにしようとする、世界でも最初の意欲的な試みなのである。

さて、ロシア十月革命後に国際社会主義運動の二潮流として分離してゆく「社会民主主義」者（旧第二インター）と「共産主義」者（第三インター）との間で争点となったのは、革命後に政権を握ったボリシェヴィキによる「独裁」の問題であった。社会民主主義者は、共産主義者の「一党独裁」は民主主義を否定するものであると非難した。それに反論して共産主義者は、革命を推し進めるための「プロレタリア独裁」の必要を主張し、社会民主主義者の議会制民主主義に対する「プロレタリア民主主義」の優位を唱えた。両者の応酬は決してかみ合うことがなかったが、それを調和する努力として西川は「ウィーン協同体」のアードラーの見解を次のように紹介している。「抽象的に「民主主義か独裁か」というスローガンによってではなく、個々の国の具体的な「歴史的条件」を洞察して判断すべきだ、というのが彼の立場であった。いっそう具体的には、イギリスとロシアのプロレタリアートを共に含むようなインターナショナル無しには、世界的なブルジョアの反革命に対抗できない、という主張だった」。

西川自身も、このアードラーの見解に共感を抱いていたようである。確かに西川は、レーニンの方針を「革命から自由を奪うもの」として批判したローザ・ルクセンブルクの言葉を紹介し、「その後のソ連邦の政治・社会において「民主主義」が開花しなかったことが、この国の社会主義体制じたいにとって躓きの石となった」と指摘した。が、その一方で西川は次のように問うてもいる。「スパイに囲まれ、およそ合法活動の見込みのなかったロシアでの革命の方策を練りに練った揚句、ついに革命を成功に導いたのは、レーニンだった。……あの状況のもとでは、ローザ・ルクセンブルクの考え方に従えば、政権を奪取できなくても致し方ないということにならざるを得ない。では、レーニンもそうすべきだったのか」(『現代史の読み方』平凡社、一九九七年)。このように、個々の地域の歴史的条件を背景に現れた二つの社会主義運動に、「民主主義」対「独裁」という単純な図式を当てはめて一方を批判したり擁護したりすることを、西川は慎重に避けた。それゆえに彼は、共産主義をファシズムとともに議会制民主主義の敵たる「全体主義」として抽象的に一括するいわゆる「全体主義論」に対しても、終始批判的な立場をとったのである。

二つの国際社会主義運動の形成をめぐって西川が注目したもう一つの論点は、植民地問題である。つとに一九七〇年代から西川は、第二インターナショナルの社会主義者たちの間に巣くう、アジア・アフリカの植民地に対する「家父長的」な差別意識の存在を明らかにし、「社会主義者といえども、全体として「ヨーロッパ中心主義」の枠にとらわれていた」ことを確認していた(「第二インターナショナルと植民地問題」一九七二年〔本書に補論として収録〕)。そして、第一次大戦中から戦後にかけての西欧の社会民主主義者たちの議論にも同じ意識が受け継がれていることを、西川は本書で繰り返し指摘している。他方、第三インターナショナルの側にこうした「家父長的」態度はあまり見られず、「なればこそ、コミンテルンは、非ヨーロッパ世界で圧倒的な支持を得たのではなかろうか」と西川は述べて、社会民主主義者の大会の参加国が欧米圏に限定されていたのに対し、同じ時期の共産主義者の大会にはイラン・インド・中国・朝鮮・日本などアジアおよびラテンアメリカから参加者があったことに、注意を促している。ただし、民族自決の建前とは裏腹に、ソヴィエト・ロシアにおいてグルジア人など少数民族が自決権を奪われている現状に対し、社会民主主義の側から批判がなされていたことについても、西川は指摘するのを忘れなかった。

本書の全体を通じて読み取れるのは、第一次大戦後に国際社会主義運動がなぜ二つに分裂していったのかを明らかにするとともに、両者の統一ないし共同行動が実現する可能性はなかったのかを問い続ける、西川の強烈な問題意識である。「ウィーン協同体」の動きを彼が丹念に跡づけたのは、その表れといえよう。また、ムッソリーニらのファシスト運動の形成が本書でしばしば取り上げられているのも、西川のそうした問題意識と関連していると思われる。一九二二年秋のムッソリーニのローマ進軍について、社会民主主義者も共産主義者も事態の深刻さに気づかず、「ファシズムを新しい現象としてとらえる姿勢はほとんどなく、従来どおりの議論が続いていた」と、西川は痛惜の念をこめて指摘している。同じ年の春のベルリンにおける協議を最後に、決裂した二つのインターナショナルが再び協議の席に着くのは、ヒトラーが政権を掌握した後の三四年まで待たねばならない。その後展開される共産主義者と社会民主主義者との反ファシズム共同戦線の課題をめぐり、西川がかつて次のように指摘していたことに注目しておきたい。「制度としての民主主義以上に、人間の権利としての、また生活感覚としての民主主義が重視されねばならない。そのような意味での民主主義の契機を、ブルジョワ民主制と社会主義体制とを問わず、敏感に捉えていくことこそ、いっそう大きな課題であった」(「ファシズムと民主主義」『ファシズムとコミンテルン』東京大学出版会、一九七八年)。「ブルジョワ民主制」の議会制民主主義にとどまらない、人間の権利と生活に根ざした「民主主義」の契機をつかまえることを通じて、体制の違いを越えて社会民主主義者と共産主義者との対立を止揚してゆくこと。それは冷戦期における西川の願いでもあったのではなかろうか。

八九年から九一年にかけての東欧・ソ連における共産党政権の崩壊後、社会主義そのものから「社会民主主義」に乗り換えようとする動きが日本にもみられた。日本社会党が九六年に社会民主党と改名したのも、その一つの表れであろう。だがこうした動きに西川が必ずしも乗り気でなかったのは、本書の「まとめと展望」の元となった旧稿が「社会民主主義――もう一つの選択肢?・」(『講座世界史一二』東京大学出版会、一九九六年)と疑問符が付いていることに示されていよう。長い歴史的過程を経て、今や北・西欧の福祉国家を支える思想にまで薄められた「社会民主主義」からは、第一次大戦時の戦争協力や植民地問題をめぐる歴史上の汚点など、あたかも拭い去られているかの如くである。西川が私たちに呼びかけたのは、そうした「社会民主主義」を新たに北・西欧から輸入することなどではなくて、冒頭で触れたように「社会主義の原点」に立ち返ることであった。そして「民主主義」を真に実現してゆくことであった。本書によって完結した西川の第二インターナショナル研究は、共産主義といわゆる社会民主主義とに社会主義運動が分裂する以前の、社会主義と民主主義という二つのみずみずしい理想が不可分のものとして結びついていた〈社会民主主義〉の理念の原点を、私たちに改めて教えてくれる。

文字を帝国主義から読む

——エドワード・サイード『文化と帝国主義』

田尻 芳樹

本書は『オリエンタリズム』(一九七八)に次ぐサイードの第二の主著と言ってよい。『オリエンタリズム』は、西洋がオリエントを現実の政治的支配にもとづいて自分勝手に表象してきた歴史を検証し、ポストコロニアル批評の嚆矢となった。本書はその問題意識を延長し、具体的な文学作品の読解を通じて、帝国主義という政治的問題が、文化、とりわけ小説という文学形式と密接不可分だったことを論証している。フーコーの言説編制の概念を動員して理論構築も目指していた『オリエンタリズム』に比べ、理論的枠組みは単純だし、オースティン、ディケンズ、コンラッドを始め数多くの著名作家たちの作品を分析しているので、ポストコロニアル批評による小説読解の実演集といった趣があり、初学者には『オリエンタリズム』よりもとっつきやすいはずである。

本書の中心的な主張は、序文に端的に述べられているように、文化は政治と切っても切れない、ということである。そんなことは当たり前ではないか、と思われるかもしれない。しかし、私たちは小説を読むとき、あるいは音楽を聴くとき、現実のドロドロした政治とは切り離された領域に入るような気にならないだろうか。芸術とは世俗を超越した、ある種聖なる領域だという考え方を持っていないだろうか。芸術とは、ベートーヴェンであれトルストイであれ、高級なものほど人類に普遍的な理想を体現しているのであって、そういう芸術を鑑賞できるようになることは、人間性を高める上で重要な要素である、といつの間にか教えられてこなかっただろうか。

今、ベートーヴェンとトルストイをたまたま挙げたけれども、私たち日本人は明治以来、西洋の文化を必死で吸収しようとしてきたのであり、日本の近代芸術も西洋芸術の影響なしには語れない。私たちは今でも、文学ではさすがに『源氏物語』など古典をしっかり学ぶけれども、漱石のような近代作家を読むときは西洋文学の影響をどうしても考えるし、音楽では雅楽などよりもバッハやモーツァルトやベートーヴェンに親しんでいる。思想でも同じで、普通、日本で哲学者と言えば西洋哲学の研究者のことだ。では、西洋人が日本の文化に関心があるかというと、最近のアニメ、漫画、村上春樹のブームを別とすれば、悲しいほど、ない。私たちが必死で英語をマスターしようとしているというのに、日本語を学ぼうとする西洋人などごくわずかでしかない。つまり、西洋と日本の文化的関係は、一方向的な主従関係のようなものである。

なぜだろうか。答えは簡単だ。近代の歴史において西洋が世界の覇権を握り、イギリス、フランスなどの国が世界の大部分を政治的に支配したからだ。それに伴って文化においても、あくまでも西洋が世界の中心ということになった。世界中で英語が熱心に学ばれるのも、イギリスという西洋の島国が、たまたま世界に英語を、植民地支配を通じて広めたからに他ならない。もしスペインがイギリスに負けずに覇権を握っていたら、今ごろスペイン語こそ世界語だったはずなのである。日本は西洋の植民地にならないように明治以来自らの西洋化に邁進してきたわけだが、その過程で文化においても西洋文化こそ人類の最も進んだ文化であり、一生懸命習得すべきものということになった。これは日本に限らず、(直接植民地支配された地域はもちろんのこと)非西洋の地域ではたいてい起きた現象である。

つまり、私たちがベートーヴェンやトルストイを高級な芸術で、人類普遍のものと思っているとすれば、それは、西洋による世界支配の過程で、あくまでも西洋の一時代の文化生産物が、全人類を代表するものだする価値観が深く根を下ろしたからである。そのような「西洋中心主義」は、西洋が非西洋地域を政治的に支配したことから生じるのであって、私たちはそのことに自覚的であらねばならないというのがサイードの中心的な主張である。誤解してはならないが、サイードは西洋の芸術を尊敬するのはやめよう、などと言っているのではない。彼は西洋芸術への深い敬意をけっして失わない。ただ、それが露骨な政治的支配従属関係と密接不可分であることをしっかり見つめようとするのだ。そして芸術作品は、そうした「世俗的」文脈に置かれることでよりいっそう面白く、よりいっそう価値のあるものになると言うのだ。

サイードのこうした思想は当然ながら彼の生い立ちと深くかかわっている。サイードは一九三五年にエルサレムで生まれた。イギリスの委任統治下のパレスチナである。アラブではあるが、イスラム教徒ではなくキリスト教徒の家で、父親はアメリカ国籍を持つ実業家だった。父の事業の関係でカイロで過ごしたがエルサレムにも断続的に滞在し、深いつながりを持っていた。それが一九四八年、イスラエルが建国されることにより、パレスチナ人は土地を追われた。これは少年サイードに生々しい政治的暴力の記憶を刻み付けたに違いない。その後、十五歳で渡米、プリンストン、ハーヴァードという名門大学で文学を学び、ニューヨークのコロンビア大学の比較文学教授を長く務めた。パレスチナのアラブ人でありながら、西洋の教育を受け続けた彼にとって、「故国喪失」(“exile”)は終生のテーマとなった。また、イスラエルによるパレスチナ弾圧は、一時期彼を、パレスチナ解放機構のアラファト議長のブレーンになるほどの政治活動家にした。これは、常にイスラエルを擁護するアメリカでは孤立を覚悟せねばならない危険な営みである。西洋による帝国主義の批判は、このように彼の実人生の体験から発しているし、彼の文学研究も政治活動と密接不可分なのである。自伝『遠い場所の記憶』(みすず書房)には興味深いエピソードがある。カイロのイギリス系の小学校で、彼はブレンというイギリス人教師に杖で打たれた。五十年後、彼はそのブレンがイギリス人の二流詩人グループの一員だったことを知り、そのくだらない詩も発見する。「彼は午前中にわたしに懲戒を与えた後、午後にはあの下手糞な『夏時間』を創作し、夜にはまたシャミナード[フランスのピアニスト]を鑑賞する感心な男になったに違いないのだ」(中野真紀子訳)。植民地支配のむき出しの暴力と芸術活動を切り離しては考えないサイードの感性がこういう所にも現れている。

さて、サイードが実際に『文化と帝国主義』で主に分析しているのはイギリスの小説である。なぜならイギリスこそ最も大きな帝国を築いた国であり、イギリス小説の偉大な伝統はその帝国主義の歴史抜きには語りえないからである。サイードも強調しているように、そもそも近代リアリズム小説の始祖と言われるダニエル・デフォーの『ロビンソン・クルーソー』が、白人キリスト教徒による無人島と先住民の支配の話であるのは示唆的なのである。実際の文学作品の分析においては、西洋古典音楽を愛するサイードが「対位法的」読解と呼ぶ方法を実践する。それは、たとえばナポレオン軍によるエジプト遠征という歴史的事実を、フランス側の資料を優先して記述するのではなく、征服されたエジプト側の資料も検討し、両方の視点をつき合わせて記述していかねばならない、という態度である。文学作品を読む場合でも、植民地のことが記述されていれば、それを宗主国の側だけから見るのではなく、支配された側の植民地の事情も考慮した上で、グローバルな政治経済の枠組みの中に置きいれて読解しようとするのだ。その、おそらく最も有名な例が第二章第二節の「ジェイン・オースティンと帝国」という論文である。

ジェイン・オースティンと言えば、イギリスの田園地帯でジェントリー階級の若い男女がロマンスの紆余曲折の挙句、結婚によって結ばれるという、いかにものどかな作品をイメージする人も多いだろう。そこでの人間心理の機微の優れた描写を味わうのが通例である。一八一四年の作品『マンスフィールド・パーク』も、おおむねそのように読まれてきた。しかし、サイードの読みは驚くほど斬新なものである。若い男女のロマンスの舞台であり、表題にもなっているマンスフィールド・パークの当主サー・トマス・バートラムはカリブ海のアンティグア諸島に出かけていて不在であるが、突然帰宅してプロットに大きな転回をもたらす。ただし、彼とアンティグア諸島との関係はあくまでも背景であり、わずかに触れられているに過ぎない。しかし、サイードは歴史資料を検証した結果、次のように主張する。「オースティンによれば、イングランドにおける土地（たとえばマンスフィールド・パーク）がいかに孤立し隔離されていようとも、海外領土からの支援を必要としていることを、わたしたちは最終的に認めるべきなのだ。カリブ海におけるサー・トマスの財産とは、奴隷労働によって維持される砂糖プランテーションでなければならないはずだ（奴隷制は一八三〇年代に至ってようやく廃止される）。これは、現在とは無縁の過去の歴史的事実ではなく、オースティンが知悉していたように、明白な歴史的現実なのである」（大橋洋一訳、みすず書房）。つまり、われわれが味わうべき若い男女のロマンスは、あくまでも海外植民地での奴隷労働の上に成り立っていたと言うわけである。ごく狭い社会を描いたとされるオースティンの作品を、このようなグローバルな文脈に引き出して論じたのはサイードが初めてである。

彼は同じ調子で、ディケンズ『大いな

る遺産』におけるオーストラリア、キップリング『キム』やE・M・フォースター『インドへの道』におけるインド、コンラッド『闇の奥』におけるアフリカなどを、植民地支配という政治的現実を最大限主題化しながら論じていく(『闇の奥』については、帝国主義を正当化する面とその限界を見据える面の両方があるという評価を下している)。イギリスだけではない。たとえばカミュの『異邦人』で名前を与えられていないアラブ人がムルソーに殺されることを、カミュがアルジェリアのフランスからの独立を認めなかったこととの関係で批判的に論じていく。普遍的な人間の問題と思われる「不条理」ですら、植民地支配と密接不可分なのだ。このような読解を極端だとして抵抗を感じる人もいるだろうが(私もカミュの政治的態度をこの点のみで判断するのは偏っていると感じる)、サイードはけっしてこれらの作品の価値を貶めようとするのではなく、これまで主題化されなかった文脈に置いてみることで、それらに新しい価値を発見しようとしている、と考えるべきなのだ。

全編が批評的情熱に満ち満ちた、まれに見る刺激的な書物であり、われわれは現実政治を動かしているダイナミズムとともに文学を読み換えることを教えられる。また、人文学の研究や教育がつねにイデオロギー的に機能することを自覚するよう促される。日本では、サイード論は盛んだし、日本近代文学を読むときに日本の周辺アジア諸国に対する植民地主義の文脈を意識することはもはや当然の前提になってきているけれども、サイードの精神でもって批評を行なっている人は実はあまり多くはない。日本における英文学研究が、けっして政治的にニュートラルなものではなく、植民地支配と結びついてきたことを解明しようとした齋藤一『帝国日本の英文学』(二〇〇六年、人文書院)はそんななかで出色であり、『文化と帝国主義』が撒いた種子の日本における発芽としてお勧めしておく。

ブラック・ディアスポラの対抗文化
――ポール・ギルロイ『ブラック・アトランティック』

水溜 真由美

これまでナショナリズムをめぐって様々な批判が提起されてきた。しばしば「支配のナショナリズム」と区別され肯定的に論じられる「抵抗のナショナリズム」も、ナショナリズムの弊害を免れているわけではない。

しかも、「抵抗のナショナリズム」は、ルーツから時間的・空間的に遠く引き離されたディアスポラに大きな困難をつきつける。単一のアイデンティティやユートピア化された過去の記憶は、ディアスポラに抵抗の拠り所を与える一方で、ディアスポラを取り巻く現実との間に大きな矛盾を生じさせる。通常、ディアスポラのアイデンティティや文化は、空間的な移動と長い時間の経過の中で大きな変化を遂げ雑種化している。原初の共同体はもはや回復しがたく、ルーツへの帰還には大きな困難が伴う。

クレオール論は、このようにディアスポラがナショナリズムの論理と矛盾した存在であること、即ちディアスポラが混淆したアイデンティティや雑種的な文化を持つことに積極的な意味を認めた。クレオール論を提起したのは、奴隷貿易によってアフリカからカリブ海の島々に強制的に連れて来られた黒人の末裔である。クレオール論は、ブラック・ディアスポラが異郷の地で植民者や土着の文化と複雑な交渉を持ちながら独自の文化を生みだしたことに着目し、ここにナショナリズムの論理とは異質な抵抗の形を認める。

ところで、クレオール論は、黒人による植民地独立運動の思想的バックボーンであった〈ネグリチュード〉の論理に対するアンチテーゼでもあった。黒人をルーツであるアフリカに結びつける文化本質主義的な〈ネグリチュード〉は、抵抗のナショナリズムの一つのヴァリエーションと言える。〈ネグリチュード〉は、白人支配者に対する徹底した抵抗を生み出しグローバルな黒人の連帯関係を築き上げる一方で、世界各地に離散した黒人間の差異を消去しディアスポラとしての黒人の歴史にはらまれる可能性を切り捨てた。その意味で、〈ネグリチュード〉に対するアンチテーゼがアフリカから遠く離れたカリブ海の島々に居住する黒人によって提起されたことは当然の成り行きでもあった。

ポール・ギルロイによる『ブラック・アトランティック――近代性と二重意識』は、イギリスのカルチュラル・スタディーズ研究の重要な成果であると同時に、右に述べたクレオール論の可能性をユニークに発展させた著作でもある。ガイアナからイギリスへの移民の母親とイギリス人の父親の間に生まれたギルロイは、自身もディアスポラ化した黒人の末裔であり雑種的なアイデンティティの持ち主である。本書において、ギルロイは、アフリカをルーツとする黒人文化の純粋性を主張し黒人による閉鎖的な共同体を称揚するナショナリズムの論理に対して一貫して批判的な態度をとる。ギルロイは、近代西洋の奴隷貿易を通じて黒人がルーツであるアフリカから強制的に引き離され大西洋周辺の広汎な地域に離散していったこと、またその結果として黒人が西洋文化と両義的な仕方で交渉するようになったことを、黒人による対抗文化の核心に位置づける。

本書の中心的なモチーフの一つは移動である。ギルロイは、資本主義の勃興期にルーツとしてのアフリカから引き離され奴隷船に乗せられて、アメリカ、カリブ、ヨーロッパへと連れて来られた体験を、黒人にとっての原初的な体験とみなす。また、ギルロイは黒人の知識人たちが生涯を通じて繰り返し行った旅にも着目する。たとえば、W・E・B・デュボイスは、アメリカ北部のマサチューセッツ州で生まれ、テネシー州にあるフィスク大学で学び、何度かヨーロッパを訪れ、アフリカのガーナで死去した。リチャード・ライトは、アメリカ南部のミシシッピー州で生まれ、シカゴとニューヨークで暮らした後、パリに移り住んだ。ライトはまたガーナ、スペイン、インドネシア等にも旅した。知識人のみならず、黒人にとって移動は宿命であった。ギルロイによれば、「ブラック・アトランティックの歴史」において、「移動《ムーヴメント》、再定位/移住《リロケーション》、転地/居場所喪失《ディスプレイスメント》、安らぎのなさ《レストレスネス》は例外ではなくて当たり前のことである」。

　奴隷として異郷の地へと連れて来られた体験については言うまでもないが、黒人の宿命であった移動・移住・転地の体験の多くは、それがたとえ自由意思によるものであるとしても、我々が通常「旅」という言葉で名指すものとは大きく異っている。たとえばリチャード・ライトにとって、南部からシカゴへの移住は、過酷な人種差別と貧困からの命がけの脱出であった。にもかかわらず、ギルロイは黒人が繰り返した移動・移住・転地の体験を等しく「旅」と呼び、それをナショナリズムの前提条件である「根付くこと」に対するアンチテーゼとして位置づける。デュボイスにとって純粋な黒人文化のヴィジョンがドイツ留学の産物であったように、黒人にとっては起源《ルーツ》(roots)の探索さえもが経路《ルーツ》(routes)と密接に結びついている。

　ギルロイは、ブラック・ディアスポラの対抗文化を大海を横断する船のイメージと重ね合わせる。もちろんこのイメージは、アフリカからアメリカ、カリブ、ヨーロッパへと黒人を移送した奴隷船の記憶に依拠するものだが、ギルロイはこれを共同体間を自由に行き来するノマドのイメージに転換する。船はまた、大西洋世界に散在する様々な場や人々を結びつける媒介物としてもイメージされる。奴隷船はアフリカをルーツとする黒人をアメリカ、カリブ、ヨーロッパに結びつけた。さらに、ディアスポラとなった黒人たちは偶発的に、また意識的に、世界各地で遭遇した。ギルロイは、大西洋世界の各地における多元的なブラック・ディアスポラの対抗文化が、狭いコミュニティを越えて接続され、ハイブリッド化を繰り返しつつユニークな発展を遂げたことに着目する。

　さらに、ブラック・ディアスポラの対抗文化が持つ越境の動きは、人種やネーションの壁を越えて非黒人のディアスポラ、先住民、第三世界の被抑圧民族などにも及んだ。デュボイスの小説『ダーク・プリンセス』では、アフリカ系アメリカ人の主人公がヨーロッパでインド人の女王と出会い、トランスナショナルな反帝国主義運動を通じて関係を深め、結婚して子をもうける物語が展開されるが、ギルロイはここにキング牧師とガンディーとの間の「グローバルな政治的連携」の先取りを認める。その背景には、ロンドンにおいて、ガンディーら全国各地の運動家と共に万国人種会議に参加したデュボイス自身の経験が隠されている。

　本書においてギルロイはブラック・ディアスポラの対抗文化のうち音楽に特権的な位置を与えるが、その理由の一つは越境的な文化創造のダイナミズムによる。黒人音楽のいくつかのジャンルは、アフリカ、カリブ、アメリカ、ヨーロッパの間で越境・移植を繰り返しながら発展をとげ、二〇世紀の大衆文化の中で特別な位置を獲得した。ギルロイはまた、奴隷化され教育の機会を奪われた黒人の対抗文化の中で、口語と身体による表現媒体であった音楽が果たした大きな意義を強調する。音楽パフォーマンスは、奴隷化された黒人にとって、他者と出会いアイデンティティを再生産する重要な機会であり、「公的な政治」の代替物でもあった。ギルロイは、音楽を「奴隷の時代のたからもの」と呼んでいる。

　さて、移動と並ぶ本書のもう一つのモチーフは近代性（モダニティ）である。サブタイトルが示すように、ギルロイは、移動と並んで、近代性と「ヨーロッパ人であり黒人である」という二重意識を、ブラック・ディアスポラの対抗文化の核とみなす。ブラック・ディアスポラの対抗文化を考察する上で西洋近代の存在が強調されるのは、ギルロイの構築主義的な人種観と深く関わる。ギルロイは、本書全体を通じて人種についての本質主義的な見方を退け、黒人を奴隷化以前の伝統文化よりも、西洋近代との出会いを起点とする奴隷化以後の体験によって意味づける。つまり、西洋近代こそが黒人を黒人たらしめたと言ってもよい。

　とはいえ、ブラック・ディアスポラの対抗文化と西洋近代との関わりは両義的である。一方で、黒人は西洋近代の思想や文化を自らの対抗文化の中に受け入れた。西洋への抵抗を可能にしたナショナリズムも、西洋からの借用物である。他方で、黒人と西洋近代の関係は否定的でもある。黒人は、西洋によって強いられた過酷な状況の下で音楽に代表される対抗文化を創造した。この対抗文化は、一面では近代の外部に位置する「前―奴隷史の記憶」から大きな力をくみ出しているが、西洋近代がその条件を創り出したという意味では、西洋近代との出会いの副産物である。

　また、黒人は西洋近代に対する内在的な批判者でもあった。たとえば、黒人は奴隷制や人種的恐怖《テロ》が西洋近代と不可分であることを鋭く暴き出した。ギルロイによれば、ヘーゲルも主人／奴隷の関係性が西洋近代の根幹に位置することを認めたが、それを承認と依存の関係性の中に閉じこめてしまった。一方で、黒人は、対抗暴力の必要を示唆することで西洋近代に対する徹底した批判を行い、ユートピア的な解放のヴィジョンを打ち出す。命を賭けて横暴な主人と渡り合ったフレデリック・ダグラスの自伝や逃亡に失敗して自分の娘を殺したマーガレット・ガーナーのエピソードでは、黒人は「奴隷の状態でありつづけるくらいなら死を肯定的に選ぶという選択」を行う。

このように、ブラック・ディアスポラの対抗文化は、当初より西洋近代との間に両義性をはらむ密接な関係を持ち続けてきた。しかしながら、黒人文化を西洋文化の対極に位置づけるナショナリズムの論理は、黒人の対抗文化への西洋近代の影響を消去し、「西洋かぶれした」黒人の思想家を否定的に評価してきた。

こうした抵抗のナショナリズムの論理に基づくバイアスを批判的に捉えながら、ギルロイはリチャード・ライトに対する再評価を試みる。ライトは、第二次大戦後にフランスに移住し、実存主義や精神分析などヨーロッパの思想潮流から強い影響を受けた。そのため、多くの論者がライトに対してアメリカの黒人民衆を裏切った「根無し草作家」というレッテルをはり、『アウトサイダー』のような後期の作品を否定的に論じてきた。しかしながら、ギルロイはライトが繰り返した「旅」の経験に大きな意味を見出すと同時に、『アウトサイダー』において、ライトが黒人とモダニズムの密接な関係性を中心的な主題としたことを高く評価する。ギルロイによれば、ライトは西洋の内なる他者であった黒人と、西洋近代に対する一種のアンチテーゼであった二〇世紀思想が親和性を持つことを鋭く見抜いたのである。

本稿では、『ブラック・アトランティック』のアウトラインを移動と西洋近代との関わりという観点から素描した。ブラック・ディアスポラの対抗文化に対するギルロイのユニークな分析は、黒人を大西洋世界に散在するディアスポラとして捉えるグローバルな視点と、本質主義的な人種観やナショナリズムを相対化する視点によって可能になった。しかもギルロイは、本書の最終章において、ディアスポラである黒人とユダヤ人の体験および対抗文化に見られる共通点を強調し、それらをネーションや人種の枠組みに囲い込むような見方を相対化している。以上のように、他の人種や民族集団に広く開かれたギルロイの視覚は、黒人に留まらないマイノリティの対抗文化を理解する際にも大きな有効性を発揮するだろう。

「革命」の夢の受容
——エドガー・スノウ『中国の赤い星』

山田 賢

谷川雁に「毛沢東」と題する詩作がある。

いなずまが愛している丘
夜明けのかめに
あおじろい水をくむ
そのかおは岩石のようだ
かれの背になだれているもの
死刑場の雪の美しさ
（中略）
そして老いぼれた木と縄が
かすかなあらしを汲みあげるとき
ひとすじの苦しい光のように
同志毛は立っている

ここに引用した「毛沢東」は、一九五四年に刊行された谷川雁の詩集『大地の商人』に、「母」、「故郷」、「革命」、「東京へゆくな」等の詩編とともに収められている。もちろん谷川雁が描いた「毛沢東」は、彼の内面において純化された革命の夢想を、一人の実在する革命家に仮託した面影と見るべきなのだろう。とは言え、このようなイメージが結晶する前提として与えられた核——「毛沢東」についての何らかの情報は存在したはずなのだ。そして、一九五〇年代初頭——とりわけ一九五二年——それ以降の日本社会において大きな影響力を持つことになる毛沢東・中国革命に関する著作が、いくつも日本語に翻訳されてもたらされていた。

それはたとえばベルデン『中国は世界

をゆるがす』であり、そしてここに取り上げるスノウ『中国の赤い星』である。さらに付言すれば、三一書房版『毛沢東選集』の刊行もこの年だった。それ以前の段階においては曖昧な輪郭でしかとらえられていなかった「毛沢東」と中国革命に関する情報が一斉に日本語で供給されるようになったのが一九五二年なのである。そのなかでもとりわけスノウ『中国の赤い星』は、その時においてすらなお神秘的な――あるいは得体の知れない――存在であった、毛沢東その人のイメージを生き生きと伝えるほとんど唯一の情報源として歓迎されたのではないかと思われる。『中国の赤い星』が宇佐美誠次郎訳によって筑摩書房から刊行されたのは五二年七月であったが、早くも八月には竹内好による次のような紹介が東京新聞紙上に掲載されていた。「もし一冊で中国の事情を知りたいという人があったら私はこの本をすすめる。……中共の幹部の伝記にいたっては、他に代るものがない根本資料である」。

こうしてスノウ『中国の赤い星』は、日本において、まさに中国を知るための一冊として、長らく読み継がれることになり――おそらく八〇年代までに中国学を志した者なら、必ずと言っていいほど一度は手に取ったことはあるはずだ――、そしてその「読み」に導かれながら、毛沢東その人と中国革命のイメージも形成されることになる。すなわち、毛沢東については、頑強な体躯と質素な生活、気さくでありながら寡黙、現実的でありながら読書に時を忘れる思索と瞑想の人、というイメージが、何よりもスノウのインタビューに答えて毛沢東自身が語ったことばに裏付けられて流布する。谷川雁によって「革命家」それ自体へと昇華された「毛沢東」の肖像にも（谷川が『中国の赤い星』を読んでいたかどうかはわからないが）、『中国の赤い星』と響き合うイメージが確かに感じられるかもしれない。

谷川雁が「東京へゆくな　ふるさとを創れ」と書き記した一九五〇年代初頭、とくに『中国の赤い星』が刊行された一九五二年は、歴史学においていわゆる「国民的歴史学運動」が澎湃と湧きあがった時期でもあった。「大衆に奉仕する学問」が提唱され、学生たちが農村に入って共に働きながら「村の歴史」を村人に代わってパンフレットや紙芝居などに作成する営みが熱心に行われた。もちろん、谷川雁の孤独な夢想と国民的歴史学運動との間に直接的な接点はなかったであろうが、しかし根底においては、当時の日本社会の一側面としての、ある共通の心性が存在するように思われる。やや粗暴な概括をすれば、それは表面的で軽薄な西洋の模倣としての近代化を追い求めた結果、敗戦という破局に至った日本の近現代史への悔恨であり、むしろ、立ち後れ、前近代的と見なされてきた民衆世界の奥底にこそ立脚すべき「原点」があったのではないか、という回心の希求である。いわば欠陥品であると見なされた日本の「近代化」の歴史に背を向けて、よりよい社会を形成するための根拠地を「土」と民衆の中にこそ求めようとした心性を緩やかに共有していたのである。

そのような心性にとって、スノウ『中国の赤い星』は、一人のジャーナリストが真実を求めて白色地区から中国西北の根拠地、延安へ——革命の原点である深奥へと降下する物語として受容されたのかもしれない。一九五〇年代、おそらく『中国の赤い星』は、日本の経過してきた近代への悔恨とともに読まれたのだろう。言い換えれば、スノウの旅路と延安の中国共産党は、本来そうあるべきだったにもかかわらず誤ってしまった日本近代の、痛切な反転画像として理想化されたのである。

しかしそれは邦訳『中国の赤い星』という書物にとっては不運なことだったのかもしれない。文化大革命の内実が伝えられて中国共産党という理想が色あせるとともに、その名前ばかりが高く、実際には（たぶん今では）滅多に読まれることのない書物になってしまっているからだ。だが、有能なジャーナリストであったスノウが盛り込んだ豊富な情報量によって、『中国の赤い星』は今でも圧倒的なおもしろさを感じさせることに変わりない。毛沢東自身の語りや、秘密結社のメンバーだった賀龍など、共産党幹部の生き生きとした肖像、そして偶然一九三六年の西安事変に居合わせたことによってもたらされた臨場感、こうしたルポルタージュのおもしろさを、その後の毛沢東の晩年ゆえに忌避することがあるとすれば、何とも残念なことである。

よく知られているように、スノウ自身は必ずしも共産主義者とは言えなかったし、戦後日本社会がそうであったように延安の毛沢東に反近代の理想を託したわけでもない。彼が延安で見たものは、たとえば女性の結婚の自由、一八歳以上の平等な参政権など、民主的な社会が実現されつつあるさまだった。スノウにとって、蔣介石の国民党政府ではなく、延安の共産党こそ中国人民の支持を獲得している——その意味で民主主義的な正統性を備えている——政権であり、アメリカとともに反ファシズム陣営に立つことを期待されていた。そのように見てくると、『中国の赤い星』をはじめとするスノウの一群の著作は、同時代アメリカ社会の精神史としても読むことができるのだろう。一九五〇年代の日本において、『中国の赤い星』に革命の夢想のみが読み込まれてしまったとき、この書物には栄光と、そしてそれを裏返した失墜とがつきまとってしまったのかもしれない。だが、そこから遠く離れた場所にある今だからこそ、再びこの古典にはさまざまな「読み」の可能性が開かれているに違いない。

全ては虐げられた者のために
――アグネス・スメドレー『偉大なる道　朱徳の生涯とその時代』

神子島 健

アグネス・スメドレー（一八九二～一九五〇）は、アメリカのジャーナリスト、作家。彼女の墓は、中華人民共和国建国の功労者たちが眠る北京の八宝山革命公墓にある。墓碑の文字は中国人民解放軍の創立者、朱徳が書いたものだ。そして本書『偉大なる道』（*The Great Road*）は、その朱徳（一八八六～一九七六）の一九四六年までの歩みを描いた伝記である。

アメリカのミズーリ州で貧農の子として生まれたアグネス少女が、大西洋からヨーロッパを経由して中国の革命運動と関わりを持つようになった歩み自体、本書に劣らず劇的である。そして彼女が記した朱徳の歩みは中国共産党の抗日・革命運動についての同時代史として重要な意義を持つ。そしてこの本が最初に出版されたのが日本であるという事実は、本書が日本の読者にとって持つ重要な意味と関わっている。以下、この三つの側面から本書について考えてみたい。

スメドレーの歩み

スメドレーの最初の著作は *Daughter of Earth*（一九二九年：邦訳『女一人大地を行く』）。この自伝的小説はあくまでフィクションだが、彼女の前半生をつかむには不可欠なテクストであろう。貧しさの中での自己形成、女性の自立への渇望、インド独立運動へのコミットが、この小説の主要モチーフである。以下、伝記的部分は主に、マッキンノン（夫妻）『アグネス・スメドレー 炎の生涯』と、Ruth

Price *The Lives of Agnes Smedley* を参照した。

家事や出産、子育ての中で若くして亡くなった姉と母。それを見てきたスメドレーは家父長制的な性別役割分担の中で生きることを拒み、自立した生き方を模索する。働きながら学ぶ中で出会った社会主義者のアーネスト・ブルンディンと対等な関係を求めて結婚するも、望まぬ二度の妊娠、中絶の後離婚している。彼や義姉の影響で社会党に入ったものの、中流階級の知的サークルといった雰囲気に馴染めずにいた。そうした中、第一次大戦の頃には、マーガレット・サンガーの産児制限運動に加わり女性の自己決定を追求し、様々な支配からの解放を説くエマ・ゴールドマンのアナキズムに触れるなど、当時の重要なアメリカン・ラディカルに出会って知的成長を遂げるが、何よりも彼女を捉えたのは、大英帝国の支配に抵抗し、独立をつかみ取ろうとするインドの運動家たちとの出会いだった。下層出身という意識に加え、学ぶ中で自らの出自の中にある〝先住民性〟（彼女の父はネイティブ・アメリカンの流れを汲んでいる）をポジティブに受け取るようになり、被抑圧民族への共感を持ったことも関係しているだろう。

当時イギリスの植民地インドでは、弾圧によって亡命する運動家が多数いた。アメリカ、中でもニューヨークや当時彼女のいたカリフォルニアの都市部は重要な運動の拠点だった。彼らと出会いスメドレーはアジアのこと、アジアを支配する帝国主義のことを学び、運動に協力していく。ジャーナリストを志していたが、彼女にとって虐げられ抵抗する人々とともに行動することと、彼らのために書くことはしっかりと結びついていた。しかし一九一七年四月、アメリカが第一次大戦に参戦すると、イギリスの同盟国としてインド独立運動に対する弾圧が厳しくなり、スメドレーも逮捕されている。拘禁から解かれても一層インドの運動への献身を強めるスメドレーは、ロシア革命への反動が強まる中、独立運動の支援を続けるため終戦後にドイツへ渡る。

では、何故ドイツへ行ったのか。大英帝国とヨーロッパで対峙するドイツは、「敵の敵は味方」で、インド独立のための「味方」だった。実際、大戦前からドイツ政府はインドの独立運動家を国内で支援していた。敗戦後も多くの運動家は残り、進歩派勢力の強いベルリンを中心にコミンテルンの支援を受けたりしていた。ロシア革命は帝国主義への戦いを重要な使命に掲げ、ソヴィエト・ロシアは各地の反植民地運動を支援していた。それゆえ、共産主義者でないインド独立運動家たちの多くもロシア革命を支持していた。そうした革命家の一人、ヴィレンドラナト・チャトパダーヤ（Virendranath Chattopadhyaya、一八八〇～一九四三、以下「チャト」）も、ベルリンにいた。そこでスメドレーは、戦闘的な運動の中心的人物であったチャトと出会い、公私ともにパートナーとして活動することとなる。

　だが、活動は決して順調ではなかった。二一年九月ごろには、インド独立運動に対しコミンテルンが、ナショナリストを軸にしたチャトのブルジョア革命路線ではなく、ボルシェヴィズム路線を取るM・N・ロイへの支持を明らかにする。男性中心主義的でナショナリスティックな面をもつチャトの運動がうまくいかなくなると、外国人女性としてのコミットの難しさが表面化し、結局二人は別れる。結果的にインド独立運動から一定の距離を置くことになり、彼女は一九二〇年代ベルリンのラディカルな知的サークルとのつながりを深め、インドと同様に踏みにじられているアジアの大国、中国の歴史を学び始める。そして一九二八年、フランクフルター・ツァイトゥングの特派員として、スメドレーは中国へと足を踏み入れる。

『偉大なる道』について

　一八八六年ごろ、四川省の農村で生まれた朱徳。貧しい農家ながら一族の強固な団結で必死に学費を捻出し、一三人いた子ども（末五人は間引きされた）の中で朱徳一人だけ十分な教育を受ける。毎年のように出産しながらも家事と農作業に追われる朱徳の母の話を、スメドレーは自分の母と重ねながら聞いている。

　一九世紀末の四川の小さな農村では、村々を渡り歩く機織り職人の話が数少ない外部世界の情報源だった。老職人がかつて兵士として参加した太平天国の乱（一八五〇～六四）のことを朱少年に語り、太平軍は封建主義と外国支配からの〝解放軍〟として少年の心に植えつけられる。教育を受け、外の町の学校に行くにしたがい、中国社会の近代化も伴って情報の伝達のスピードも速くなれば西洋の学問に触れた朱少年の考え方も変化していく。しかし、貧しき農民や労働者を収奪する地主や資本家、腐敗した役人、それを軍事力で支える列強の帝国主義者たちの支配に対する怒りは一貫していた。見聞したに過ぎなかった義和団の蜂起や辛亥革命などの後、中国の解放のための戦いに朱徳自らも参加し、革命の完成に向けて歩んでいく物語が、『偉大なる道』であると言える。これは天性のストーリーテラーたるスメドレーが、朱徳の人生を通して描いた近代中国革命史でもあるのだ。

「うわさによると、この朱毛という男は、神通力をもっていて、自分の軍隊を敵から守るために、旋風をまきおこしたり、雲をよんだりすることができるといわれていた」(第七章より)。「朱毛」とは、朱徳と毛沢東を一人の人格のように指したことばである。それぞれ共産党の革命軍部隊を指揮していた二人が一九二八年五月に華南で出会ってから、朱徳は(共産党の)紅軍総司令として、後に中国共産党の政治指導者となる毛沢東と革命への長い道のりを共にしていくことになる。

蒋介石率いる国民党軍との内戦にせよ、抗日統一戦線による日中戦争にせよ、朱毛の軍隊は常に敵軍に対して圧倒的に遅れた装備しか持たない。資金もない。その中で敵から武器を鹵獲し、更には貧しい層出身の捕虜を説得し、教育し、味方にすることで軍を維持・拡大していく。それを可能にするのは、住民の協力による補給と情報伝達、身軽な軍隊ならではの機動性を活かした遊撃戦である。紅軍は地主支配からの解放(土地の分配)や日本の侵略への抵抗という大義のみならず、略奪や強姦を禁じた規律を厳格に守ることで住民の信頼を得た。ちなみに略奪や強姦をほしいままにしたはずの日本兵の捕虜すら、軍国主義者によって中国へ送られた、自分たちと変わらぬ(解放されるべき)貧しき農民や労働者であることを朱徳は度々語っている。これはナショナリズムの持ちうるマイナス面から彼が距離を取りえたことを物語る。

遊撃戦という戦略は軍事戦術としての有効性を持つと同時に、住民の共産党への支持を取りつける武器であり、更に朱徳の支えで毛沢東が他の指導者を押しのけ、党での権力を確立する武器でもあった。マルクス・レーニン主義の公式的な解釈においては、都市プロレタリアートを中心とする近代的労働者こそが革命の中心的役割を担うのだが、上海を除けば近代的工業などほとんどない当時の中国では、その理論には現実味が薄いように見える。しかしコミンテルンの指導が絶対的な力を持つ当時にあっては、都市中心の路線にならざるを得ないのである。

第七章では一九三〇年当初共産党の指導者だった李立三《りりっさん》の都市革命路線を朱毛が拒否するシーンが描かれ、中国社会の実情に合わせた「農村が都市を包囲する」路線(その戦略が遊撃戦である)への移行が表現されている。

このころ、スメドレー自身は上海を拠点に、中国各地を取材しながらゾルゲや尾崎秀美ともコンタクトを取っていたのだが、まだ朱徳本人と会ったことはなかった。しかし毛沢東が党の指導を確立する前のこの頃からすでに、彼女が農村の解放を重視する朱毛の路線へのシンパシーをもっていたことが、彼女の中国に関する最初の著作、*China Red Army*

Marches（一九三六年。邦訳『中国紅軍は前進する』）からも窺える。インドに対するチャトのナショナリズム路線と、中国に対する朱毛路線への支持。この二つからわかるのは、権威に依らぬアメリカン・ラディカルたるスメドレーが、階級やナショナリズムを絶対視せず、虐げられている人々への共感を、行動や執筆の基礎としていることである。

三七年一月、当時共産党の拠点があった内陸の延安に取材に行ったスメドレーは、初めて朱徳と出会う。以後半年ほど延安で週二〜三回朱徳にインタビューし、それを基礎に『偉大なる道』を執筆していく。本書はスメドレーの絶筆で、未完のまま出されたので、英語版序文で指摘されている通り、一九三一年四月の国民党による剿共《そうきょう》（対共産党軍）作戦から一九三四年の長征の開始までの部分が完全に抜け落ちている。また、今日から見れば、スメドレーの強烈な反蒋介石というスタンスゆえ、抗日戦争における蒋の評価が低すぎることや、朱徳が党内の事情を考慮してか、李立三の後を継いで最高指導者となった、コミンテルンと関係の深い王明のことが触れられていないなどの問題がある。だがそれも含めての同時代史の史料と考えるべきだろう。

日本での出版

朱徳とスメドレーがともに帝国主義支配に対して戦ってきた以上、中国で出会った二人の共通の敵はまず何よりも侵略者としての日本の軍国主義者であった。その日本において『偉大なる道』が世界で最初に出版されたことは、単なる偶然ではない。

岩波文庫版には、晩年のスメドレーと友人だった石垣綾子により日本での出版の経緯が書かれている。スメドレーは一九五〇年五月、ロンドンで客死した。最後まで本書の草稿に手を入れていたが、マッカーシズムの吹き荒れるアメリカ合州国を追われるように渡英して、革命成った中国行きを切望しながらの死だった。赤狩りの中、『偉大なる道』も、出版予定だった契約を打ち切られ、彼女の死後はエドガー・スノーらが原稿を管理していたのである。アメリカほど「アカの脅威」が大きくない日本だからこそ出版しやすかった。

一九五五年に出版され本書が高い評価を受けたのは、中国ブームと言われるような人民中国へのシンパシーが日本社会で一定数存在した背景があるが、その根底には中国への侵略戦争への後ろめたさと、その侵略を根底から批判する見通しを同時代的に持っていたスメドレー（更には彼女が、日本人としてそれを行おうとした尾崎秀美の友人であったこと）への驚嘆が込められていたと私は見ている。これは今日言うところの戦争／戦後責任と全く同じものではないであろうが、こうした共感や驚嘆が消え、スメドレーが忘却されている状況は、戦争／戦後責任問題の後退と決して別のものではないはずである。

敗北を重ねてなお敗北せざる反植民地闘争史
——ニム・ウェールズ、キム・サン『アリランの歌　ある朝鮮人革命家の生涯』

李　杏理

本書は、革命家キム・サンの証言を通して見る、朝鮮民族解放闘争ならびに中国革命の稀有な歴史ルポルタージュである。

キム・サン（本名：張志楽）の死の前年、一九三七年延安で、米国人ジャーナリストのニム・ウェールズが彼と奇跡的に出会い、二〇回にわたるインタビューが実現した。官憲の目を盗んで活動していた彼がなぜ出版を快諾したのか。「もし私たちが本を書いたならば、五〇年後にも朝鮮の若い人びとに読まれるだろうということを彼自身知っていたから」（李恢成、水野直樹編『「アリランの歌」覚書』岩波書店、一九九一年、一〇一頁）とウェールズは語った。

ウェールズはキム・サンについて、「中国と朝鮮の今日の歴史を形づくる大悲劇の白熱にうち鍛えられ、さりとて厳しい試練を経たすえ鋼鉄のような強い意志をもつ機械とはならず、感覚も知覚もそなえる有情の人となった男がここにいる」（四三頁）と回想しており、植民地支配の暴力に抗しながら生の悲哀を身心に刻み込んだキム・サンと、ウェールズの虐げられた者への共感とが本書のなかで交錯する。

キム・サンは、日本の占領下にあった一九〇五年、平安道の農家で生れた。「朝鮮に嵐吹きあれる幾年かだった。外の世界の忘れられない最初の印象は、どこでも人が泣いていることだった。男たちは集まって興奮した調子で話しており、女たちはいぶるかまどの火の前にかたまって干し草の束をくべながら絶えず目をこすっていた」（六〇頁）。

後にキリスト教系の学校で三・一独立運動に参加し、政治にめざめる。植民地民衆の苦難を目の当たりにした彼が掴んだ独立への希望は、強い意志となって立ち現われた。しかし、ヴェルサイユ条約における民族自決権の原則が朝鮮には適用されず、先進国の結託によって植民地支配が承認されたことに失望し、「非暴力の無益さ」を感じる。

日本留学ののち、上海にて臨時政府の面々と出会い、無政府主義的な武力闘争に心を寄せる。キム・サンにとってそれは、「奴隷の境地にあるもののみが実感しうる、自由への熱烈なあこがれを表わすもの」（一二六頁）であった。その後、金星淑《キムソンスク》の影響によりマルクス主義を研究し、中国共産党に入って国際共産主義運動（コミンテルン）に身を投じた。

一九二五年からは、広州で新聞雑誌編集や青年会および共産党の指導を行う。当時、中国革命に連帯すべく八〇〇名を超える朝鮮人が、広州に集っていた。一九二六年には、同志たちと「東方被圧迫民族連合会」を設立し、朝鮮・インドシナ・台湾・インドの共産主義団体や革命家人士を束ねるに至った。亡命活動を余儀なくされていたキム・サンは、期待を込めてこれに参画したのだ。しかし蒋介石による反革命が起こり、中国内の分裂のみならず国際連帯にもとづく反植民地闘争の営為も打ち砕かれた。「われわれ朝鮮人は己の革命の地平をいつ消え果るとも知れぬ暗雲が閉ざすのを見た」（一六九頁）。

一九二七年一二月、キム・サンは広州コミューンに参加する。中国共産党の指導者率いる兵士と労働者が武装蜂起の末、三日間にわたって広州市を占拠し、ソヴィエト政権樹立を宣言した事件である。軍閥と国民党の打倒、八時間労働制・地主私有地の再分配・大資本家の財産没収などの綱領を採択した。キム・サンはそこで指導者葉挺《イェティン》の軍事参謀を務めるも、まもなく英・米・日・仏の支援による国民軍と保安隊の反撃が始まる。主力の教導団は、翌日海陸豊に撤退したが、白色勢力によって蜂起軍兵士や労働者のほとんどが殺された。

海陸豊で中央部隊に加わったキム・サンは、ゲリラ戦法による絶望的な戦いを強いられていた。そのとき彼は家族に次のような手紙を送っている。「ここで死ぬのは幸せです。奴隷の地で死ぬのとは違うのです。われわれが光輝ある革命闘争を戦ったこの地のように自由な朝鮮の地であってくれたらと思うのです」（二一二頁）。奇跡的に生き残ったキム・サンは、死んでいった同志たちが成し遂げられなかった闘いを背負うのであった。

そして、一九二九年に北京に渡り、共

産党北京支部の書記となる。翌年と三三年の二度逮捕され、日本警察によって過酷な尋問や拷問を受ける。「自分の中に大きな力があることを知りました。もしそれがないなら、権力者が私に対抗するためたいそうな力を用いる必要がどこにあるでしょう。国家と私とが対等です」（二八二頁）。そのように警官に語るキム・サンには、独立自尊の精神が根づいている。

罪状を否認し続けたことにより懲役で済み、ほどなく釈放されるが、それを怪しんだ共産党内部から日本のスパイと睨まれてしまう。朝鮮人党員の韓偉健《ハンウィゴン》に疑念ありとたきつけられ、新路線にそぐわない極左主義者李立三《リリーサン》派として、党から鉱山労働に従事するよう処断される。

一九三四年に趙阿平《シャオアピン》と結婚。翌年上海に移り、朝鮮民族解放同盟を発足する。朝鮮人革命指導者がひそかに参集し、日本帝国主義との闘いに備えて、朝鮮民族戦線を目指す行動綱領を可決した。綱領十五条において、「（一）外国にある一切の集団、党派、個人は、政治的あるいは宗教的信条、また職業の別なく抗日の原則の下に団結し、その居住する国および地方のさまざまな状況に合わせて、全民族統一戦線の一翼として特別の重要な義務を遂行する責務を負うものとする」（三七五頁）とある。民族主義者、共産主義者、アナーキストその他の朝鮮人革命家たちの闘いは、ここに来て「抗日の原則の下に団結」することを希求し、統一戦線を唱えたのだ。

一九三六年、キム・サンは陝甘寧ソビエト地区駐在朝鮮革命者代表に選ばれ、延安に移る。抗日軍政大学で教鞭をとりながら、満州の抗日パルチザン参加に備える。しかし党籍問題を解決できないまま、翌年、陝甘寧辺区保安処によって「トロツキー分子」、「日本間諜」と疑われ、「粛清」される。享年三三歳であった。この無念を彼はこう嘆いていた。「私の苦労の幾分かは朝鮮人である自分が中国人の中に交じっているところから来るという感じを捨て去ることができなかった」（二九七頁）と。

植民地朝鮮における体験と民衆の苦悩への共感から生れた独立精神、社会の不条理を拒否するキム・サンの生きざまは、理論を備えた革命運動へと転回していった。

キム・サンの思想遍歴は、民族解放のために理論と実践を発展させていった朝鮮人の革命家群像を体現している。当時、朝鮮内での独立運動は日本帝国主義の苛烈な弾圧にあい、運動家たちは国外に離散していった。よって朝鮮人運動はいやおうなしに国際性を背負い、国をまたがって抗日民族解放闘争をなさねばならなかった。

キム・サンは満州の軍官学校や上海での活動を契機として中国に足場をおき、一九二八年コミンテルン六回大会で示された「一国一党原則」に従って中国革命に身を投じることになった。「私はインターナショナル組織の意義をさとった。抑圧された民族は解放されねばならぬ」(五四頁) という思いが、キム・サンら朝鮮人革命家を国際主義運動へと駆り立てた。それは広州での被抑圧民族による国際連帯の機運とプロレタリアートの人民蜂起となってたち現われた。この一九二六年頃の国際連帯は、帝国主義によって虐げられた世界の民が手を携え、歴史を転覆する萌芽を見せたと言っても過言ではない。

だが、中国革命運動においては朝鮮の課題が後方へ追いやられ、軋轢も存在した。朝鮮人を「水に塩をつまむように注ぎ込むわけにはいかない」。「われわれは、われわれ自身の力を温存して構築して、世界革命におけるわれわれ自身の特殊な独自の役割を遂行しなければならない」(前掲李恢成編、四一頁)。ゆえに朝鮮人革命家との関係を回復しようと一九三五年に朝鮮民族解放同盟を結成する。しかし、その努力もむなしく、まもなくスパイとして「粛清」されてしまったのである。国際主義に人生を賭けながら、異国人であるがゆえに疑われ、処刑されていったキム・サン。一九八三年に中国共産党中央組織部は、キム・サンの処刑は「誤って処理された案件」として名誉回復を公表したが、その最期は無念の極みであったことだろう。国際共産主義革命の理想に反して、民族を問わず連帯して闘うことは困難であったのだ。

彼は、党による即決の死刑宣告に納得がいかず、「なぜこういうやり方で殺すんだ」と尋ね、そのつど心を痛めたという。またある時は、孤独に衰弱していく他人を放っておけず、自ら病に冒されながらも薬や食糧を工面してやる。

さらに、トロツキーの現実主義路線や、スターリンが反対派を追放し投獄している事実を鋭く批判した。「他の者が何を考え、どんなに私に逆らおうと、私は私の良心と知性が私に命じ駆り立てるのにしたがって実行する」(三一〇頁) と述べたような、「良心」の一貫性がそこにはある。彼は、故国を追われ、他国に基盤を置く革命家として中国で幾多の葛藤や矛盾に直面させられるも、完全に順応することはできず、妥協を拒んだ。

そうした革命家キム・サンがもつ女性観も興味深い。はじめは「革命の人生において家庭生活をもってはならない」(一四二頁) としつつも、のちに「理想的な娘とならば愛もよし」（一六七頁）と書き変えられ、革命の仕事をともにする劉玲《リウリン》に出会う。しかし、「劉玲は理想的にすぎると思った。一つには彼女の自立性、私が第一に求めた性質があまりに強かった」（二六三頁）とし、破局する。劉玲について、「私より前に他の恋人がいた」（二五〇頁）ことを気がかりとしながら、「彼女は決して私に従おうとしない」（前掲李恢成編、二五六頁）と苦心している。のちに「私の思い通りに仕立てることもできそう」な趙阿平と結婚。

勇敢率直な理想像を女性に追い求めるも、その自立性が性的自由を謳歌することや相手につき従わないことと結びつくならば躊躇するキム・サンの女性観は、内実において革命的であったとはいえない。

それから七〇年後の現代においてなお、私はキム・サンの直面した課題にある共通性を感じた。そう遠くない過去に帝国主義の暴力が植民地をして奴隷に貶め、ありうべき抵抗を力で抑え込んでいった。国を失った民は、散り散りばらばらになって他国の革命に献身したり、分裂して力を削がれた。反植民地闘争は帝国の圧倒的な力を前に「敗北」を余儀なくされ、彼／かのじょらが殺された上にわれわれの生きる現在が成り立っている。「敗北を重ねてなお敗北せざるもののみ」（三五七頁）が、歴史の裁定を知り、真の自由を実現できるとキム・サンは語った。であればこそ、「敗北」ののちに成り立つ現在を既成事実として受け容れるのではなく、殺され、敗者とされた者たちの断片化された記憶を手繰り寄せて、彼／かのじょらの無念を晴らすことが世界史の課題である。

朝鮮民族が古くから愛するアリランの歌。この歌は、圧制に抗した貧農たちがアリランの丘の死刑場に向う際に歌ったとされており、死と別れの悲しみをあらわす歌である。何百年ものあいだ受難を経験した朝鮮で民衆に歌い継がれ、悲劇を象徴する歌となった。「多くの死から勝利は生れよう。われわれの仲間がこの『アリランの歌』に新たな歌詞を書き加えるだろうが、最後の章はまだ書かれていない」（五五頁）。この歌の続きは、悲劇をもたらしてきた歴史を見つめ、虐げられた者たちの声を響かせるなかで紡がれていくだろう。

「東アジア現代史」に引き裂かれた解放の夢
——陳芳明『謝雪紅・野の花は枯れず　ある台湾人女性革命家の生涯』

黒川　伊織

台湾人女性革命家謝雪紅（一九〇一～一九七〇）。彼女について公式の場で語ることは、彼女の生地台湾においては、その死後も長くタブーとされていた。植民地台湾ではじめて共産党が創設（一九二八年）された際の中心人物として、また戦後の国民党による圧政への全島的な抵抗運動となった二・二八事件（一九四七年）の際の指導者のひとりとして知られる彼女の存在自体が、冷戦構造のなかで中国共産党と激しく対立してきた国民党政権のもとでは決して許されなかったからだ。冷戦構造の解体が最終局面を迎えつつあった一九九一年に本書が刊行された背景には、ひとつには一九八七年の戒厳令解除に象徴される台湾の民主化の進展が、もうひとつには冷戦構造下で封印されていた白色テロの記憶が東アジアの各地で解き放たれ語られはじめたことがあった。

帝国日本の支配下で「台湾解放」を掲げて共産党を組織し、そして帝国日本の解体後にふたたび「台湾解放」を掲げた謝雪紅が、台湾人としての自覚を強く抱いていたことは間違いない。しかしながらそのような自覚を大陸中国から新たな統治者として進駐してきた国民党が許すはずはなく、謝雪紅は二・二八事件により国共内戦下の大陸中国へと亡命することになる。そして大陸中国での生活は、台湾を回収しようとする中国共産党の方針のもとで幾度もの政治的迫害を受ける困難なものであった。このように帝国日本・国民党・中国共産党のそれぞれから弾圧された謝雪紅とはその限りで台湾独立運動の象徴的存在であり、二・二八事件の年に台湾で生まれ台湾独立運動に関わる著者・陳芳明が本書によって謝雪紅を過去から呼び返したのは、冷戦構造のもとでその存在を抹殺されてきた彼女の人生を捉え返すなかから、ポスト冷戦期の台湾独立運動が進むべき道筋を見出そうとしてのことである。

しかしながら、謝雪紅という存在の歴史的意義は、台湾独立運動の文脈のみにとどまるものではない。なぜなら彼女は共産主義者でもあったからである。彼女が国際共産主義運動に身を投じた一九二〇年代から三〇年代にかけて、彼女が活動の主な舞台とした東アジアは、国際共産主義運動の介入により従来の地域秩序が大きく変動するさなかにあった。世界史上はじめて資本主義世界の〈外部〉としてソヴィエト・ロシアが成立したのち、そのもとで世界革命を掲げて創立されたコミンテルンは、世界各地にその支部として共産党を創設して資本主義世界内部への介入を行っていった。朝鮮・中国・日本に共産党が創設されたのは、このような歴史的文脈においてであった。その際、コミンテルンは、朝鮮・中国・日本・モンゴルを極東ビューローの管轄下においていたが、この極東は帝国日本の直接的支配下もしくは間接的影響下にある地域と重なり合っていた。すなわち、東アジア／極東とは、帝国日本の支配秩序と国際共産主義運動の国境を越えたネットワークとがせめぎ合う空間だったのであり、ここにコミンテルン支部として成立した各地の共産党は、そのネットワークに支えられつつ帝国日本の支配秩序に公然と抵抗した。ここには、東アジア／極東における国際共産主義運動が〈帝国日本に抗する共産主義運動〉として展開される可能性があったのである。

共産主義者としての謝雪紅の前半生は、このような文脈のなかで捉え返される必要がある。なぜなら、彼女の一生は、コミンテルンの世界革命戦略における台湾の位置づけにより決定されたともいえるからである。台湾と同様に帝国日本の植民地であった朝鮮はコミンテルンによって極東の一角に明確に位置づけられ、朝鮮人は早い時期から共産党を組織していたのに対し、台湾の位置づけは明確にされず、台湾に共産党が創設されたのも一九二八年に至ってからのことであった。しかも、謝雪紅らが台湾に創設した共産党は、当初は日本共産党の「台湾民族支部」として組織された。

台湾がおかれたこのような位置を理解するうえで手がかりとなるのは、国際共産主義運動が東南アジアに進出した経緯である。コミンテルンが東南アジアへの関心を示し始めたのは、第四回大会

（一九二二年一一月）において太平洋労働組合会議の開催を提唱してからであるが、この会議が一九二四年六月に中国・広州で開催されて以後、国際共産主義運動の東南アジアへの進出は、極東への進出に数年遅れるかたちで、本格化していった。台湾における共産党創設の動きが本格化するのも同じ時期であり、コミンテルンは台湾を東南アジアの一角に位置づけていたようにも思われる。また、東南アジアにおける共産主義グループの創設には、中国共産党が華僑・華人ネットワークを利用して果たした役割が大きかった。すなわち、台湾は植民地として宗主国日本と不可避的に関係づけられる一方で、華僑・華人ネットワークによって大陸中国とも強固に結びつけられていたのである。謝雪紅について考えるうえでは、植民地台湾における共産主義運動がこのような複雑な関係性を持ちつつ展開されていたことを前提として踏まえる必要がある。

「謝家の女の子」としか訳しようがないのが、謝雪紅の本名「謝氏阿女」である。娘をこのように名付けるほどに貧しい労働者の家に生まれた彼女は、教育も受けられないまま一三歳で妾に売られた。一七歳のとき彼女を身請けした男性と神戸にわたって日本語・中国語を習得し、二〇歳を目前に台湾に戻って洋服店を経営する。「大正デモクラシー」期の神戸での暮らしは、彼女を自立した職業女性へと変貌させ、政治的に目覚めるきっかけを作ったといえるだろう。そして一九二四年に上海に渡ったことがその後の人生を大きく変えた。

当時の上海、とりわけフランス租界は国際共産主義運動にとって極東における最も重要な拠点であり、ここを経由して国際共産主義運動を支える資金や人員、指令や報告はモスクワと極東各地を往復していた。そして大韓民国臨時政府がここにおかれたように、帝国日本の支配に抵抗する人々にとってもここは重要な拠点だった。〈帝国日本に抗する共産主義運動〉は上海を介して互いに連動した活動を展開していたのである。そのような意味を持つ上海で列強による支配への抵抗として起きた五・三〇事件に関わった謝雪紅は、中国共産党に見出されてすぐさまモスクワの東方勤労者共産主義大学（クートヴェ）へと送り込まれた。そして彼女は革命の聖地モスクワ（「雪」）で共産主義（「紅」）を学んだ「雪紅」という名の女性革命家へと生まれ変わり、一九二七年末に上海に戻ってくると、台湾での共産党の創設にあたってゆく。

ここで問題となるのは、なぜ「台湾共産党」が日本共産党の「台湾民族支部」として組織されたのかという点だろう。コミンテルンが各国にその支部として共産党を組織するにあたっての原則は、一国につきひとつの共産党を組織してその国に居住するすべての共産主義者を糾合するという一国一党主義であり、どの国家・民族の出身であっても居住国の共産党に属するものとされていた。著者・陳芳明は、この原則を踏まえて、植民地台湾の「台湾共産党」が宗主国の党である日本共産党の「台湾民族支部」として組織されたのは当然のことであるとし、のちに中国共産党が「台湾共産党」に介入したのは一国一党主義の原則からの逸脱であったと非難するのであるが、このような非難のあり方には疑問が残る。なぜなら、在日朝鮮人共産主義者は日本共産党の指導下に入るよう要請されたものの、植民地朝鮮では朝鮮共産党が日本共産党とは別個に組織されていることからも知られるように、コミンテルンの一国一党主義とは植民地の党は宗主国の党の支部であらねばならないということではなかったはずだからである。

一方、日本共産党も、「台湾民族支部」を創設したからといって、宗主国―植民地という関係性に自覚的であったわけではない。本書では、謝雪紅がクートヴェで日本班に配属された際に宗主国日本の共産主義者たちのあいだに生じた意見の対立――宗主国の一員として植民地出身者の信頼を得るべく譲歩すべきか、プロレタリア国際主義のもとあくまでも対等の立場をとるのか――が紹介されているが、この対立は朝鮮共産主義運動への対応をめぐって日本共産党の創立直後に生じた対立と同質のものであり、ここでもそのような対立は解決されていなかったことがわかる。謝雪紅が以上のような複雑な状況をどのように捉え、どのような変革の道筋を展望していたのかは、資料的な制約があってよくわからない。しかし、そのような資料的制約自体が、その後の彼女が辿らざるを得なかった次に見るような苦難の道の結果であるともいえる。

日本共産党台湾民族支部として結成された台湾共産党は、その後中国共産党の影響下に入って李立三路線の極左主義をとり、一斉検挙される。謝雪紅が検挙されたのは、一九三一年六月のことであった。一三年の懲役刑を受けた彼女は、一九四〇年に病気のため出獄し、解放を迎えることになる。著者・陳芳明によると、解放後には、中国共産党の影響下にその地下組織が生まれるなか、謝雪紅はそこからは一定の距離を置きつつ大衆団体の育成に力を注いだようである。その後謝雪紅は、前述したように二・二八事件を契機として大陸に亡命し、中国共産党の指導下での活動に入った。

謝雪紅が大陸へ渡ったのは、東アジア

の冷戦が激化していくさなかの時期であった。一九四八年には大韓民国と朝鮮民主主義人民共和国が成立して朝鮮半島の分断が決定的となり、一九四九年には中華人民共和国が成立し中華民国政府が台湾に移転して台湾海峡をはさんでの対立が決定的となる。朝鮮戦争が勃発(一九五〇年六月二五日)し対立が固定化されることになったのは、まさにそのようなときであった。そして朝鮮戦争期の中国には、極東における国際共産主義運動の指導部が置かれていた。日本共産党が北京機関を置き、そこから国内の運動を指導したことは周知の通りである。そういう意味では謝雪紅が大陸に渡ったのは自然なことであった。しかしながら、朝鮮戦争により台湾海峡をはさんでの対立が固定化されるなか、「台湾自治」を唱えて中国共産党とのあいだに軋轢を生じた謝雪紅が台湾人共産主義者として果たし得る独自な役割は、もはやなくなってしまったのである。

そして、一九五三年三月にスターリンが死に、朝鮮戦争が休戦を迎え、国際共産主義運動が平和共存路線へと舵を切るなかで、たとえば北京機関を構成した日本人共産主義者たちは次々に帰国していった。それとの対比でいえば、もはや国民党支配下の台湾に戻り得る状況にはなかったというところに謝雪紅の悲劇はあったともいえるだろう。北京に残った謝雪紅は、反右派闘争(一九五七年)から文化大革命(一九六七年)へという流れのなかで迫害を受け、命を落とすことになる。帝国支配から冷戦構造へという東アジア現代史は、台湾人女性革命家謝雪紅をこのようにして台湾から引き裂いたのである。

対抗的近代（counter-*modernities*）、ナショナリズムの起源と流行
——B・アンダーソン『比較の亡霊』

柏崎 正憲

アンダーソンの仕事への言及はすでに無数に存在するが、その多くは、ネイションの「想像的」性格にかんするかれの規定を強調し、あるいはナショナリズムの基盤としての「出版資本主義」などのカテゴリーを汎用性の高い分析枠組として援用してきたように見える。出版資本主義がもたらした近代的時空間——「均質で空虚な時間」と、同時性と全体性をそなえた「社会」——が、諸国民《ナショナルズ》からなる世界を想像可能にしたのだと、かれが『想像の共同体』で論じていたことはたしかだ。しかしこの「均質で空虚な時間」の拡張としての近代化は、機械的・自動的にナショナリズムへと結びつけられてはいない。むしろアンダーソンはナショナリズムを対抗的な近代化の運動として、しかも複数の近代（counter-*modernities*）を内包する運動として捉えている。かれがナショナリズムの起源を見出したのが、一八世紀末の南北アメリカのクレオールによるヨーロッパ本国への反逆であったことを忘れてはならない（ヨーロッパ先進国の市民的ナショナリズムは、南北アメリカ諸国の独立に触発されたものでしかなかった）。

ナショナリズムの本質を近代化ではなく対抗的近代化として見るならば、それがもつ（アンダーソン自身が多用する隠喩を使えば）ヤヌスのごとき二面性を、より深く理解することもできよう。この二面性を、アンダーソンは本書『比較の亡霊』でより自覚的に論じている。一方では、近代植民地主義の拡大によって蹂躙された人びとにとって、ナショナリズム運動は抑圧と疎外からの解放のプロジェ

クトとなった。アンダーソンは一貫して、反植民地ナショナリズムに惜しみない共感をよせている。だが他面で、国家権力と結びついたナショナリズムは「恐るべき力」（四一頁）をも発揮するであろう。この二面性は、対抗的近代としてのナショナリズムがもつ複数性に関連している。そしてこの二面性と複数性との関係を端的に浮かび上がらせるのが、表題に掲げられた「比較の亡霊」である。それは、人間と自然とを貫く秩序としての「コスモス」ではなく、諸国民からなる世界において出現する「新しい不安定な二重意識」である。「ひとたびそれに触れたあとには、マニラのことを同時に考えずにはベルリンを、ベルリンのことを同時に考えずにはマニラを、決して体験できなくなってしまう」だろう（三六三頁、以下、訳文は適宜変更）。

植民地主義の弁証法

アンダーソンがナショナリズムを対抗的近代として特徴づけていると解釈しうるのは、かれがナショナリズムを近代植民地主義の思わざる、弁証法的な産物として描き出している点においてである。ヨーロッパ列強が植民地に敷いた支配体制は、同時にこの体制への抵抗基盤にもなったのである。

『想像の共同体』においてこの基盤は、創出されつつあると同時にいまだ存在しない共同性として提示されていた。一方では、共同性はすでに与えられている。植民地の行政単位は、植民地エリートの「巡礼の旅」の限界をなす。たとえ一八世紀南北アメリカのクレオールが本国人と共通の祖先をもっていても、たとえ二〇世紀の植民地アジアの若い知識人たちが支配国に留学することができたとしても、最終的にかれらに許されたのは、植民地行政府の役職だけであった。やがて南北アメリカのクレオールは、自己の運命を本国ヨーロッパから断絶したものとして引き受けるようになったし、植民地アジアの知識人は、植民地教育システムをつうじて知った過去のナショナリズム運動をモデルに、自分たちをひとつのネイションとして想像するようになった。

だが他方で、この行政単位の内部に生きる雑多な人びとには、いまだ共通性も共同性も存在しない。「ネイティヴズ」は「同国人《ナショナルズ》」にならねばならない。ここにおいて（とくに反植民地）ナショナリズムは、人種の観念とは異なり、これから創出されるべき共同性の先取りでもある。アンダーソンがよく参照する、ラテンアメリカの解放者のひとりサン・マルティンの言葉がここで想起されうる。「今後、先住民をインディアンやネイティヴと呼んではならない。かれらは……ペルー人として知られるべきだ」。これは『比較の亡霊』では「解放的かつ絶滅主義的な約束」と評されているが（五三三頁）、この形容はナショナリズム運動の後述する二面性をまさに凝縮している。

ナショナルな主体性の解放的側面は、それが「開かれた（unbound）集列」に属することに関連する（第一章）。資本主義と植民地支配がもたらした「均質で空虚な時間」において、「あるインドネシア人」（*an* Indonesian）や「あるオランダ人」（*a* Dutch）は、不定冠詞をつうじて「等位結合」され、「世界に開かれた複数名詞」の系列に入る（それゆえに「〇〇人」は、労働者、アナキスト、政治指導者、等々の別の名詞と並存可能である）。この開放性は、植民地人民に解放への想像力を提供した。植民地の「〇〇人」たちは、ほかの「〇〇人」たちとの比較をつうじて、みずからを集合的主体性へと構築していったのである――たとえば、ジャワの反植民地闘士スルヤニングラットの「もしわたしがオランダ人だったなら」という論説のように。ところが、植民地主義は「閉じた（bound）集列」をも同時に遺していった。ヨーロッパ人支配者のレイシズムが色濃く反映された人口調査《センサス》、そして形式的民主主義の制度化としての選挙は、あるネイションをひとつの総数（閉じられた全体）へと構成し、人種的あるいはエスニックなマジョリティとマイノリティ諸集団という下位区分をつくり出す。こうして、他面におけるナショナリズムの閉鎖的な純粋性が（民族浄化への志向さえもが）生み出される。

以上のような開放性と閉鎖性との二面性は、現実のナショナリズムの諸運動がそれぞれに経た歴史的過程に応じて、多様な近代国家の変種へと結実していく。このことを、インドネシア、シャム（タイ）、フィリピンと研究地域を移していったアンダーソンは、各国における選挙制度および支配階級の正統化戦略の比較をつうじて巧みに読者に提示している（とくに第七、九、一一章を参照）。

運命への自己拘束《アンガージュマン》

『想像の共同体』と同様に『比較の亡霊』においても、運命というモチーフは重要な意味をもつ。アンダーソンの洞察において注目すべきは、たんにネイションが想像されたものであるという規定よりも、むしろそれがかつての宗教にとってかわるような、人間の死や運命に説明を与えうる想像力だという指摘であろう。ところがここでも二面性が現れる。一方でネイションへの帰属は、まさにそれが偶然でしかないがゆえに、変更不可能なもの、かけがえのないもの、運命として見なされるようになる。ただし、ここにはある種の逆説が潜んでいる。ネイションへの帰属という運命は、神が与えたものではない、つまり人智の及ばぬ意志が課した必然としては経験されない。むしろこの運命は、それへの献身をつうじて遂行的に経験されるのである。この意味で、ネイションを運命として引き受けようとする態度は、服従というよりもむしろ自己拘束《アンガージュマン》に近いと言えよう。

　ネイションへのこの逆説的な愛着は、ネイションの「霊的であると同時に無限に複製可能である」という矛盾した性格をもたらす。それゆえに国民性は、たとえば（博物館、史跡、寺院、等々の）系列化された象徴（ロゴや切手といった）によって、そして究極的にはオリジナルを欠いたレプリカによって表現可能である（第二章）。

　だがなんといっても、この逆説をより鮮明に表現するものは文学を措いてほかにない。フィリピン独立運動の中心人物にして小説家のリサール（第一〇、一一章）にとって、フィリピンはたしかにあった、つまり想像可能であったが、他の「ネイティヴ」の大半にとってはそうではなかった。かれが「フィリピン社会の全体性」を描き出すのに用いたスペイン語の普及度が、当時、ナショナルな一体性をつくり出すにはほど遠かったためである。かれの『ノリ・メ・タンヘレ』は、ほとんど誰もフィリピンというネイションを想像しなかったときにスペイン語で書かれ、そしてその作者は、このいまだ存在しないネイションの独立に文字どおり命を捧げたのであった。しかも、後世に「フィリピン人」となった人びとの大半は、独立の志なかばに処刑されたこの「最初のフィリピン人」のスペイン語文学にじかに接することができない。一八九九年のスペインからの独立後、さらに半世紀以上にわたりアメリカ帝国主義のくびきに苦しめられるという、フィリピンが経た特異な歴史のためである。その結果としてリサールの文学は、国民的記憶が同時に忘却でもあること（『想像の共同体』の第一一の章も参照）を極端なかたちで体現している。

　こうしてアンダーソンは、リサールを例にして、記憶が忘却でもあることを思い出させた。そのアンダーソン自身が、ナショナリズムが忘却の記憶であることや「解放的かつ絶滅主義的」な二面性をもつことを、忘れてしまえるはずがなかろう。それゆえにかれは、あらゆる文明の記録は同時に野蛮の記録であるというベンヤミンの考えを、ナショナリズムについて受け入れている。そして、この二面性を引き受けるために残された方法をアンダーソンに示すのも、やはり文学である。かれはバルガス・リョサの『密林の語り部』を、「〔ベンヤミンの示す〕真理から逃れるのもそれを乗り越えるのも不可能であることを「実演」している」と評し、これこそが今日においてネイションの語りを書きなおす唯一の方法であろうと述べる（五六八頁）。

『比較の亡霊』から何が残されたか

こうしてアンダーソンは、対抗的近代化の諸運動が経験した文明的かつ野蛮な歴史への自覚をともなった、いわば反省的なナショナリズムの可能性に望みをかける。しかしその希望の表現形式には、疑問を覚えずにはいられない。

アンダーソンの希望の担保は「ネイションの善性」である（第一七章）。この善性の源はナショナルな同胞愛にほかならない——すなわち、いまだ生まれざる者への「羞恥心」と、国のために死んだ者たちへの道徳的免罪であり、そして前者と後者との「幽霊的な結合」である。スハルト退陣後のインドネシアでのとある招待講演で、かれが「恥を知れ、インドネシア人」と喝破したという、訳者の紹介するエピソードは象徴的だ（五九九頁）。

だがこの羞恥心は、文明かつ野蛮の記録としてのナショナルな歴史への反省につながるというよりも、むしろそれを回避するために機能するように思えてならない。死者もいまだ生まれざる者も、いまここに生きていないがゆえに「純粋な」ドイツ人やアメリカ人として浮かび上がってくるのだとアンダーソンは言う。（ここでかれが選んだ例が欧米国民のものであることは示唆的だ）。この羞恥心の善性を説く際にかれを支えているのが、かれが模範と仰ぐかれの師、愛国者ゆえにアメリカの外交政策を批判しつづけたジョージ・ケイヒンの思い出（二八〜九頁）であることは、推測に難くない。しかしながら、ベトナム戦争記念碑が約六万の死んだ米兵たちのためのものであって、米軍が殺した三〇〇万以上のベトナム人ではないことに肯定的に言及するアンダーソン（五七四頁）は、日本ナショナリズムのアイロニカルな自己完結性にうったえて日本の戦後責任を根本的なところで避けようとする加藤典洋と、そう変わらないところに立ってはいないだろうか。少なくとも、ケイヒンにはあった自国の帝国主義・新植民地主義への批判的態度が、ここでのアンダーソンには見られない。

ナショナルな責任への自覚を国民国家の「恐るべき力」への批判と結びつけるためには、さまざまな対抗的近代化のプロジェクトとしてのさまざまなナショナリズムを、通り一遍の抽象的な「善性」へと還元することで満足するわけにはいかないだろう。とりわけきわめつけの自民族中心主義に裏書された侵略・拡張政策をつうじて(対抗的)近代化を進めてきた、そして、植民地主義の清算なしに植民地を手放したがゆえにいまだ強力に植民地主義的である、この日本という国においては、アンダーソンの言う「ネイションの善性」は、希望の約束としてではなく、厄介な問題として引き受けられねばなるまい。

ナショナリズムから「境界の廃止」へ？
――B・アンダーソン『三つの旗の下に――アナーキズムと反植民地主義の想像力』

金山 準

『比較の亡霊』から七年後、二〇〇五年に出版された『三つの旗の下に――アナーキズムと反植民地主義の想像力』は、従来アンダーソンが手がけてきた東南アジアのナショナリズムについて、これまでとはやや異なる視点で論じ直した著作である。ここで採用されるのは、アナーキズムとの関係という、いくぶん意表をつくテーマである。その二つをつなぐのは反植民地主義のモチーフであるが、本書ではナショナリズムにせよ反植民地主義にせよ、運動というよりは、幾人かの知識人の思想と生涯に焦点を当てるかたちで叙述がなされている（日本語での書評として、田中ひかる「書評　ベネディクト・アンダーソン『三つの旗の下に　アナーキズムと反植民地主義による想像』」、『歴史研究』（大阪教育大学歴史学研究室）、第四四巻、二〇〇六年、を参照した）。

各章の内容に入る前に概要を示しておけば、本書のもっとも広いテーマはフィリピン・ナショナリズムの成立ということができるだろう。それが書名にもなっている「三つの旗」の思想・運動との関連から説き起こされている。「三つの旗」について本論中で説明はないが、ブックカバーにはフィリピン独立運動組織「カティプナン」の旗、アナーキストの黒旗、そしてキューバの国旗が挙げられている。アンダーソンが主に検討対象とするのは、まさにこの三つの国や組織を中心とするネットワークである。なおこの「三つの旗」は、本書にとって最重要の人物ホセ・リサールが生きた「三つの世界」とも重なるところが大きい。「三つの世界」とは、アンダーソンによればヨーロッパ、左派、スペイン帝国である。

まず序文では、本書全体を貫く方法が示される。彼自身のこれまでの研究でも示されてきたことでもあるが、たとえばアメリカ独立運動とスコットランド啓蒙、南米独立運動と自由主義・共和主義のように、ナショナリズムは様々な思想潮流と方法で、様々な時間において結びつく。本書がその中で主題に据えるのは、アナーキズムとナショナリズムの「引力作用」である。彼はこの方法を「政治的天文学 political astronomy」と呼んでいる。彼がこの語で述べようとしているのは、それぞれ孤独に存在しているように見える星の間に働く引力作用を見て取るように、事後的には個々独立した思想や運動とみなされるものを、同時代的なネットワークの中で捉えなおすこと、と考えられるだろう。

本論は五章で構成されており、第一章、第二章は文学的な分析と位置づけられている。まず序論的位置づけの第一章の主題は、民俗学者・文化人類学者にして労働運動の指導者イサベロ・デ・ロス・レイエス（一八六四〜一九三八）と、彼が若くして著した『フィリピン民俗学』（一八八七年）である。

イサベロはヨーロッパで学んだ経験はないものの、ヨーロッパで生まれた「新しい学」として民俗学を習得し、それにもとづいて本書を著した。彼にとって民俗学の目的は、たんにスペインの征服によって失われた過去を再構築するのみならず、そこに比較の観点を持ち込むことにあった。彼はそれによって、タガログ語話者とイロカノ語話者という二つの異なった民族に思われた人々が、ひとつの起源を持つことを発見したと述べている。これを通じて彼は、フィリピンに住むすべての人々のあいだに共通の起源、共通の特徴を見て取った。これはもちろん、一六世紀のスペインの征服から歴史を始める植民者の歴史叙述を書き換える意味を持った。イサベロの企図は、ヨーロッパの知見を学び、それを利用することによって植民者の知的権威を掘り崩す点にあったのである。ここにアンダーソンはフィリピン・ナショナリズムの萌芽を見て取っている。

アンダーソン自身も認めるとおり、この例に限らず、一八世紀末以降のヨーロッパで民俗学的研究はナショナリズムの運動にとってひとつの重要な資源になってきたといえるだろう。ただしその際、自らが日常的に使用する俗語が使われるのが常であった。それに対してイサベロの『フィリピン民俗学』は、当時のフィリピンの住民ほとんどにとっては理解できないスペイン語で記されていた点で特徴的である。もちろんイサベロにとっても、スペイン語は国語ではない。だがアンダーソンによれば、スペイン語に対置できるような「国語」そのものが、自明な形では存在しなかった。すなわちイロカノの文化はイロカノ人が内的に経験するだけでは不十分であり、彼ら自身が外側から検討し、全世界に向けて提示すると同時に「翻訳」すべきものと考えられているのである。すなわちここには、ヨーロッパの民俗学やスペイン語という、外的な世界を経由することによって初めてナショナリズムが主題化される、という屈折がある。

つづく第二章の主題は、ホセ・リサール(一八六一~一八九六)である。ここではとくに、フィリピン独立最大の英雄としてのリサールの名を高めた二つの小説が題材となる。

リサールは一八八二年にスペインのマドリッドに留学し、その後も八二年から一〇年の間、スペイン、フランス、ドイツ、英国、ベルギーとヨーロッパで暮らした。植民地の住人が反植民地主義を訴える世界初の小説とされる二つの作品が、『ノリ・メ・タンヘレ』(一八八七年出版、書名は「われに触れるな」というラテン語をスペイン語読みしたもの。邦訳は岩崎玄訳『ノリ・メ・タンヘレ　わが祖国に捧げる』、井村文化事業社、一九八六年〔第二刷〕)、『エル・フィリブステリスモ』(一八九一年、「反逆」の意、邦訳は岩崎玄訳『反逆・暴力・革命　エル・フィリブステリスモ』、井村文化事業社、一九七六年)である。これらはいずれもスペイン語で、しかもヨーロッパで(前者がベルリン、後者がベルギーのゲント)で出版されている。

アンダーソン自身が紹介しているわけではないため、ここでごく簡単に作品の内容を確認しておく必要があるだろう。

『ノリ・メ・タンヘレ』ではメスチーソの青年イバラが七年の留学ののちにヨーロッパからフィリピンに帰国し、ヨーロッパで得たリベラルな思想をもとにスペイン語教育のための学校建設を企図する。だがその計画は修道会の権益を脅かすものであったため、結果的に彼の計画は挫折を余儀なくされる。『エル・フィリブステリスモ』では、海外に脱出した前作の主人公がキューバやヨーロッパを経たのちに、シモウンという名の宝石商としてフィリピンに帰国する。彼は海外で巨万の富を得ていた。彼の帰国目的は、暴力をも辞さないフィリピンの徹底的改革である。シモウンは植民地の特権階級に対するテロ計画を企てるが、失敗し死亡する。前作で主人公が穏健な改革を志していたのに比して、本作の主人公シモウンはその強烈な破壊的・ニヒリズム的性格において際立っている。

アンダーソンの指摘によれば、反植民地主義的・ナショナリズム的な想像力に基づくこのような作品は、フランス、オランダ、スペインなどの文学的アヴァンギャルド、すなわちポー、ボードレール、マラルメ、シューらからの影響を取り入れることによってこそ成立したものである。

アンダーソン自身が「モンタージュ的」と言うように、蔵書や文通などの様々な痕跡をたどりながら、本章はリサールの活動と、ヨーロッパのアヴァンギャルドとの関係を少しずつ確認していく。たとえば彼は、同時代フランスの「デカダンス」的風潮を代表する作家ユイスマンスによる小説『さかしま』を取り上げている。本作の主人公デ・ゼッサントは第三共和政のブルジョワ的生活やカトリック教会の退廃、民衆文化の低俗さなどに強い嫌悪を抱き、人工の楽園を築き、惑溺する。このようにまさしくデカダンス的な主人公像を、アンダーソンは『エル・フィリブステリスモ』の中心人物シモウンの破壊的性格に重ね合わせている。ただし小説の内容や性格全体の検討がなされているわけではなく、むしろ検討は個々の細部に焦点化されており、そのぶん全体的に錯綜した印象を受ける。

第三章は本書中もっとも長大な章だが、ここまでの二つの章が文学的分析であったとすれば、第三章はリサール自身の思想や行動、ならびに彼を取り巻く文脈に焦点が移っているといえるだろう。本章ではとくに一八八二から九一年のリサールのヨーロッパ経験をもとに、リサールのナショナリズム形成について論じられる。実際、『ノリ・メ・タンヘレ』の登場人物がほとんど植民者かあるいは被植民地の人間であるのに対して、『エル・フィリブステリスモ』は「世界小説」ともいうべき内容になっている。このような世界の広がりを見るために、アンダーソンは一八八二年以降のヨーロッパの経験を検討する。この章以降、冒頭で挙げた「三つの旗」、本章の表現では「三つの世界」――ヨーロッパ、左派、スペイン帝国――のダイナミックな関係が本格的に叙述されるのである。

この「三つの世界」についてアンダーソンが確認する大まかな状況は次のとおりである。第一の世界は、六〇年代から九〇年代にビスマルクのドイツを中心に築かれた、ヨーロッパの国際関係である。六六年のオーストリア＝ハンガリーに対する勝利、七〇年のフランスに対する勝利を経てプロイセンは大陸ヨーロッパの中心を占めると同時に、後発の帝国主義国として台頭を遂げる。他方では、ヨーロッパの世界的ヘゲモニーに米国と日本が挑戦を投げかける。

第二の世界は、グローバルな左派のネットワークである。パリ・コミューンの弾圧とマルクスの死後、帝国主義や資本主義、政治的専制に対する国際的な抵抗の主流はアナーキズムであったとアンダーソンは考えている。とくに九〇年代以降アナーキストにより頻発する、ダイナマイトのテロ行為は本章にとっても重要な意味を持つ。

第三の世界は、衰退しつつあるスペイン帝国である。とくにキューバの反植民地主義運動は、以後でもたびたび取り上げられる。

このような状況下、二〇歳のリサールは一八八二年六月の初旬にマルセイユに上陸し、そこからマドリッドへ移った。彼の行動の中から本書で挙げられているエピソードを追うならば、ヨーロッパに到着したばかりの一八八二年六月二三日、バルセロナから家族あてにスペイン語で記した書簡には次のように記されている。

まるでマニラのように広くきれいに舗装された通りに沿って、私は人ごみのなかを歩いていました。私はみなの関心を引くのですが、彼らは私を中国人とか日本人とかアメリカ人などと呼ぶものの、誰一人としてフィリピン人とは呼びません！　哀れな国よ——誰もお前のことを知らないのだ！

彼はこの体験を一生記憶し続けることになる。さらにこの屈辱だけではなく、性質はまったく異なるものの、ナショナリズム的意識の発展にとってはそれに劣らず重要な経験を彼は記している。すなわちヨーロッパでは、スペインからの入植者、クレオール、メスチソ、インディオなどという植民地内部の人種的な階層がまったく捨象され、故郷での階層がどうであれすべて「フィリピン人」と名指される、という発見である。ふたたび彼の書簡によれば、「われわれの新聞〔『連帯』〕をマドリードで出版する友人」は、クレオール、メスチソ、マレー人など様々だが、「われわれは自分たちを単にフィリピン人とだけ呼んでいます」。このように、スペインでの体験は彼のナショナリズムにとって二重の意味を持ったのである。

彼はスペインでの大学生活を終えたあと、ロンドンに移る。その最大の動機は、大英博物館での資料を利用することであったという。彼はレイエスの『フィリピン民俗学』にも触発され、歴史叙述への関心を高める。ただしフィリピンにはスペイン征服以前の文字記録が残っていなかったことが、植民者側の歴史に対抗する歴史叙述を困難なものにしていた。

そのため彼は一六〇九年にメキシコで出版された一六世紀フィリピンに関する資料をロンドンで筆写し、『エル・フィリブステリスモ』と同年の一八八九年に出版している。アンダーソンはこれがひとつの転機であったと指摘している。実際に彼は、同化による権利獲得の路線をこの時期に完全に放棄し、「フィリブステロ」(反逆者)として、祖国の独立を目指すことになる。

リサールの活動した世界についてのより広い文脈に視線を投じれば、七〇年代末、ロシアではテロ行為が頻発していた。また六六年に第一回大会が行われた第一インターナショナルでは、すでに六九年の第四回大会においてバクーニン派が大勢を占め、七二年には分裂解消する。

マルクス主義が工業化したプロテスタント諸国を中心に伝播したのに対して、アナーキズムがフランス、イタリア、あるいはキューバなどに広まった理由として、個人の自由の強調や官僚主義的組織の否定、「生気論」的なレトリック、また工場労働者以外の層へのアピール、徹底した反教権主義などをアンダーソンは挙げている。

このような状況下、七〇年代末以降、「行動によるプロパガンダ」、すなわちテロ行為を通じての人民の覚醒がアナーキストにとって主要な戦略となり、とくに九〇年代以降に激化する。アンダーソンは、このテロ行為がやがてナショナリストによって反復されることに注意を促している(一九〇三年のセルビア国王、一九〇九年の伊藤博文、一九一四年のフェルディナント皇太子)。彼の指摘によれば、これらの時代背景が、『エル・フィリブステリスモ』にも反映されている(たとえば、主人公が計画して失敗するテロ計画など)。この時期のアナーキズムのニヒリズム的性格が主人公と親近的であるのは言うまでもないが、ただしアンダーソンの叙述は影響関係の厳密な実証というよりは、同時代性・親近性の確認というべきものだろう。

リサールはヨーロッパを一八九一年の一〇月一九日に発った。第四章・第五章で論じられるのは、リサールの帰郷後、フィリピンでナショナリズム運動が成立するに至る過程である。まず第四章では、リサールの帰郷から九六年の処刑までの文脈が論じられる。リサールは帰郷後もヨーロッパの友人たちと接触を保ち、彼らから一方では政治行動を差し控えるように、あるいは逆に、キューバの分離主義のように革命的結社を結成することを求められる。そのような中で彼は、政治組織リーガ・フィリピーナを結成する。その思想内容は、群島全体をひとつの同質的な政治体へと統一すること、相互扶助、あらゆる暴力や不正からの防衛、教育・農業・商業の振興、改革の検討と実践などであった。はやくも九二年には彼の強制送還により崩壊するものの、この試みは独立運動組織カティプナンの原型になった。カティプナンは九五年には一挙に拡大し、一万名を数えるほどに成長したという。

このような独立運動の機運の高まりには、国際的な背景があった。おそらくここでもっとも重要な文脈は、「三つの世界」の第三の世界、すなわちスペイン帝国である。とりわけホセ・マルティ(一八五三〜一八九五)の主導によるキューバの独立戦争が重要である。

マルティはスペイン語を母語とするクレオールの第一世代であり、メキシコと米国で暮らした。詩人や政論家として名声を得る一方、リサールにはない豊富な政治的経験をもったオーガナイザーであった。フィリピンに先んじてキューバが独立戦争を起こすに至った背景には、後者ですでに進んでいた社会変化という問題がある。セスペデスによる一八六八年からの第一次独立戦争(一〇年戦争)は両者の妥協(キューバの自治)として終結し、一八八六年には奴隷制が廃止される。また同時期には政党、出版の自由化もなされている。

しかも、キューバにスペインからの移住が推奨されたことは予期せぬ結果を生む。一八八二年から一八九四年の間に、キューバ全体の人口が二〇〇万弱のところ、二二万四千人がスペインからキューバに移住している(一四万人が後に帰国)。その多くが農民あるいは都市の労働者であり、アンダーソンは彼らを通じてマルクス主義やアナーキズムがキューバにもたらされたと論じている。実際に、キューバのアナーキズムの祖であるエンリケ・ロイグもまたカタルーニャからの移民であり、一八八九年に死去するまでマルティの企図を支えた存在であった。

このような政治的ならびに人口学的な転換が、マルティの「人種の言説を超越した、あるいは超越するように見えた」ナショナリズムを可能にした。各人の出生はそこでは問われず、植民地体制に一致して戦うことが可能となった。それが九五年の蜂起につながっているが、この蜂起はフィリピンに熱狂をもたらす前例となったうえに、スペインにとって二つの植民地蜂起に対応することは困難でもあった。また下関条約による日清戦争での日本の勝利は、キューバが米国から支援を得るのと同様に、フィリピンが日本から支援を得る可能性を予感させたという。独立戦争への機運の高まりとしてアンダーソンが指摘するのはこのような文脈である。

第五章では、リサール死後の状況が扱われる。九六年、カティプナンが蜂起するとリサールはただちに捕らえられ、銃殺の刑に処せられる。この章では、彼の処刑後にフィリピンでナショナリズムの運動が成立するに至る過程が描かれる。

ここでまず取り上げられるのは、キューバのクレオールにしてリサールと同年齢のアナーキスト活動家タリダである。九六年、カティプナンの蜂起の二ヶ月前に、バルセロナでアナーキストのもっとも巨大な爆弾テロが発生し、それに続いてバルセロナではアナーキストに対する弾圧が行なわれる。タリダは逮捕され、釈放後にパリに亡命する。彼は当時のフランスの重要な文芸誌『白色評論』で連載をもち、スペイン政権を攻撃している。タリダはフランス語を解するアナーキスト知識人である一方、キューバの愛国者でもあり、スペインの弾圧をキューバ、プエルトリコ、フィリピンの独立闘争と結び付けることのできる点で貴重な人材であった。実際に彼の連載では、スペイン国内の弾圧のみならず、キューバの独立戦争やフィリピンの弾圧も併せて論じられる。彼の連載内容はスペイン帝国のアナーキストに拡散し、アナーキストのみならず支持を広げたという。

続いて取り上げられるのは、第一章で論じたイサベロのその後の活動である。彼はあくまで民俗学者にしてジャーナリストであり、蜂起に積極的にかかわったわけではないものの、政府を批判したために逮捕される。彼はフィリピンからバルセロナへ移送され、そこでアナーキストたちと知り合い、影響を受ける。たとえば彼は後年、「いわゆるアナーキスト、ニヒリスト、あるいは最近の言い方ではボルシェヴィキは真の救国者、公平無私な正義の守護者、普遍的な兄弟である」と記している。アナーキズムとは「境界の廃止、すなわち地理であれ階級差であれ、いかなる境界もない愛」を奉じるものであり、そのもとで「われわれは皆、詐欺的な税や、不運な者を罠にかける一方で真の犯罪には手を触れない法令の必要性なしに、結合する」。彼は一九〇一年にマニラに戻り（彼が携えたマルクスやプルードン、ダーウィンなどの書物は初めてフィリピンに持ち込まれたものであるという）、労働組合運動の創始者となる。

以上で描かれるのは、ナショナリズムがまさに人々の移動（それは大規模な移民でもあり、他方ではごく少数の知識人の移動でもある）を通じて拡散していく様である。しかもそれはヨーロッパからの一方的な輸出ではなく、他の政治的・経済的・思想的要素と絡み合いながらそれぞれの地において独特の発展を遂げると同時に、輸出元のヨーロッパとの相互作用をも果たす。したがって本書で扱われる運動・思想・作品はいずれも、単独の要素というよりは多様なネットワークのなかで、しかも一見すれば異質な文脈との関係において叙述される。ただし、豊富かつ雑多に記された個々の興味深い事実について評価する能力は本稿の著者にはない。ここでは一点だけ簡単にコメントしておきたい。

それは、アナーキズムとナショナリズムの結びつきにはいかなる必然性や含意があったのか、という点である。この二つの思潮は、彼が扱っている時代においては、もっとも大規模な国際的運動だったといえる。しかもいずれの運動も核となる聖典をもたないために、それぞれの文脈に応じて柔軟に展開する余地があったことは見やすい。だが両思潮の相乗りは、反植民地主義という一点を除けばかなり偶然的にも思われる。そもそもアナーキズムがいかなる権威をも批判する思想だとすれば、あるいはイサベロが述べたようにそれが「境界の廃止」を奉じるものだとすれば、ナショナリズムとは究極的には相容れないものだろう。しかしこのような問題についてアンダーソンはとくに何も述べていない。そもそも本書では基本的にナショナリズムの伝播に重点が置かれており、アナーキズムとの接合もナショナリズムの発展という観点から叙述されているにすぎない。

ヨーロッパに目を転じれば、ナショナリズムとアナーキズムの関係として、歴史的にしばしば提起される問題としてファシズムが挙げられるだろう。アンダーソンが扱う世紀転換期の時代は、たとえばフランスではアナーキズムが運動として成立する一方、アクシオン・フランセーズのように狭い意味でのナショナリズム（統合的・右派ナショナリズム）が成立する時期でもあった。この二つの運動の少なからぬ部分は、戦間期のファシズム的な運動へと合流している。このような「合成」は、運動に行き詰まったアナーキズムがあらたな運動主体としてネイションを見出す一方、ナショナリズムが支持母体を労働者層へ広げた結果であった（たとえば、アクシオン・フランセーズを脱退してフランス初の自覚的ファシズム団体「フェソー」を創立したジョルジュ・ヴァロワは、元来アナーキスト系の社会主義者であった）。ファシズムは、このような二つの政治的ラディカリズムがたどったひとつの帰結でもある。

ナショナリズムとアナーキズムという二つの政治的なラディカリズムは、ある条件の下では強い批判力を発揮しうるが、明らかに危険な帰結をも招きかねない。おそらく、アンダーソンが示した両思潮の合流の政治的含意を十分に把握するためには、この合流をナショナリズムの側と同時に、アナーキズムの側から捉え直す必要があるだろう。たとえば本書では、アナーキズムの爆弾テロがリサールらのナショナリズムに示唆を与えたと論じられるが、アナーキズムの文脈から言えば、一九世紀末のテロの頻発はむしろその政治的な行き詰まりの表れでもあった。だが他方で、民俗学というヨーロッパ最新の知を学び、フィリピン・ナショナリズムの基礎づけを果たしたイサベロが、その後「境界の廃止」、「いかなる境界もない愛」としてのアナーキズムに影響を受けて労働組合運動を創始するに至った事実などは興味深い。ナショナリズムと「境界の廃止」という二つの契機の合流は、アンダーソンが論じた論者だけを見ても、各々においてかなり異なるあり方を見せており、それらの内実をより詳しく検討する余地がある。そして以上の問題は、アンダーソンが評価するナショナリズムの批判力の射程を見きわめること、いいかえれば、反植民地主義的ナショナリズムの主張が国家と結びついた抑圧的ナショナリズムへと至るのか、あるいは「境界の廃止」へ行き着くのか、その分水嶺を見きわめることにも繋がるはずである。

（本稿執筆時には参照できなかったが、山本信人訳『三つの旗のもとに――アナーキズムと反植民地主義的想像力』NTT出版、二〇一二年として日本語訳が出版されている）

あとがき

「ディアスポラ」たちの描く移動の軌跡から「世界史」、とりわけ近現代の「世界史」を描き直してみること。

この「壮大」ではあるものの、いささか「無謀」でもある試みへと自分の研究を方向づけはじめてもう一〇年以上にもなるだろうか。その間、関心を共有する友人たちと研究会を数年間にわたって積み重ねて来た。本書はこの「共同作業」のひとつの「表現」……専門の歴史家の方々の協力を得つつ実現された……のかたちでもある。

「世界史」の再検討というわれわれの作業は「ディアスポラ」への関心と連動している以上、たしかに「近代国民国家」の相対化、という契機を必然的にはらんではいる。とは言え、それは「マジック・ワード」と化した「グローバリズム」を自明視した「国民国家の終焉」論や、あるいは近年日本でも注目され始めている「グローバル・ヒストリー」の視点とは明確に一線を画する試みである。むしろ、このような言説が「新自由主義グローバリズム」の無自覚な正統化へと傾斜する、あるいは「帝国主義」や「植民地支配」の「記憶」の周縁化に加担するリスクを示すことに、本書としてはかなりの程度批判的であるとさえ言えよう。

実際、今、われわれが立ち会っているのは、いわゆる「グローバリズム」に身をゆだねることによって、「ネーション・ステイト」の壁は相互に低くなり、かつての植民地主義の「負の遺産」も次第に緩やかに擦り減り、「国民」以外のさまざまな「アイデンティティ」が交差する「共生」の社会へと向かう、などといった牧歌的な光景だろうか？

むしろ、「新自由主義グローバリズム」の展開とともに、国内外における「格差」と「貧困」は拡大し、二〇〇八年の「金融クラッシュ」以来、この傾向はただただ加速しているばかりではないのか？　そして「格差」と「貧困」の拡大に象徴される「社会」の「解体」は、かつての「帝国主義」・「植民地主義」の「記憶」を排除・隠蔽した「ナショナリズム」の爆発を旧植民地宗主国内部に引き起こしてはいないだろうか？

安易な「ナショナリズム」への誘導によって、問われることがないもの、あるいはむしろ「問い」へと引き出されることを回避するためにこそ「ナショナリズム」が動員される、その当のシステム、それこそが「グローバル」資本主義システムに他ならない。

ウォーラーステインによれば、「近代世界システム」としての「資本主義」は「世界経済 world economy」と「インターステイト・システム」の複合体として形成される。それ故、その成立の時から、資本主義はつねにすでに自らの「可能性の条件」として「グローバル」な「世界経済」をうちに抱え込んでいる。その意味で「グローバリズム」はなにもことさらに昨今出現した事柄というわけでもなく、資本主義とともに「古い」とさえも言えよう。

また、「資本主義」体制である以上、「インター・ステイト」システム、そしてそれに付随する「ナショナリズム」が「世界経済」によって解消される、ということもあり得ない。むしろ、資本主義「世界経済」は地球が「主権国家」システムによって分割されていることによってはじめて機能することができるのである。本書中では、「主権国家」システムによる地球の分割によって「環境」コスト、「労働」コスト、そして「治安」コストの外部化がはじめて可能になる点に言及したが、また「建前」上通貨が複数存在し、かつ同時に「基軸通貨」が存在する、という国際通貨体制の二重構造が、資本主義、とりわけ米国のそれの存立にとって如何に決定的なことであるか、ということをここで想起しておいてもいいだろう。従って、「グローバリズム」によって「国民国家」が「終焉」するなどというのは根本的な錯視に他ならない。

再びウォーラーステインを援用すれば、「近代世界システム」としての「資本主義」は、つねに自らを脅かす「反システム運動」に取り憑かれてもいる。十九世紀ヨーロッパ世界における、フランス「社会主義」と中欧・東欧における「民族運動」は、典型的な「反システム運動」として、資本主義体制を揺るがせ続けた。「一八四八年」とは二つの「反システム運動」が交差することによって出来した一つの炸裂に他ならない。その炸裂の記憶とともに、マルクスは資本主義システム「総体」に対峙する「理論」的言語を練り上げようとする試みに従事する。システムを「総体」として「分析」の中へ移行させること、しかもヘーゲルのようにシステムと「和解」することなく、システムに対峙するために。

「一八四八年」はフランスの言説の地平にも根本的な転換をもたらす。「革命」の炸裂への目も眩むような魅惑とその後の幻滅に引き裂かれる過程で、言説の再編成がおこなわれ、ボードレールとフローベールという二つの固有名を焦点とする楕円を描くように、「近代文学」という場所が生成する。誕生のなかに、すでに「反―文学」という「死」をうちにはらみつつ。いわば「近代文学」とは「反システム」運動への魅惑と反発によって引き裂かれる、そのことを動力にした一つの運動であった。それ故、「反システム」運動への両義的な関係を喪失するとき、「近代文学」は論理的に「消滅」する。

この文脈においてマルクスにやや遅れて、マラルメも「世界」の「現実」を「総体」として「言語」システムのうちに宙吊りにする、という「アンガジュマン」に身を投じる。マルクスとマラルメ。「世界」の全体に「言葉」によって対峙する、という二人の行為を呼び起こし、たえず反復させ続けることを可能にするもの、それこそは、「一八四八年」の炸裂の強度に他ならない。

たしかに「近代世界システム」は非「ヨーロッパ」を征服・支配し、その成果・資源を「ハード」・「ソフト」両面において配分・活用することで十九世紀末から二〇世紀初頭には「反システム」運動という「危険な階級」をある程度馴化することに成功する。しかしその「馴化」の相対的成功はただちに二〇世紀の「三十年戦争」によって内破に晒されると同時に、「ヨーロッパ」の「他者」たちの異議申し立てによって揺り動かされる。「ヨーロッパ」は自らを「主体」として立ち上げるために「排除」した「他者」たちに取り囲まれ、収縮する。

とは言え、たとえ「ヨーロッパ」が収縮したとしても「資本主義」は生き延び、それどころか外延的にも内包的にも拡大しさえする。「近代世界システム」は「ヨーロッパ」への異議申し立ての試みの裏をかき、ある意味ではより巧妙な「資本蓄積」のサイクルへと地球を動員していく。このサイクル、ベトナム侵略に対する抵抗に象徴される「異議申し立て」への反転攻勢のなかで練り上げられて来た資本主義のサイクルこそが「新自由主義グローバリズム」の重要な契機を構成しているのではないのか。

だとすれば、今、現在、問われるべきは、資本主義の新たな局面としての「新自由主義グローバリズム」による世界の再編成において、「帝国主義」・「植民地主義」・「人種主義」といったファクターがどのようなメカニズムによって再活性化され、そして再動員されているのか、これであろう。

われわれの次の作業はこの問いへの応答になる筈である。

本書の構想について、論創社の高橋宏幸さんと話し合ったのは、もう数年前のことになる。当初、昨年のこの季節には刊行予定であったのだが、諸々の事情が重なって出版が大幅にずれこんでしまった。高橋さんには、随分と心配とご迷惑もかけてしまったことと思う。最後に、辛抱強く待っていただいた高橋さんの寛容さにあらためて感謝の意を表したい。

二〇一二年八月三十一日　三宅　芳夫

片岡大右（かたおか・だいすけ）

フランス近現代思想史、東京大学大学院人文社会系研究科研究員。共訳書にドゥノール＆シュワルツ『欧州統合と新自由主義』（論創社、2012年）。

木下ちがや（きのした・ちがや）

政治学、工学院大学非常勤講師。

田尻芳樹（たじり・よしき）

イギリス文学。東京大学准教授。著書に『ベケットとその仲間たち－－クッツェーから埴谷雄高まで』（論創社）など。

山田　賢（やまだ・まさる）

中国清代社会史、千葉大学文学部教授。著書に『中国の秘密結社』（講談社、1998年）など。

神子島健（かごしま・たけし）

十五年戦争の研究、東京大学大学院助教。著書に『戦場へ征く、戦場から還る』（新曜社）。

李　杏理（り・へんり）

朝鮮ジェンダー史、一橋大学大学院言語社会研究科博士課程。

黒川伊織（くろかわ・いおり）

日本社会運動・思想史、神戸大学研究員。論文に「日本共産党「22年綱領草案」問題再考」（『大原社会問題研究所雑誌』592号, 2008年）など。

柏崎正憲（かしわざき・まさのり）

政治理論、東京外国語大学PD研究員。

金山　準（かねやま・じゅん）

フランス社会思想史、北海道大学准教授。論文に「プルードン　神と正義」（『社会統合と宗教的なもの』白水社、2011年所収）など。

著者プロフィール

栗田禎子（くりた・よしこ）

中東現代史、千葉大学文学部教授。主要著書に『近代スーダンにおける体制変動と民族形成』（大月書店、2001年）など。

兼子　歩（かねこ・あゆむ）

アメリカ史、長野県短期大学助教。著書に『アメリカ・ジェンダー史研究入門』（青木書店、共著）など。

尾崎文太（おざき・ぶんた）

フランス語圏文学・植民地研究、一橋大学非常勤講師。論文に "Une application de la pensée créole aux problématiques japonaises : de l'antillanité à la japonésienité"(*Alternative Francphone, vol. 1, 4*) など。

小田　剛（おだ・たけし）

フランス思想、パリ第八大学博士課程。

森千香子（もり・ちかこ）

移民研究・都市社会学、一橋大学准教授。共著に『移民の社会的統合と排除』など。

水溜真由美（みずたまり・まゆみ）

思想史。北海道大学准教授。論文に「「筑豊」を問い直す――大正闘争後の森崎和江」（『環』vol.43、2010年10月）など。

大田英昭（おおた・ひであき）

日本近代思想史、東北師範大学（中国）歴史文化学院教授。著書に『日本社会民主主義の形成』（近刊、日本評論社）。

編　者

小沢弘明（おざわ・ひろあき）
中東欧現代史、千葉大学教授。

三宅芳夫（みやけ・よしお）
哲学・思想史、千葉大学准教授。著書に『知識人と社会　J=P. サルトルの政治と実存』（岩波書店）

移動と革命——ディアスポラたちの「世界史」

2012年9月20日　初版第1刷印刷
2012年9月30日　初版第1刷発行

編　者　小沢弘明・三宅芳夫
発行者　森下紀夫
発行所　論 創 社
東京都千代田区神田神保町 2-23　北井ビル
電話 03（3264）5254　振替口座 00160-1-155266
組版 エニカイタスタヂオ　印刷・製本 中央精版印刷
ISBN978-4-8460-1178-9